Texte und Steine

Biblisches Forum Jahrbuch 1999

Biblisches Forum

Zeitschrift für Theologie aus biblischer Perspektive
http://purl.org/bibfor/ ■ ISSN 1437–9341

Jahrbuch 1999

Andreas Leinhäupl Wilke
Stefan Lücking
Jesaja Michael Wiegard
(Hrsg.)

Texte und Steine

Biblisches Forum Jahrbuch 1999

Biblisches Forum
Münster 2000

■

Biblisches Forum

Zeitschrift für Theologie aus biblischer Perspektive
http://purl.org/bibfor/ ▪ ISSN 1437–9341

Jahrbuch 1999

Texte und Steine / hrsg. von Andreas Leinhäupl-Wilke, Stefan Lücking, Jesaja Michael Wiegard. – Münster 2000.

(Biblisches Forum Jahrbuch 1999)

ISBN 3–89811–876–2

Einbandgestaltung: Typographen GmbH
Satz: Stefan Lücking
Rechte bei den einzelnen Autoren.

ISBN 3–89811–876–2
Herstellung: Libri Books on Demand

Biblisches
Forum

Jahrbuch 1999
Inhaltsverzeichnis

Texte und Steine

Christian FREVEL
„*Dies ist der Ort, von dem geschrieben steht…*"
Zum Verhältnis von Bibelwissenschaft und
Palästinaarchäologie 11–29

Ferdinand ROHRHIRSCH
Vom Nutzen der Philosophie in der Archäologie 30–43

Rüdiger SCHMITT
*Das Problem der Deutung von Terrakottafigurinen aus
Palästina/Israel* 44–55

Eva EBEL
Der Stein und die Steine. Methodische Erwägungen
zur Benutzung von epigraphischen Quellen am Beispiel
IG II2 1368 56–68

Jürgen ZANGENBERG
*Überlegungen zur Möglichkeit einer „Topographie
religiöser Gruppen" in Samarien zur neutestamentlichen
Zeit* 69–97

Tina SHEPARDSON
Stones and Stories. Reconstructing the Christianization
of the Golan 98–116

Jesaja Michael WIEGARD
(Auswahl-)Bibliographie mit Beiträgen ab 1985 117–123

Exkursionen

Andreas LEINHÄUPL-WILKE
„*Seht, wie das Land beschaffen ist…*" (Num 13,18)
Nachtrag zu einer wissenschaftlichen Exkursion . . . 127–146

Manuel VOGEL
Auf den Spuren des Josephus. Bericht über eine
archäologische Erkundung Galiläas 147–161

Anja HARZKE
Talk auf dem Nil. Interreligiöser Dialog in Ägypten
– Eindrücke einer Reise 162–170

Stichproben

Jutta BICKMANN
*Der endzeitliche Notfall der Trennung als Glücksfall
eines Briefes.* Die kommunikative Handlungsstruktur
in 1 Thess 2,17–3,10 173–184

Bogusław BŁAWAT
Archäologie der Gliederung. Kann uns die
handschriftliche Überlieferung der neutestamentlichen
Schriften die Gliederungsarbeit erleichtern? 185–192

Benedikt JÜRGENS
Fremdes Feuer. Das Scheitern eines Übergangsritus
(Lev 10) 193–206

Dagmar STOLTMANN
Gottes Tattoo: Jerusalem. Die Jerusalem-Verheißung 207–214

Biblisches
Forum

Editorial

> Von allen Sprachwechseln, denen der Reisende in fernen Ländern begegnen muss, gleicht keiner dem, der ihn in der Stadt Ipazia erwartet. Denn er betrifft nicht die Worte, sondern die Dinge. ... Es gibt keine Sprache ohne Täuschung.
>
> Die Städte und die Zeichen 4:
> Italo CALVINO, *Die unsichtbaren Städte*

Liebe Leserin, lieber Leser,

mit der Veröffentlichung der ersten Ausgabe des *Biblischen Forums* im Dezember 1998 haben wir Neuland betreten – zumindest technisch, zumindest in Deutschland. Denn ähnliche Projekte existieren im englischsprachigen Bereich des Internet schon länger. So durften wir uns für unseren Bereich als Pioniere fühlen.

Dem entsprechend nutzen wir jetzt auch die Publikationsform des Book on Demand, um unserem Forum zusätzlich zur virtuellen Existenz eine greifbare Fassung zu geben.

Es ist ein Forum, auf dem vor allem junge Gedanken und Fragen ihren Platz finden sollen, in der ganzen Bandbreite dessen, was heute an methodischen Zugängen zur Bibel zur Verfügung steht: von der Handschriftenkunde und Textkritik bis zur kontextuellen Exegese aus feministischer Sicht. Der Maßstab des Möglichen ist dabei der auszulegende Text, der nicht einfach als Sprungbrett für den „eigentlichen" Gedankengang dienen soll.

Es ist eine Zeitschrift aus biblischer Perspektive, weil der kritische Dialog der theologischen Disziplinen jeweils klare Ausgangspunkte braucht. Auch die Archäologie des Antiken Vorderen Orient, Philosophie und Religionswissenschaften sind Partner in diesem Gespräch.

Im Juni 1999 haben wir uns in einer ersten thematischen Ausgabe dem Verhältnis von Archäologie und Exegese gewidmet. Unter dem Titel „*Texte und Steine*" stellten wir die folgenden Fragen:

▸ Sind diese Beziehungen zwischen Archäologie und Exegese frucht-bar oder furchtbar?

▸ Gibt es mehr als nur eine friedliche Koexistenz bei der Suche nach der Wahrheit von Geschichte und Geschichten?

▸ Texte und Steine ermöglichen den Zugang zur Wirklichkeit. Bei-des sind fremde Zeichen, die nach Interpretation verlangen. Schreien die Steine, wenn die Texte schweigen? Oder müssen Texte schweigen, wenn Steine reden?

So hat auch diese erste gedruckte Ausgabe ihren Schwerpunkt auf dem Thema „*Texte und Steine*". Zusätzlich sind in der Abteilung „*Stichproben*" die thematisch nicht gebundenen Beiträge der ersten Internet-Ausgabe von Dezember 1998 abgedruckt.

Wir danken insbesondere Cornelia Pieper und Karin Vieth für die unverdrossene Hilfe bei der Erstellung des Manuskripts.

Wir wünschen viel Vergnügen bei der Lektüre und – *magari!*[1] – intellektuellen Gewinn.

Andreas Leinhäupl-Wilke ■ Stefan Lücking ■ Jesaja M. Wiegard

Münster, im Juni 2000

---

[1] Italienischer Ausdruck für ein hoffnungsvolles „Vielleicht" (vgl. hebr. אולי).

Texte und Steine

Christian
Frevel

„Dies ist der Ort, von dem geschrieben steht…"

Zum Verhältnis von Bibelwissenschaft und Palästinaarchäologie[1]

Die Geschichtlichkeit des Glaubens und damit auch die Rückbindung biblischen Glaubensgeschehens an konkrete Geschichte sind das Fundament, das jüdisch-christlichen Glauben vor dem Versinken im sandigen Boden des Mythos bewahrt.[2] Das Verlangen, die eigentümlich ‚zeitlose' Offenbarung in ihrer wesenhaft konkreten Geschichtlichkeit zu erfahren und sich ihr – durch den ‚erlebenden' Kontakt mit der materiellen Hinterlassenschaft der biblischen Geschichte – zu nähern, leitete bereits die Pilgernonne Etheria bei Ihren Reisen im Heiligen Land. Durch ihre frommen Kommentare zu den bereisten Orten, die sie unserem Titel entsprechend (oder ähnlich) einleitet, erreicht sie genau das, was im Grunde Ziel aller historisch-kritischen Exegese ist, nämlich die Rückbindung biblischer Offenbarung an konkrete Geschichte.[3] Zum Erreichen dieses Zieles bedarf es außer den überlieferten Texten der materiellen Hinterlassenschaft des ‚Heiligen Landes' und seiner Bewohner. Wenn auch Methoden, Einzelziele und Aussageweisen bei der Beschäftigung mit Bibeltext und ‚archäologischem Datenmaterial' keineswegs deckungsgleich sind, so ist doch die Rückbindung an die konkrete und im weitesten Sinne gemeinsame Geschichte der Punkt, der das Verhältnis beider Bereiche zu

---

[1] Von der Schriftleitung gekürzte Fassung des gleichnamigen Beitrags in: BN 47 (1989), 35–90. Wir danken den „Biblischen Notizen" für die Möglichkeit des Wiederabdrucks. Die vollständige Fassung (einschließlich der zugehörigen Rezensionen) ist unter http://purl.org/bibfor/archiv/99-1.frevel.htm veröffentlicht.

[2] Vgl. auch KING (1983) 3f: „Archaeology prevents the Bible from being mythologized, by keeping in the realm of history."

[3] Vgl. dazu KÜCHLER (1987) 11–35; NOORT (1979) 10f; zu den Pilgerberichten vgl. Peregrinatio Etheriae, in: DONNER (1979) 69–137.

einem ursprünglichen macht.[4] Die Anfänge der Beziehung zwischen Bibelwissenschaft und Archäologie liegen inzwischen weit über 100 Jahre zurück,[5] die anfängliche Euphorie, durch den ‚Händedruck mit der Vergangenheit‘ den Unglauben auszutreiben, ist lange gewichen.[6]

Die frühe Vereinseitigung der Zielbestimmungen biblischer Archäologie auf den Bereich historischer Sachaussagen, die sich aus dem Blickwinkel der Bibel her ergab, ist räumlich, zeitlich und sachlich ausgeweitet worden. Biblische Archäologie definiert sich nicht mehr von der Bibel her, sondern will sich als Teil der Altertumswissenschaft verstehen, der als Großziel die Erforschung der gesamten materiellen Kultur Palästinas verfolgt. Die Daten, die diese historische Disziplin hervorbringt, beschränken sich nicht mehr auf die Erhellung einzelner geschichtlicher Akte, sondern zielen auf das Gesamt einer Kultur- und Sozialgeschichte.[7] Der darin deutlich werdende Ablösungsprozess ‚biblischer‘ Archäologie von der Bibel, der seit den frühen 70er Jahren forciert wurde – allerdings kaum als abgeschlossen betrachtet werden kann – zog zunächst eine intensive Methoden- und Zielediskussion nach sich.[8] In dieser Debatte, die sich in der Frage nach angemessener Nomenklatur der Disziplin spiegelte,[9] stand die Frage nach dem Verhältnis von Bibeltext und

---

[4] Dass die Beziehung beider Wissenschaftsbereiche nicht sekundär, sondern ursprünglich ist, schließt die sachnotwendige Eigenständigkeit beider Disziplinen nicht aus. Zu dieser grundsätzlichen Verhältnisbestimmung vgl. besonders FRITZ (1980) 342; vgl. auch FRITZ (1985) 225.

[5] Zur Geschichte der biblischen Archäologie vgl. KEEL/KÜCHLER (1984) 348ff; WEIPPERT (1988) 35ff; NOORT (1979) 6ff; THIEL (1989); zum Verhältnis von ‚Biblischer Archäologie‘ und Neuem Testament und der häufig festzustellenden Eingrenzung der Biblischen Archäologie auf die alttestamentliche Zeit vgl. auch KLAIBER (1981).

[6] Diese Zielbestimmung wird beispielhaft deutlich bei der Gründung der Palestine Exploration Society 1870: „whatever goes to verify the Bible history as real, in time, place and circumstances, is a refutation of unbelief", zit. nach DE VAUX (1970) 67; vgl. auch KEEL/KÜCHLER (1984) 367. NOORT (1979) 6f versteht die ‚Albright-Schule‘ als Erben dieser Position.

[7] Vgl. zur Ausweitung der Ziele NOORT (1979) 18ff; FRITZ (1987) 8f.

[8] Vgl. z.B. CRÜSEMANN (1979) (Lit.!); zu den ‚neuen‘ naturwissenschaftlichen Methoden vgl. HROUDA (1978); NOORT (1979) 12–18; FRITZ (1985) 60ff.

[9] Lässt sich das Attribut ‚Biblisch‘ nach der Ausweitung der Ziele (s.o.) halten oder soll es durch ‚Palästinaarchäologie‘ geographisch eingegrenzt werden? Daneben steht noch die ‚New Archaeology‘, die für eine kulturanthropologische Ausweitung der Ziele steht; vgl. zur ‚Syro-Palestinian‘ bzw. ‚New Biblical archaeology‘ die verschiedenen Aufsätze V. G. Devers in BAR, Basor u.a. Zu weiteren Namen/Attributen und der Einordnung dieser Zieldiskussion in den

Archäologie im Brennpunkt, denn wesentlich von der Zielbestimmung biblischer Archäologie hängt es ab, wie das Verhältnis umgesetzt wird (s. u.):

- ▸ Inwieweit lässt sich der Bibeltext bei der Interpretation archäologischer Daten als bestimmender Faktor hinzuziehen?
- ▸ Und umgekehrt: Wann haben archäologische Daten welche Bedeutung bei der Auslegung der Texte?

Die durchgängige Konjunktur dieser Fragestellung ist also verbunden mit der Umorientierung der Biblischen Archäologie; durch die ‚Hinwendung' zur Altertumswissenschaft werden die Ziele anders definiert und die Frage nach der Beziehung von literarischer und materieller Hinterlassenschaft stellt sich neu. Die Problematik des Verhältnisses besteht nicht in der grundsätzlichen Verschiedenheit der Aussageweisen beider Disziplinen an sich, sondern darin, dass diese im Schnittbereich argumentative Kraft gewinnen und in ihrer Verschiedenheit denselben Gegenstand (geschichtliche Wirklichkeit) beurteilen.[10] Da beide interpretierbare Daten einbringen, ist methodischer Rückhalt bei der Kombination beider Bereiche umso dringlicher.

Zwei kurze Beispiele mögen das verdeutlichen:

Am bekanntesten ist die Problematik im Bereich der Frühgeschichte Israels im Fall der ‚archäologischen Lösung' der Landnahme. Die Verbindung von Brand-/Zerstörungsschichten palästinischer Ortslagen im 13. Jh. v. Chr. und gleichzeitigem ‚Kulturabbruch' mit den Eroberungsberichten im Josuabuch und damit die archäologische Erhärtung des militärischen ‚Conquest', ist bisher wohl das häufigste Beispiel für die verhängnisvolle Verknüpfung interpretabler Daten mit konkreten literarischen Erzählungen.[11] Die Vielfalt von mögli-

---

Rahmen der gesamten Archäologie, vgl. Noort (1979) 18ff (Lit!). Die Positionen innerhalb der Diskussion sind nicht durch die jeweilige Nomenklatur zu differenzieren, vielfach findet sich das, was ‚Palästinaarchäologie' meint, als Biblische Archäologie und umgekehrt.

[10] Die Problematik ist nicht auf das Verhältnis Archäologie beschränkt, sondern taucht im Grunde bei allen ‚Kontakten' zwischen Geisteswissenschaften im weitesten Sinne und empirisch/naturwissenschaftlich-historischen Disziplinen auf. Nicht eine in der Wurzel unversöhnliche Opposition, sondern der unterschiedliche Zugang zur Wirklichkeit schafft Probleme.

[11] Aus der Vielfalt der Autoren, die an diesem Beispiel das Verhältnis von Archäologie und Text problematisieren, seien einige herausgegriffen: (inzwischen klassisch:) M. Noth, ABLAK 1, 3–51; FRANKEN (1976) 3–11; NOORT (1979); NOORT (1987); KING (1983); KING (1983a); SCHOORS (1985); LEMCHE (1985) 386ff; THIEL (1989a) 96f.

chen Gründen des ‚Kulturabbruchs' und der in Frage kommenden ‚Verursacher' der Brandschichten wird auf biblische Informationen hin verengt und vereinfachend historisiert. Die Diskussion um die Landnahme kann als Ausgangspunkt der Debatte bezeichnet werden; sie zeigt ebenfalls die deutliche Fixierung auf historische Zusammenhänge bei der Kombination beider Bereiche.

Gerade in jüngerer Zeit ist der Wert archäologischer Untersuchungen für das Verständnis von Religion und Kult gewachsen. Als frühes Beispiel dieses Aufschwungs kann Aharonis Nachgrabung in Lachisch gelten. Er fand dort in einem kleinen Kultraum aus der Eisen II A-Zeit (10. Jh.) einen behauenen, 1,2 m hohen Stein (Masseba) und einen Aschehaufen, vermutlich von einem Olivenbaumstamm. Aharoni deutete dies als Aschera.[12] Im Anschluss daran verleitet dieser Fund M. Rose gar dazu, die Aufgabe des ‚Heiligtums' in der Eisen II-B Zeit mit dem Verbot des Ascherakultpfahls in Dtn 16,21 in Verbindung zu bringen,[13] das (auch der Sache nach) sicher nicht vor dem 8. Jh. entstanden ist. Deutlich stützen sich hier Text und Archäologie – beide auf wackeligen Füßen – gegenseitig.[14]

---

[12] Vgl. AHARONI (1969) 576–578: „Juste en face (vor der Massebe) d'elle, il y avait les restes brûlés d'un tronc d'arbre, peut-être une asherah" (577); AHARONI (1976) 26ff; AHARONI (1977) 749. Der gleichen Deutung schließt sich WEIPPERT (1988) 478 an. Die Deutung ist weitgehend spekulativ, zu Grunde liegt die häufige gemeinsame Nennung der beiden Komponenten (Massebe und Aschera) im AT. Die Hoffnung, Ascheren in situ finden zu können, wird man auf Grund des Materials getrost aufgeben dürfen. Zu ähnlichen Funden vgl. V. L. Reed, Art. Asherah, IDB, 251.

[13] ROSE (1975) 186. Bei der Verbindung des Verbotes in Dtn 16,21 mit der Zerstörungsart des Kultpfahls (im 10. Jahrhundert vor Christus!), muss dazu noch die spätdeuteronomistische Vorschrift zur Verbrennung von Ascheren Dtn 12,3 Pate gestanden haben. Damit keinesfalls genug: Rose bringt auch den Aufschwung der ‚Pillar Figurines' (vgl. dazu WINTER (1987) passim und s. u.) in der Eisenzeit mit Dtn 16,21 in Verbindung. Der Ascherakult sei auf Grund des Verbotes in den Bereich der Privatfrömmigkeit abgeglitten. Die Figürchen stehen hier – wie oft – fälschlich für die große Popularität von Aschera (vgl. 186). Gleichermaßen unangemessen ist die Behauptung G. W. Ahlströms, dass die Kultfigürchen auf Grund der Funde in Palastkontexten zum offiziellen Kult gehörten (vgl. AHLSTRÖMS (1984) 1361).

[14] Zu weiteren Beispielen s.u. Ein Beispiel aus der Sozialgeschichte sei nur angedeutet. Verbindung der in Tell el-Fir'a festgestellten sozialen (?) Differenzierungen im Hausbau (Wechsel von der Eisen-II-A- zur II-B-Zeit, zum Befund vgl. WEIPPERT (1988) 530ff) mit der Sozialkritik der Propheten insb. Amos. Dass der Befund (6 Hausgrundrisse) kaum ausreicht, ihn auf den gesamten Landesteil zu beziehen, hat J. de GEUS (1982) betont. Vgl. dazu und

Die unkritisch-historisierende Einbindung archäologischer ‚Fakten‘ in Interpretationsprozesse lässt sich bei näherer Betrachtung erklären. Zum einen sind historische Konstellationen mitverantwortlich, die zu einem nicht unwesentlichen Erfolgsdruck beigetragen haben.[15] Die frühere apologetische Grundtendenz bei der Verwendung von ‚facta bruta‘ muss ebenfalls als Faktor für ein Missverhältnis in Betracht gezogen werden. So wundert es letztlich nicht, dass die Auseinandersetzung mit den besonderen Problemen im Schnittbereich zwischen Bibeltext und Bibelarchäologie erst recht spät begann und auch heute in vielen Fällen bei der Warnung zur Vorsicht stehen bleibt, ohne methodische Kriterien für die geforderte Behutsamkeit anzugeben.[16]

Betrachtet man die derzeitige Situation im wissenschaftlichen Bereich und dem entsprechenden Umfeld, lässt sich eine Einheitlichkeit in der methodischen Bestimmung des Verhältnisses von biblischer Exegese und Palästinaarchäologie nicht finden. Die Bandbreite, in der die Beziehung bestimmt werden kann, lässt sich in vier abgestuften Modellen[17] vorstellen. Es muss betont werden, dass diese Modelle – wie auch die genannten Kriterien – weitgehend aus dem Blickwinkel der Bibelwissenschaft zusammengestellt sind. Aus archäologischer Sicht gibt es analoge Abstufungen, die sich leicht aus den folgenden Ausführungen übertragen lassen.

zu anderen in Frage kommenden Stadtarchitekturen auch FLEISCHER (1989) 391–401.

[15] Da die Palästina-Archäologie nicht unabhängig von der Bibelwissenschaft entstand (s.o. die Literatur zur Geschichte) und die Interessenbestimmung eindeutig von letzterer ausging, konnte und kann ein Autonomieprozess nur mit Mühe vollzogen werden. Bezieht die Archäologie ihre Legitimation nicht aus sich selbst heraus, sondern nur im Bezug auf die Bibel, kommt es notwendig zu einem Erwartungsdruck.

[16] So z.B. HOPPE (1984) 10ff.

[17] Die vier Modelle sind konstruiert. Sie stehen nicht für bestimmte ‚Schulen‘ und spiegeln nicht stringent eine entwicklungsgeschichtliche Linie, sondern sollen das mögliche Spektrum verdeutlichen. Selten lassen sich Autoren einer der vier Stufen klar zuordnen, da die Übergänge fließend sind. Einzelne Autoren oszillieren teilweise – je nach Forschungsgegenstand – zwischen den Modellen!

Vier Modelle der Beziehung von Archäologie und Exegese

Das Affirmationsmodell[18]

Die Archäologie wird lediglich (mehr oder weniger) zur Bestätigung des Bibeltextes und biblischer Forschungsergebnisse herangezogen. Von Seiten der Bibel wird kein Einfluss auf die Forschungsinhalte der Archäologie genommen. Die zur Verfügung stehenden (Ausgrabungs-)Ergebnisse werden nur in beschränktem Maße und äußerst selektiv aufgenommen.[19] Häufig divergieren dabei die beiden Grundkonstanten ‚Raum und Zeit‘ der in Beziehung gesetzten biblischen und archäologischen Sachverhalte. Es wird eine deutliche Abstufung des Wahrheitsgehaltes beider Bereiche postuliert. Es existieren keine methodischen Grundsätze für die Relation; die Einbindung zielt auf eine Historisierung biblischer Informationen. Unter dieses Modell lassen sich die ‚Jugendsünden‘ im Umgang mit der Archäologie und insbesondere fundamentalistische Kreise einordnen.[20]

Das Ancilla-Modell

Die Archäologie wird als Magd der Bibelwissenschaften verstanden, die für bestimmte Fragen ‚antwortendes‘ Material zu liefern hat. Biblische Archäologie definiert sich ausschließlich von der Bibelwissenschaft her (das Attribut ‚Biblisch‘ wird zum Bestimmenden). Archäologie ist im direktesten Sinn eine Hilfswissenschaft ohne Eigenständigkeit und Eigenwert; ihre Forschungsinhalte und insbesondere ihre räumliche und zeitliche Ausdehnung werden von der Bibel her bestimmt. Das methodische Postulat von vorgängigen, voneinander getrennten, eigenständigen Sachanalysen in beiden Bereichen existiert nicht. Archäologische Ergebnisse werden in den Interpretationsprozess eingeflochten. Dabei liegt der Schwerpunkt deutlich auf

---

[18] Vor dem Affirmationsmodell könnte man eine weitere Stufe annehmen, in der der Wahrheitsanspruch der Bibel so hoch angesetzt wird, dass beide Bereiche vollständig inkompatibel sind und faktisch kein Verhältnis existiert. Dieses Modell kommt allerdings im wissenschaftlichen oder wissenschaftsnahen Bereich so gut wie nicht mehr vor.

[19] Vgl. z.B. EYBERS (1981) 3–91, der eine wahre Einschränkungslitanei bietet, um jederzeit gebotene archäologische Ergebnisse ausfiltern zu können.

[20] Zu Fundamentalismus und Bibelarchäologie vgl. ausführlich OESCH (1988) und OESCH (1988a).

Einzelergebnissen, eine Rückbindung an ein archäologisches Gesamtbild (Entwicklungen und Tendenzen) erfolgt nicht. Methodische Überlegungen bleiben meist bei der Mahnung zur Vorsicht stehen.[21] Zwischen diesem und dem folgenden Modell lässt sich das Gros der Autoren ansiedeln.

Das Kooperationsmodell

Archäologie wird hier als eigenständige Wissenschaft mit eigener Methodologie aufgefasst. Palästinaarchäologie wird als Teilwissenschaft der Archäologie verstanden, die von ihrem Forschungsgegenstand her in einem bestimmten räumlichen und zeitlichen Ausschnitt eine besondere Affinität zur Bibel aufweist. Lediglich dieser Ausschnitt wird bei Wahrung der Methodologie des gesamten Wissenschaftsbereiches als Hilfswissenschaft für die Bibel eingebunden. Ein Anspruch auf Einfluss auf die Forschungsinhalte wird von beiden Seiten nicht erhoben. Es findet ein reger wissenschaftlicher Austausch statt, Forschungsschwerpunkte und Projekte werden abgesprochen und gemeinsam verwirklicht. Die Einbindung archäologischer Forschungsergebnisse erfolgt erst nach Einzelanalysen und Interpretationen auf beiden Seiten; sie versucht immer eine Rückbindung an das Gesamtbild, das die Archäologie nach ihren Maßstäben zur Verfügung stellt, um die Gefahr der Horizontverengung durch Selektion zurückzudrängen. Es werden eigene methodische Grundsätze für die Verhältnisbestimmung von Bibeltext und Archäologie und Kriterien für die Einbindung erarbeitet. Dieses Modell beschreibt den Idealfall einer methodisch abgesicherten fruchtbaren Zusammenarbeit.

Das Distinktionsmodell

Beide Wissenschaftsbereiche sind von ihren Methoden und Inhalten streng getrennt und unabhängig. Kennzeichnend ist, dass auch der zeitliche und räumliche Schnittbereich von Archäologie und Bibel völlig von der Bibel abgekoppelt ist. Sofern keine Sachnotwendigkeit besteht, werden beide nicht in Beziehung gesetzt. Die Bibelwissenschaft ist überwiegend literaturwissenschaftlich orientiert und nur gelegentlich an archäologischer Forschung interessiert. Gesamtkon-

---

[21] Deutlich wird dieses Modell z.B. bei MILLARD (1980), der als Zielbestimmung das Bereitstellen der „Kulisse und (der) Bühneneinrichtung für das ‚Drehbuch' Bibel" (7) angibt. Seine extreme Nähe zum Affirmationsmodell verdeutlicht OESCH (1988) 119f; vgl. zur Klassifizierung auch SAUER (1982).

zepte geschichtlicher Entwicklung seitens der Archäologie werden wahrgenommen, aber als inkompatibel oder irrelevant aus der Beschäftigung mit den Bibeltexten herausgehalten. Auf beiden Seiten werden die je eigenen methodischen Grundsätze für die Einbindung angewandt; methodologische Überlegungen für den Zwischenbereich der Relation von Text und Archäologie fehlen. Auf Seiten der Bibelwissenschaft ist dieses extreme Modell seltener, häufiger allerdings auf archäologischer Seite.

Postulate für das Verhältnis von Bibel und Archäologie

Die wichtigste Forderung besteht schlicht darin, dass die in Beziehung zu setzenden Bereiche zuvor mit ihren eigenen Methoden analysiert werden müssen. Die Einbindung eines Bereiches in den Analysegang des anderen führt häufig zur gegenseitigen Affirmation. Eine Unsicherheit wird dann durch eine andere erklärt. Biblische Texte sind zunächst nach literarhistorischen Gesichtspunkten erschöpfend zu untersuchen, bevor z.B. die Verwendung eines Lexems durch Realien erläutert wird.[22] Insbesondere ist die Intention des Textes einzubeziehen.

Besondere Beachtung bedarf dann die Rückbindung der Einzelergebnisse in einen ‚Gesamtzusammenhang' des jeweiligen Sachgebietes. D.h. bevor ein Einzelfund zur Deutung eines Textes herangezogen wird, ist dieser in archäologische Konstellationen einzuordnen und entsprechend zu interpretieren. Es muss ständig bewusst sein, dass es sich um Einzelphänomene handelt. Ansonsten läuft man Gefahr, die Regel durch die Ausnahme zu erklären. Steht der Fund für eine Gruppe oder für eine ungeklärte Lokaltradition, die letztlich noch importiert wurde? Anzustreben ist jeweils eine größere Zahl von Daten, so dass Vergleichsschlüsse zumindest auf breiter Basis gezogen werden.

Neben der sachlichen Kongruenz der in Beziehung zu setzenden Sachverhalte ist auf eine größtmögliche räumliche und zeitliche Nähe beider Bereiche zu achten. So muss z.B. die spätbronzezeitliche ugaritische Götterikonographie zunächst in den Kontext der bekannten Motivkonstellationen der Spätbronze-Zeit des Großraumes Syrien-

---

[22] Zur analogen Forderung innerhalb kunstgeschichtlicher Forschung vgl. VAN DER MEULEN/Speer (1988) 1–8.

Palästina eingeordnet werden. Im Anschluss daran muss die Kontinuität der Darstellungen in die Eisenzeit hinein überprüft werden. Besteht eine feststellbare Diskontinuität zur Eisenzeit, ist dieser Befund auf jeden Fall miteinzubeziehen, wenn spätbronzezeitliche Motivik mit dem AT verbunden wird. Die Nachprüfbarkeit muss jeweils gewährleistet sein; insbesondere muss die quantitative Basis genannt werden, auf der eine Verbindung beruht.

Die genannten Postulate setzen eine gleichzeitige Kenntnis des Forschungsstandes beider Sachgebiete voraus. Deutlich ist, dass dies auf Grund der Materialfülle und Spezialisierung kaum noch von Einzelnen zu leisten ist.[23] Darin besteht einerseits ein Hindernis, andererseits aber auch eine Aufgabe, den entsprechenden Forschungsstand aufzuarbeiten und bereitzustellen. Die Kriterien bilden lediglich ein grobes Raster, das zunächst als Filter dienen kann. Die genannten Punkte klingen weithin selbstverständlich, allerdings beginnen meist schon an diesen einfachen Punkten die Holzwege, die zu Missinterpretationen bei der Kombination von Text und Archäologie führen.

Nachtrag

Kritisch gesichtet wurde neuerdings die Studie *Der Tempelkult in Kanaan und Israel* von Wolfgang Zwickel[24]. Diese Untersuchung, die in Kiel 1992/93 als Habilitationsschrift angenommen wurde, will die für den Tempelkult in Palästina existierenden Hinweise und Nachrichten von der Mittelbronzezeit[25] bis in spätvorexilische Zeit zusammenstellen und auswerten. Ziel ist eine Kultgeschichte in vorexilischer Zeit und damit ein weiterführender Beitrag zur Religionsgeschichte in vorexilischer Zeit.

Folgende Fragen stehen dabei im Hintergrund: Welchem Wandel ist der Tempelkult in zwei Jahrtausenden unterlegen? Lässt sich aus

---

[23] Vgl. dazu WEIPPERT (1988) XV ; HERRMANN (1988) 70.

[24] ZWICKEL (1994).

[25] Zur besseren Orientierung werden im groben die im folgenden verwandten Datierungen der archäologischen Perioden nach WEIPPERT (1988) angegeben: Mittelbronzezeit ca. 2000–1550 v. Chr. (=MB oder MBr-Zeit), Spätbronzezeit ca. 1559–1150 v. Chr. (=SBr-Zeit), Eisen-I-Zeit ca. 1250-1000 v. Chr.(= E-Zeit I), Eisen-II-A-Zeit ca. 1000–900 v. Chr., Eisen-II-B-Zeit ca. 925–850 v. Chr., Eisen-II-C-Zeit ca. 850–586 v. Chr.

der Kultgeschichte etwas zum frühestmöglichen Zeitpunkt der Opfergesetzgebung in P (Priesterschrift) oder zur umstrittenen Gestaltung von der Spätbronze- zur Eisenzeit sagen? Die Arbeit besteht aus zwei großen Teilen: Im archäologischen Teil „werden alle derzeit bekannten Kultstätten aus Palästina von der Mbr.-Zeit bis zur E-Zeit II diskutiert" (6), der sich anschließende exegetische Teil fragt nach „der Entwicklung der Opferpraxis nach den alttestamentlichen Texten" (285).

Im ersten Teil wird der Untersuchungszeitraum in vier Schritten abgearbeitet. Für jede Periode werden zunächst Ausgrabungsbefunde genannt, die nach Zwickel keine Kultstätten darstellen, aber in der Literatur als solche geführt worden sind, dann die umstrittenen Befunde und anschließend die nach Zwickel sicheren Kultstätten. Die Untersuchung führt zu folgenden Ergebnissen: In der Mittelbronzezeit sind nach den Ergebnissen Zwickels die Tempelbauten von eindrucksvoller Gestalt. Sie bestimmen den Dorf- oder Stadteindruck und spielen eine zentrale Rolle im Leben der Bewohner und Bewohnerinnen. Über Kultinstallationen lässt sich nicht viel sagen. Auffallend ist das Fehlen von Opferaltären. Als Opfer scheinen Libationen oder Depositgaben gedient zu haben. Die Bedeutung von Depositbänken geht allerdings nach den Beobachtungen Zwickels zurück. Eine besondere Rolle spielen seines Erachtens die Massebenreihen in Heiligtümern, die überwiegend die dort verehrten Gottheiten repräsentieren. Zum größten Teil wurden in den mittelbronzezeitlichen Kultanlagen weibliche Gottheiten verehrt.

Das ändert sich in der Spätbronzezeit, in der in den Tempeln überwiegend männliche Statuetten gefunden worden sind. Ansonsten konstatiert Zwickel ein hohes Maß an Kontinuität zwischen Mittelbronze- und Spätbronzezeit. Lediglich einige Veränderungen und Verschiebungen lassen sich seines Erachtens feststellen. Die Bedeutung von Masseben(reihen) geht in der Spätbronzezeit zurück. Libationen werden dagegen ebenso wie die Depositbänke noch einmal wichtiger. Auch gibt es kleine Altäre, auf denen der Gottheit (erstmalig) Räucheropfer verbrannt werden oder worauf auch Schlachtungen durchgeführt wurden. Nach Zwickel lassen sich Hinweise dafür finden, dass das Blut als Sitz des Lebens zunehmend bedeutender geworden ist. Es wird aufgefangen und am Rand des Altars ausgeschüttet, wie Zwickel vermutet. Das Fleisch der größeren Tiere beim Schlachtopfer wurde in Gemeinschaftsmahlen verspeist. Insgesamt nimmt aber die Distanz zwischen Beter und Gottheit –

gespiegelt in der Architektur der Tempelanlagen – in der Spätbronzezeit zu. So wird zum Beispiel mehrfach die direkte architektonische Verbindung zwischen Eingang und Kultpodium aufgebrochen, sei es durch eingesetzte Blendmauern oder abknickende Eingänge.

Für die frühe Eisenzeit fehlt ausreichende Evidenz, um in gleicher Weise zuverlässig eine Kultgeschichte zu schreiben. Von den drei von Zwickel als Kultstätten gehandelten Anlagen erbringt nur *Tell Qasile* brauchbare Informationen für einen Tempelkult in Palästina. Die sogenannte Bull-Site in *Dahret et-Tawile* im Bergland Samarias ist ein offenes bäuerliches Heiligtum, über dessen Kult, außer dass er einem Wettergott galt, nichts aussagbar ist. Den mehrphasigen Tempel in *Tell Miqne*/Ekron kann Zwickel auf Grund der unzureichenden Funddokumentation noch nicht auswerten. Erkennbar ist trotzdem folgendes: Zwar existiert in Megiddo oder Beth-Schean der spätbronzezeitliche Tempelkult zunächst noch fort, doch bricht ansonsten die spätbronzezeitliche Tempelbautradition ab. Kultische Kontinuität ist allerdings in *Tell Qasile* insofern festzuhalten, als nach wie vor Libationen und in geringerem Maße auch Depositorien üblich waren. Der Kult galt nach Zwickel einer bzw. zwei („Fruchtbarkeits"-) Göttinnen, die auf einer Keramikplatte nackt dargestellt sind. Dass allerdings weder *Tell Qasile* noch die Philisterstadt Ekron zum Kerngebiet der Israeliten gehörte und für diese damit für die Eisenzeit I nur die „Bull-Site" als Kultstätte archäologische Hinweise auf die Kultpraxis gibt, kommt erst bei der Auswertung der Eisenzeit II explizit zur Sprache. Denn der Befund ändert sich nicht wesentlich.

Für den Tempelkult muss eingestanden werden, dass die Archäologie bislang nur wenig beitragen kann, da Tempel im strengen Sinne nicht nachgewiesen sind. Als sichere Kultstätten werden von Zwickel lediglich die Befunde aus dem am Jarkon gelegenen *Makmis*, die Festung von Arad und der assyrische Kultraum vom *Tell Abu Salima* vorgestellt. Von herausragender Bedeutung ist dabei Arad, wo neben einem großen Schlachtopferaltar auch eine Kultnische mit ein bzw. zwei Masseben belegt ist. Doch bekanntlich ist auch diese kultische Installation (frühestens) im ausgehenden 8. Jh. aufgegeben worden. Trotz des eingeschränkten Befundes zieht Zwickel folgende Schlüsse: Libationen und Depositgaben, die die Opferpraxis in der Spätbronze- und Eisen I-Zeit noch dominierten, gehen zurück oder sind nicht mehr nachweisbar. „Ab Mitte des 8. Jh.s gibt es nach unserem derzeitigen Wissensstand keinen Nachweis mehr für Masseben" (283). Auffallend ist insbesondere die gegenüber der Spätbronzezeit enorm angewachsene Evidenz für Hauskulte: „Der Kult scheint sich größtenteils auf Privathäuser konzentriert zu haben. Die persönliche Frömmigkeit nahm in dieser Zeit erheblich zu" (281).

Bei notierten Veränderungen in der Gestaltung des Tempelkultes sei betont, dass die Schlüsse überwiegend via negationis gewonnen sind und sich damit die Argumentationslage gegenüber der Bronzezeit qualitativ verändert. Es sind zunächst nur Feststellungen dessen, was auf Grund mangelnden Befundes nicht mehr nachzuweisen ist, da öffentliche Kultanlagen nicht mehr nachweisbar sind. Etwas fraglich ist, ob man wirklich von einem „erheblichen" Anwachsen der Privatfrömmigkeit oder nur von einer gewachsenen archäologischen Evidenz dafür sprechen kann. Eine Untersuchung der Privatfrömmigkeit in der Spätbronze- und Eisen I-Zeit, die den weit reichenden Schluss Zwickels rechtfertigen könnte, hat er in seiner Untersuchung jedenfalls nicht vorgelegt.

Angesichts des kaum für eine Rekonstruktion einer Kultgeschichte ausreichenden Befundes für die Eisenzeit II schließt Zwickel das archäologische Kapitel: „Für die E-Zeit II muss daher, im Gegensatz zur Bronze- und Eisenzeit I, bei der Beschreibung des Kultes den nun reichlich vorhandenen alttestamentlichen Angaben der Vorrang eingeräumt werden. Archäologische Funde sollten allenfalls als Illustration für exegetische Überlegungen herangezogen werden" (284, Herv. vom Rezensenten).

Nach dieser problematischen Sicht biblischer Archäologie nach dem Motto „Der Mohr hat seine Schuldigkeit getan, der Mohr kann gehen" wird nun der Blick auf die für den Opferkult relevanten Texte des AT gerichtet. Auch hier periodisiert Zwickel den Befund. Er teilt auf in Texte aus vorstaatlicher Zeit (Ri 6,11*18–24; 1 Sam 2,13–17; 1 Sam 9,12–24*; Ex 20,24–26), aus dem 10. Jh. incl. dem Jahwisten (z.B. 1 Sam 10,8; 13,7b–15a; 16,1–13; 20; Gen 8,20–22; Ex 5,3; 8,21–25 u.a.m.), Texte aus dem 9. Jh. (1 Sam 1,1–3a.4–28; 2,19–21a; 3*; 1 Kön 18,21–40*; 2 Kön 10,18–27*); Texte aus dem 8. Jh. (2 Kön 3,27; 16,10–16; 18,4*; Am 4,4f; Jes 1,10–17 und traditionell dem Elohisten (E) und dem Jehowisten (J) zugewiesene Texte wie Gen 35*; Ex 32*) und schließlich in einem breiten Kapitel Texte aus dem Buch Deuteronomium. In diesen Darstellungen werden jeweils die Details des Opferkultes ausgewertet und so weit möglich ein kohärentes Kultgeschehen rekonstruiert.

Als Ergebnis lässt sich festhalten: War zunächst das Gemeinschafts-Schlachtopfer zentral, wuchs die Rolle des Brandopfers bis in die späte Königszeit stetig an. „Ursprünglich war der Kult an den Kreis der Familie gebunden, die zum Jahresfest oder aber zu einem der anderen Feste an ein Heiligtum zog. Die Priester hatten, so weit überhaupt vorhanden, eine Kontrollfunktion über den Kultablauf, aber kaum einen Einfluss auf die kultgeschichtliche Entwicklung. Ein politischer Einfluss lässt sich für die Frühzeit überhaupt nicht beobachten. Mit der zunehmenden Entwicklung zum Nationalkult erlangte auch der Kult eine politische Funktion" (340). Zwickel rechnet mit einem erheblichem Maß an Veränderung: „Der Kult war somit nach Ausweis archäologischer und exegetischer Befunde bei weitem nicht so konservativ, wie gerne angenommen wird" (341). Bezüglich des Übergangs von der Spätbronzezeit zur Eisenzeit stellt Zwickel einen deutlichen Kontinuitätsbruch fest, der s. E. nur mit einer Veränderung der Bevölkerungszusammensetzung erklärt werden kann. Einer „endogenen" Entstehung Israels im Revolutions- oder Evolutionsmodell erteilt er damit eine Absage.

Das Buch schließt mit zwei Anhängen: Im ersten werden kultisch relevante Begriffe in tabellarischer Form (literar-)historisch eingeordnet, wobei Zwickel die o. a. Periodisierung benutzt. Hier erfährt man etwa, dass das Verbum יצק „ausgießen" bei E in Gen 28,18 und sonst nur in priesterlichen Schriften vorkommt. Für die Datierung geben die Anmerkungen jeweils einen oder zwei Literaturverweise. Im zweiten Anhang werden die Tabellen aus Anhang I historisch ausgewertet und nun die Begriffe aus vorstaatlicher Zeit, aus E, aus J usw. zusammengestellt. Ein Literaturverzeichnis und ein ausführliches Stellen-, Sach- und Ortsnamenregister beschließen den Band.

Das Buch hinterlässt bei dem Rezensenten einen gespaltenen Eindruck. Es ist eine in der Diskussion um die Religionen Israels und Kanaans äußerst willkommene Untersuchung, die unbestreitbare Vorteile hat. Zugleich reizt sie an vielen Stellen in Anlage und Durchführung zur kritischen Auseinandersetzung mit dem Autor. Es gibt derzeit kein vergleichbares Werk zum Tempelkult. Vor allem für die saubere, durch die sorgfältige Lektüre der Ausgrabungsberichte gestützte, breite Präsentation des archäologischen Befundes von der Mittelbronze- bis zur Eisenzeit ist dem Verfasser zu danken. Das Material liegt hier nun aufgearbeitet vor und kann im Querschnitt gut nachvollzogen werden. An Ergänzungen, die das nachgezeichnete Bild verschieben könnten, hätte man sich lediglich ein breiteres Eingehen auf die Diskussion um den Aufstellungsort des eisenzeitlichen Brandopferaltars auf dem Tell es-Seba gewünscht. Wichtig und richtig ist auch die strikte Trennung von literarischem und archäologischem Befund, wenn man sich auch für die Eisenzeit eine gesammelte Erwähnung der in der Bibel belegten, archäologisch aber nicht (mehr) nachweisbaren Heiligtümer etwa Jerusalem, Samaria, Bethel, Gilgal usw. gewünscht hätte. Auch wenn man bei der geradezu dezisionistischen Datierung von Belegstellen im exegetischen Teil und in den Anhängen erhebliche Bauchschmerzen hat, ist die übersichtliche Zusammenstellung der relevanten Texte und Begriffe doch nützlich. Von dem klaren Aufbau profitiert die Untersuchung, dieser fordert jedoch zugleich die Kritik heraus: Der archäologische und der exegetische Teil stehen recht unverbunden nebeneinander. Die in der Einleitung aufgeworfene Frage nach der Frühdatierung priesterschriftlicher Rituale wird im Schlussteil nicht mehr aufgegriffen. Vor allem die programmatische Substitution des (fehlenden) archäologischen Befundes für die Eisenzeit II durch den literarischen Befund, ist eine in der Anlage der Arbeit methodisch nicht gedeckte Vorgehensweise. Überhaupt reizt der Umgang mit den Texten zur Kritik: Erkennbar ist zum einen nur eine ausgesprochen konservative Grundtendenz. Es ist eine durch und durch „maximalistische Position", die um die Diskussionen um Spätdatierungen weitestgehend unbeeindruckt bleibt. Die Existenz von Texten aus vorstaatlicher Zeit ist für ihn ebenso wenig ein Problem wie die Annahme eines Elohisten.

Ganze Textbereiche werden rein historisch ausgewertet, Details von Erzählungen für eine verbindliche Opferpraxis reklamiert. Dass Texte Idealkonstrukte sein können, die wie in den deuteronomischen Sozialbestimmungen eine Utopie beschreiben, wird nicht problematisiert. Der Text als literarisch eigenständige, Wirklichkeit formende, nicht abbildende Größe kommt dabei nicht in den Blick. Der Text ist unbestrittene Autorität und der Maßstab, an dem sich die kultische und historische Wirklichkeit zu orientieren hat. Was für Rituale noch angehen mag, kann für erzählende Texte kaum in gleicher Weise in Anspruch genommen werden.

Auch im archäologischen Teil möchte man mit dem Verfasser an vielen Stellen in die Diskussion eintreten. Hier kann die Rezension nur beispielhaft einige Fragen herausgreifen: Sind die Massebenreihen in Geser, Hazor und vom Tell Musa wirklich vergleichbar oder muss nicht die unterschiedliche Größe stärker auch auf die kultische Funktion durchschlagen? Problematisch ist die mehrfache Gleichsetzung von kleinen Figurinen oder Plaketten mit den Kultbildern in einem Tempel. Oftmals handelt es sich um Kleinfunde, so dass bei einem Schluss auf die in den Tempeln verehrte Gottheit (deren Kultbild nicht erhalten blieb) besondere Vorsicht angezeigt wäre. Zwickel ist hier oft großzügiger, als die Fundsituation erlaubt. Zwar erhebt der Autor im einleitenden Kapitel Kriterien für die Interpretation eines archäologischen Befundes als Kultbau, doch werden diese im Folgenden nicht explizit angewandt. Insbesondere das Kriterium der kultischen Kontinuität, das Zwickel methodisch minimieren will, spielt immer noch eine beachtliche Rolle bei der Bestimmung eines architektonischen Befundes. Die Unterscheidung der drei Kategorien, nämlich den Bauten, die keine Kultbauten darstellen, deren kultische Funktion umstritten ist und den „sicheren" Kultstätten ist sicher gut, wird aber insbesondere in der durchgeführten Trennung zwischen den letzten beiden Kategorien nicht immer transparent, z. T. sind die Grenzen zwischen den Einteilungen zu Recht fließend. Vielfach wird die Hypothetik der Schlüsse nicht deutlich genug betont. So etwa wenn aus der Anzahl von Schalen eines Fundkontextes auf die Anzahl der Kultteilnehmer hochgerechnet wird oder in einem Nebenraum gefundenes Geschirr als Ersatzgeschirr für kultische Großveranstaltungen gedeutet wird. Auch ist es gehobene Spekulation, wenn aus drei Zimbeln in Megiddo auf „von rhythmischer Musik begleitete Tänze" (89) geschlossen wird oder auf Grund von Lampen in Hazor mit nächtlichen Kultfeiern gerechnet wird. Diese und andere Schlüsse scheinen den Bereich gesicherter Information zu verlassen und auf spekulativem Wege Kultgeschichte zu schreiben. Das hätte zumindest angezeigt werden sollen. Denn Zwickel setzt sich zu Recht von der gängigen Praxis ab, alle rätselhaften und unerklärbaren Befunde kultisch zu interpretieren oder auch bronzezeitliche Funde mit Hilfe biblischer Angaben zu erklären.

Von diesen methodischen Postulaten her ist das Buch von Zwickel ein Fortschritt in der Forschungslandschaft, selbst wenn man an dem einen oder anderen Punkt kritisch einhakt. Durch den durchschaubaren, übersichtlichen Aufbau und die gute Erschließung des Buches in den Registern ist es nicht nur eine wichtige Untersuchung zum Tempelkult in Palästina, sondern zugleich ein Handbuch des archäologischen Befundes bezüglich der Kultstätten.

Benutzte Literatur

AHARONI, Yohanan (1969):
> *Chronique Archéologique, Lakish*, in: RB 76 (1969), 576–578.

AHARONI, Yohanan (1976):
> *Investigations at Lachish*. The Sanctuary and the Residency (Lachish V), Tel Aviv: Gateway Publishers 1976.

AHARONI, Yohanan (1977):
> *Lachish*, in: Encyclopedia of archeological excavations in the Holy Land III, Jerusalem: Israel Exploration Society 1977, 749.

AHLSTRÖM, Gösta W. (1984):
> *An Archaeological Picture of Iron Age Religions in Ancient Palestine* (StOr 55,3), Helsinki: Finnish Oriental Society 1984.

CRÜSEMANN, Frank (1979):
> *Alttestamentliche Exegese und Archäologie*, in: ZAW 91 (1979), 177–193.

DONNER, Herbert (1979):
> *Pilgerfahrt ins Heilige Land*. Die ältesten Berichte christlicher Palästinapilger (4.–7. Jh.), Stuttgart: Verlag Katholisches Bibelwerk 1979.

EYBERS, H. (1981):
> *The Value of Archaeological Excavations for Biblical Studies*, in: Theologia evangelica 14 (1981), 3–91.

FLEISCHER, Gunther (1989):
> *Von Menschenverkäufern, Baschankühen und Rechtsverdrehern*. Die Sozialkritik des Amosbuches in historisch-kritischer, sozialgeschichtlicher und archäologischer Perspektive (BBB 74), Frankfurt am Main: Athenäum 1989.

FRANKEN, H. J. (1976):
> *The Problem of Identification in Biblical Archaeology*, in: PEQ 108 (1976), 3–11.

FRITZ, Volkmar (1980):
> *Bibelwissenschaft I/1*, in: TRE 6 (1980), 316–345.

FRITZ, Volkmar (1985):
> *Einführung in die biblische Archäologie*, Darmstadt: Wissenschaftliche Buchgesellschaft 1985.

FRITZ, Volkmar (1987):
> *Kleines Lexikon der Biblischen Archäologie*, Konstanz: Christl. Verl. Anst. 1987.

GEUS, Jan Kees de (1982):
> *Die Gesellschaftskritik der Propheten und die Archäologie*, in: ZDPV 98 (1982), 50–57.

HERRMANN, Siegfried (1988):
> *Israels Frühgeschichte im Spannungsfeld neuerer Hypothesen* (Rheinisch-Westfälische Akademie der Wissenschaften Abh. 78: Studien zur Ethnogenese 11), Opladen: Westdeutscher Verlag 1988.

HOPPE, Leslie J. (1984):
> *What are they saying about biblical archaeology?* New York: Paulist Press 1984.

HROUDA, Barthel [Hrsg.] (1978):
> *Methoden der Archäologie.* Eine Einführung in ihre naturwissenschaftlichen Techniken (Beck'sche Elementarbücher), München: Beck 1978.

KEEL, Othmar / KÜCHLER, Max (1984):
> *Orte und Landschaften der Bibel.* Ein Handbuch und Studienreiseführer zum Heiligen Land. Band 1: Geographisch-geschichtliche Landeskunde, Göttingen: Vandenhoeck & Ruprecht 1984.

KING, Philip J. (1983):
> *The Contribution of Archaeology to Biblical Studies,* in: CBQ 45 (1983), 1–16.

KING, Philip J. (1983a):
> *Die Archäologische Forschung zur Ansiedlung der Israeliten in Palästina,* in: BiKi 38 (1983), 72–76.

KLAIBER, Walter (1981):
> *Archäologie und Neues Testament,* in: ZNW 72 (1981), 195–215.

KÜCHLER, Max / UEHLINGER, Christoph [Hrsg.] (1987):
> *Jerusalem.* Texte – Bilder – Steine (NTOA 6), Göttingen: Vandenhoeck & Ruprecht 1987.

KÜCHLER, Max (1987):
> *Die „Füße des Herrn".* Spurensicherung des abwesenden Kyrios an Texten und Steinen als eine Aufgabe der historisch-kritischen Exegese, in: Küchler/Uehlinger (1987), 11–35.

LEMCHE, Niels Peter (1985):
> *Early Israel.* Anthropological and Historical Studies on the Israelite Society Before the Monarchy (VT.S 37), Leiden: Brill 1985.

LIPINSKI, Edward [Hrsg.] (1985):
> *The Land of Israel: Cross-Roads of Civilizations* (Orientalia Lovaniensia analecta 19), Leuven: Peeters 1985.

MEULEN, Jan van der / SPEER, Andreas (1988):
> *Die Fränkische Königsabtei Saint-Denis.* Ostanlage und Kultgeschichte, Darmstadt: Wissenschaftliche Buchgesellschaft 1988.

MILLARD, Alan R. (1980):
> *Bibel und Archäologie.* Kann die Archäologie die geschichtliche Wahrheit der Bibel beweisen? (Theologie und Dienst 23), Brunnen-Verlag: Gießen 1980.

NIEWIADOMSKI, Józef [Hrsg.] (1988):
> *Eindeutige Antworten.* Fundamentalistische Versuchung in Religion und Gesellschaft, Thaur: Österreichischer Kulturverlag 1988.

NOORT, Edward (1979):
> *Biblisch-archäologische Hermeneutik und alttestamentliche Exegese.* Rede uitgesproken bij de aanvaarding van het ambt van hoogleraar aan de Theologische Hogeschool te Kampen op vrijdag 12 okt. 1979 (Kamper cahiers 39), Kampen: Kok 1979.

NOORT, Edward (1987):
> *Geschiedenis als Brandpunkt,* in: Gereformeered Theologish Tijdschrift 87 (1987), 84–102.

OESCH, Josef M. (1988):
> *Fundamentalismus und Fundamentalistische Versuchung im Spannungsfeld von Archäologie und Bibel,* in: Niewiadomski (1988), 111–124.

OESCH, Josef M. (1988a):
> *Die fundamentalistische Versuchung im Spannungsfeld von Bibel und Archäologie.* Die biblische Welt als Kulisse für das Gotteswort, in: BiKi 43 (1988), 119–122.

ROSE, Martin (1975):
> *Der Ausschließlichkeitsanspruch Jahwes.* Deuteronomische Schultheologie und die Volksfrömmigkeit in der späten Königszeit (BWANT 106), Stuttgart/Berlin/Köln/Mainz: Kohlhammer 1975.

SANDERS, James A. [Hrsg.] (1970):
> *Near Eastern Archaeology in the Twentieth Century.* Essays in honor of Nelson Glueck, Garden City, NY: Doubleday 1970.

SAUER, James A. (1982):
> *Syro-palestine Archaeology, History, and Biblical Studies,* in: BA 45 (1982), 201–209.

SCHMIDT, Werner H. / THIEL, Winfried / HANHART, Robert (1989):
> *Altes Testament* (Grundkurs Theologie 1), Stuttgart/Berlin/Köln/Mainz: Kohlhammer 1989.

SCHOORS, Antoon (1985):
> *The Israelite Conquest:* Textual Evidence in the Archaeological Argument, in: Lipinski (1985), 77–92.

THIEL, Winfried (1989a):
> *Geschichte Israels,* in: Schmidt/Thiel/Hanhart (1989).

VAUX, Roland de (1970):
> *On Right and Wrong Uses of Archaeology,* in: Sanders (1970), 64–80.

WEIPPERT, Helga (1988):
> Palästina in vorhellenistischer Zeit (Handbuch der Archäologie Vorderasien 2/1), München: Beck 1988.

WINTER, Urs (1987):
> *Frau und Göttin.* Exegetische und ikonographische Studien zum weiblichen Gottesbild im Alten Israel und in dessen Umwelt (OBO 53), Göttingen: Vandenhoeck & Ruprecht 1987.

ZWICKEL, Wolfgang (1994):
> *Der Tempelkult in Kanaan und Israel.* Studien zur Kultgeschichte Palästinas von der Mittelbronzezeit bis zum Untergang Judas (FAT 10), Mohr: Tübingen 1994.

Frevel, Christian
Prof. Dr. theol., geboren 1962, verheiratet, 2 Kinder, Professor für Altes Testament an der Universität Köln.

Dissertation:
- *Aschera und der Ausschließlichkeitsanspruch JHWHs.* Beiträge zu literarischen, religionsgeschichtlichen und ikonographischen Aspekten der Ascheradiskussion (BBB 94), Weinhein: Beltz Athenäum 1995. [ISBN 3-89547-061-9]

Habilitation:
- *Mit Blick auf das Land die Schöpfung erinnern.* Eine These zum Ende der Priestergrundschrift (HBS), Freiburg i. Br.: Herder 2000. [ISBN 3-451-27251-2]

Online unter: *http://purl.org/bibfor/archiv/99-1.frevel.htm*

Ferdinand
Rohrhirsch

Vom Nutzen der Philosophie in der Archäologie

Vorbemerkung:

Der Text basiert auf der Grundlage meines Vortrages am Theologischen Studienjahr der Dormitio (Mount Sion – Jerusalem) vom vergangenen Jahr (1998).

Inhaltlich geht es um das erlaubte oder unerlaubte Zusammenspiel von Textwissenschaft und Archäologie. Der formale Gang des Vortrages lässt sich in zwei Sätzen zusammenfassen. Ich werde in drei Gliederungspunkten (A–C) eine These entfalten und vorstellen. Im vierten Punkt (D) werde ich – mit Gründen – zu zeigen versuchen, dass diese These nicht haltbar ist.

A) Entwicklung einer vorläufigen Problemfrage

Ein Philosoph darf sich um Trivialitäten kümmern. Es ist seine Aufgabe – wenigstens nach Martin Heidegger – Trivialitäten zu thematisieren. Wenn trivial mit abgedroschen, platt oder selbstverständlich übersetzt wird, dann sagt das noch nichts gegen den in Trivialitäten enthaltenen möglichen wahren Kern. Im Gegenteil, weil niemand mehr an der Richtigkeit trivialer Sätze zweifelt, sind solche trivialen Sätze wenig aufregend und zur wissenschaftlichen Profilierung denkbar ungeeignet.

Nun besteht aber die Aufgabe des Philosophen nicht nur darin, sich um Trivialitäten zu kümmern, sondern sie in nicht-trivialer Weise zu thematisieren. Und das ist ein ganz und gar nicht-triviales Geschäft. Dagegen wird niemand etwas sagen, denn hier tut ja der Philosoph nur das, was er soll, und er stört dabei auch niemanden. Lästig werden Philosophen ja erst dann, wenn sie sich auf fremdes Gebiet wagen, wenn sie nicht in ihrem Elfenbeinturm metaphysischer

Biblisches Forum Jahrbuch 1999, 30–43

Unverständlichkeit und Unverbindlichkeit bleiben wollen, sondern sich z.B. anhalten, als Wissenschaftstheoretiker verkleidet, in den einzelnen Fachwissenschaften mitzumischen.

Die Befürchtung kommt sofort: Wissen denn die Philosophen sprich Wissenschaftstheoretiker nicht deshalb alles viel besser, weil sie von den ganz konkreten Gegenständen und Untersuchungsmethoden, die in den jeweiligen Fachwissenschaften untersucht und benutzt werden, so gar keine Ahnung haben?

Etwas sachlicher, von der Seite der Fachwissenschaften aus formuliert:[1] „Brauchen die Wissenschaften die Wissenschaftstheorie zu ihrem Erfolg? Die Frage ist klar gestellt – ebenso klar fällt die Antwort aus: Nein, sie brauchen sie nicht!"[2] „Oder ist es nicht vielmehr so, dass Wissenschaft am besten gedeiht, wenn sie sich nicht um Wissenschafts- und Erkenntnistheorie kümmert?"[3] Denn in der Praxis zeigt sich, dass die konkrete Wissenschaft ihrer Theorie immer schon voraus ist. „Die Methode der Wissenschaft – die wissenschaftliche Vernunft – ist verkörpert in ihrer Praxis und nirgendwo sonst."[4]

Wird dieses Statement als vorläufige Arbeitshypothese akzeptiert, dass also Fach-Wissenschaften da am besten gedeihen, den größten Erfolg haben, wo sie sich nur auf ihre Praxis stützen – dann darf, ja muss diese Praxis bei Problemen und Fragen auch Antworten und Lösungsvorschläge bereitstellen.

Meine vorläufige Problemfrage, die ich der Fachwissenschaft Archäologie zur Beantwortung vorlege, lautet: Ist es der Archäologie erlaubt, zum Zwecke einer Geltungsabsicherung ihrer Sachverhaltsbehauptungen (Geltungsansprüche in Theorieform) auf Ergebnisse der Textwissenschaft zu rekurrieren?

B) Die Antworten der Praxis auf die vorläufige Problemfrage

Es gibt wahrscheinlich nur sehr wenige Wissenschaftler, die dagegen votieren würden, dass Archäologie und Textwissenschaft als zwei eigenständige, methodisch völlig unabhängige Fachwissenschaften

---

[1] Vgl. FISCHER (1995).
[2] FISCHER (1995) 249.
[3] FISCHER (1995) 246.
[4] FISCHER (1995) 248.

mit jeweils unterschiedlichen Forschungsgegenständen und selbständigen Forschungszielen anzusehen sind. Diese Einstellung ist nicht vom Himmel gefallen, sondern Resultat grundlegenden Nachdenkens in Archäologie und Biblischer Archäologie.[5] Dieser Sicht von der Eigenständigkeit zweier Disziplinen (Archäologie/Textwissenschaft) wird heute nicht mehr widersprochen.

Trotzdem halten viele Archäologen und Bibelwissenschaftler, darunter Volkmar Fritz, William G. Dever, Walter Kleiber, Robert Oberforcher und Christian Frevel, eine Kooperation beider Fachwissenschaften in der Praxis für möglich, für sinnvoll und manchmal auch für notwendig. So sagt z.B. Volkmar Fritz: „Das Nebeneinander von Texten und Denkmälern war immer schon vorgegeben, so dass ein hinreichendes Verständnis der Texte ohne Kenntnis der materiellen Kultur ebenso ausgeschlossen ist, wie eine angemessene Deutung archäologischer Befunde ohne die Kenntnis der sachgemäßen Auslegung der biblischen Schriften."[6]

Auch Robert Oberforcher bläst ins gleiche Horn, wenn er fordert: man solle „stärker auf die interdisziplinäre Konstellation Wert legen, wonach die (historisch und literarisch arbeitende) Bibelwissenschaft, die Geschichtswissenschaft (Alte Geschichte und Orientalistik) und die Biblische Archäologie in einem unverzichtbaren ständigen Forschungsgespräch stehen. So jedenfalls funktioniert der Forschungsalltag."[7]

Wie aber der Forschungsalltag tatsächlich funktioniert, soll an einem Beispiel gezeigt werden. Es stammt aus Hartmut Stegemanns Buch: ‚Die Essener, Qumran, Johannes der Täufer und Jesus. Ein Sachbuch, Freiburg u.a. [7]1998‘.

Es geht um die Frage, ob die Höhlen bei Qumran als Wohnquartiere für Bewohner der Anlage interpretiert werden können. Stegemann ist streng dagegen: Seine Argumentation: „Die übliche, aber durch keinerlei archäologische Nachweise gesicherte Annahme, die Qumran-Siedler hätten im wesentlichen in Zelten und Hütten der weiteren Umgebung, besonders im näheren Umfeld der Schriftrollen-Fundhöhlen gehaust, ist (also) [in der 4. Auflage] völlig überflüssig und sachlich unzutreffend."[8] Verwiesen wird auf Luftbildaufnahmen und deren negativen Befund bezüglich der Feststellung von Pfaden.

---

[5] Vgl. ROHRHIRSCH (1996) 36–48.
[6] FRITZ (1985) 226.
[7] OBERFORCHER (1997) 457.
[8] STEGEMANN (1998) 76.

Nun kann dies zutreffen, aber ist die Benutzungsdauer in Rechnung gestellt worden? Ob ein Trampelpfad zu einer Oase von Tieren und Menschen über Jahrhunderte benutzt wird oder ein Pfad vielleicht nur einige Jahrzehnte in Gebrauch war, muss ebenso berücksichtigt werden wie die vielen Höhlen, die von de Vaux registriert wurden und die keine Texte, aber trotzdem qumrantypische Keramik enthielten. Werden darüber hinaus geologisch vergleichbare Strukturen bewertet? usw.[9] Es ist klar: Mit diesen Anfragen kann und soll auch nicht das Gegenteil der These Stegemanns behauptet werden. Aber mit dieser Anfrage kann gezeigt werden, dass die Behauptung von Stegemann bis zu dieser Stelle fachwissenschaftlicher, d.h. archäologischer Kritik ausgesetzt werden kann.[10]

Doch der alles entscheidende Beweis für die Richtigkeit der Behauptung Stegemanns wird durch die Interpretation von Texten geliefert. „Die tatsächlichen Wohnmöglichkeiten für die in Qumran lebenden Essener waren eng begrenzt. [...] Eine ihrer strikt einzuhaltenden Sabbatvorschriften sieht aber vor, dass niemand am Sabbat eine Wegstrecke von mehr als 1000 Ellen – das sind knapp 500 Meter – weit aus ‚seiner Stadt‘ hinausgehen darf (CD X, 21). Auf die Verhältnisse in Qumran angewendet, war ‚die Stadt‘ der hier Lebenden identisch mit dem nach außen hin durch Mauerwerk fest abgegrenzten Bereich der Gebäude der eigentlichen Siedlung. Behausungen in deren Umgebung konnten nicht als integrativer Bestandteil dieser ‚Stadt‘ gelten. Das bedeutet aber, dass kein Mitglied der in Qumran lebenden Essener weiter als knapp 500 Meter von dieser Siedlung entfernt wohnen konnte; sonst hätte er diese Sabbatbestimmung notwendigerweise verletzt, worauf eine hohe Strafe stand. Damit entfallen die allermeisten der 26 von Qumran-Bewohnern im Laufe der Zeit genutzten Felshöhlen im mindestens 200 Meter entfernten Gebirgsabhang als Wohnstätten. [...] Die über den Umkreis von knapp 500 Metern hinausgehende, auch zweifelsfrei nachgewiesene Inanspruchnahme von Höhlen für die verschiedenen Zwecke dürfte – abgesehen von den Schriftrollenverstecken – im wesentlichen

---

[9] Vgl. aber bes. Höhle 17. Stegemann gibt seine Quelle nicht an. Möglicherweise bezieht er sich auf die Thesen von J. Patrich. Vgl. PATRICH (1994). Vgl. dazu auch KAPERA (1993) 74f.

[10] Mittlerweile wurde die archäologische Unmöglichkeit von Trampelpfaden, die von den Höhlen zur Anlage von Chirbet Qumran führen, durch die Funde von Magen Broshi und Hanan Eshel weiter relativiert. Vgl. dazu: ESHEL (1997) 17.

auf die gelegentliche Benutzung durch Kleinviehhirten der Essener zurückzuführen sein, die ihre Herden entlang des am ehesten noch begrünten Gebirgsabhangs weideten. Das durfte man am Sabbat sogar doppelt so weit, in einem Bereich bis zu fast 1000 Metern Entfernung von der ‚Stadt' (CD XI,5f).‟[11]

Die Tragweite eines Wechsels in der Argumentationsmethodik zeigt sich hier in folgender Konsequenz: Die von Stegemann durchgeführte historisierende Interpretation eines Textes und die daraus gezogenen Schlüsse sind durch archäologische Daten überhaupt nicht mehr in Frage zu stellen. Die These von Stegemann ist völlig immun gegenüber archäologischen Funden. Funde innerhalb der 500–1000-m-Grenze bestätigen die These. Funde außerhalb dieses Umkreises werden als Ausnahmen oder mit Kleinviehhirten erklärt, und damit bestätigen auch diese Funde die These. Die Interpretation der Höhlen von Qumran als Wohnquartiere der Essener aufgrund der historisierenden Interpretierung der Damaskusschrift (von CD XI) kann durch Erfahrung, darunter sind archäologische Daten zu verstehen, nicht mehr widerlegt werden.

Ich verzichte hier auf weitere Beispiele an archäologisierenden Textwissenschaftlern und exegetisierenden Archäologen.[12] *Zusammengefasst darf man sagen:*

Nimmt man die Forschungspraxis als Antwort auf die gestellte Frage: Ist es der Archäologie erlaubt, zum Zwecke einer Geltungsabsicherung ihrer Sachverhaltsbehauptungen auf Ergebnisse der Textwissenschaft zu rekurrieren?, dann ist diese Frage schon lange positiv entschieden. Es gibt zwar einige unverbesserliche Archäologen, die auf einer strikten Trennung von Archäologie und Textwissenschaft bestehen, aber die Praxis zählt, und in der kann nachgewiesen werden, dass es Wissenschaftler gibt, die archäologische Fragen mit Hilfe der Interpretation von Texten beantworten und umgekehrt.

C) Die Entwicklung der Grundfrage

Was praktisch getan wird, muss auch theoretisch legitimiert werden können, zumindest unter wissenschaftlichen Ansprüchen. Der Verweis auf die Praxis als wissenschaftlich adäquate Rechtfertigung

---

[11] STEGEMANN (1998) 73.
[12] Darunter nun leider auch MAGNESS (1998) und PUECH (1998).

reicht dafür nicht aus. Mit dem Verweis auf die Praxis lässt sich schließlich alles begründen und demzufolge nichts. Aus dem Sein folgt (mindestens seit David Hume) eben kein Sollen.

Wenn also wissenschaftlich argumentiert werden soll, dann ist eine Begründung gefordert, die dem wissenschaflichen Selbstverständnis von Archäologie und Bibelwissenschaft entspricht – wenn sie sich als Wissenschaften verstehen wollen.

Um wissenschaftlich die Kooperation von Bibelwissenschaft und Archäologie zu beurteilen, wird das Problem als Grundfrage formuliert: Diese lautet:

Können Ergebnisse einer Fachwissenschaft von anderen Fachwissenschaften zur eigenen Geltungsabsicherung benutzt werden, und wenn ja, ist es möglich, die aus einer Konjunktion von Ergebnissen unterschiedlicher Fachwissenschaften bestehenden Geltungsbegründungen fachwissenschaftlich zu überprüfen?

Würde diese Grund-Frage negativ beantwortet, dann hätte das in der Tat (Praxis) gravierende Konsequenzen auf einen Forschungstrend, der etwas ungenau mit ‚Interdisziplinarität‘ plakatiert werden kann.[13] Alle Fachwissenschaften wollen interdisziplinär arbeiten, und – wie bei Fritz und Oberforcher exemplarisch gezeigt – auch Archäologie und Bibelwissenschaft. Wenn es heute noch für irgend etwas Geld gibt, dann für ein interdisziplinäres Forschungsprojekt.

Wie rechtfertigen nun Archäologen und Bibelwissenschaftler trotz ihres Einverständnisses von der Eigenständigkeit und Unabhängigkeit der jeweiligen Fachwissenschaften ihr Kooperationsmodell? Die Bezeichnung ‚Kooperationsmodell‘ wurde von Christian Frevel[14] übernommen, der das Problem als einer der wenigen überhaupt sieht und systematisch behandelt.

Mit Christian Frevel ist zu fragen, welche Kriterien und methodischen Postulate erfüllt sein müssen, damit eine sachgemäße Zusammenarbeit zwischen Archäologie und Text möglich ist. „Inwieweit lässt sich der Bibeltext bei der Interpretation archäologischer Daten als bestimmender Faktor hinzuziehen? Und umgekehrt: Wann haben archäologische Daten welche Bedeutung bei der Auslegung der Texte? Die durchgängige Konjunktur dieser Fragestellung ist also

---

[13] Zur Differenzierung von ‚Interdisziplinarität‘ und ‚Transdisziplinarität‘ vgl. HÜBENTAHL (1991). Vgl. dazu ROHRHIRSCH (1998).

[14] Vgl. FREVEL (1989). Neben dem Kooperationsmodell diskutiert Frevel das Affirmationsmodell, das Ancilla-Modell und das Distinktionsmodell. Vgl. FREVEL (1989) 41–44 bzw. FREVEL (2000) 16f.

verbunden mit der Umorientierung der Biblischen Archäologie; durch die ‚Hinwendung' zur Altertumswissenschaft werden die Ziele anders definiert und die Frage nach der Beziehung von literarischer und materieller Hinterlassenschaft stellt sich neu. Die Problematik des Verhältnisses besteht nicht in der grundsätzlichen Verschiedenheit der Aussageweisen beider Disziplinen an sich, sondern darin, dass diese im Schnittbereich argumentative Kraft gewinnen und in ihrer Verschiedenheit denselben Gegenstand (geschichtliche Wirklichkeit) beurteilen. Da beide interpretierbare Daten einbringen, ist methodischer Rückhalt bei der Kombination beider Bereiche um so dringlicher."[15]

Das Kooperationsmodell sieht nun Frevel dadurch ausgezeichnet, dass in ihm methodische Grundsätze zur Verfügung stehen, mittels derer die Verhältnisbestimmung von Archäologie und Bibelwissenschaft erarbeitet werden kann. „Die Einbindung archäologischer Forschungsergebnisse erfolgt erst nach Einzelanalysen und Interpretationen auf beiden Seiten; sie versucht immer eine Rückbindung an das Gesamtbild, das die Archäologie nach ihren Maßstäben zur Verfügung stellt ... [Weiter sagt er:] Dieses Modell beschreibt den Idealfall einer methodisch abgesicherten fruchtbaren Zusammenarbeit."[16]

Festgestellt werden kann bei Fritz, Oberforcher u.a., dass eine positive Beziehung von Bibelwissenschaft und Biblischer Archäologie für möglich, sinnvoll und gelegentlich notwendig erachtet wird. In unterschiedlicher Intensität wird von ihnen das ‚Kooperationsmodell' als Grundlage vorausgesetzt. Das Kooperationsmodell geht von der Grundannahme aus, dass eine Bezugnahme auf unterschiedliche Fachwissenschaften möglich ist. Das bedeutet, dass die Gültigkeit des Kooperationsmodells davon abhängt, ob die oben formulierte Grundfrage positiv gelöst werden kann.

Völlig zu Recht bemerkt Frevel, dass die Problematik von Biblischer Archäologie und Bibelwissenschaft, also von Archäologie und Textwissenschaft, nicht auf dieses Problempaar beschränkt bleibt. Diese Anfrage taucht im Grunde bei allen ‚Kontakten' zwischen Geisteswissenschaften im weitesten Sinne und empirisch/naturwissenschaftlich-historischen Disziplinen auf. „Nicht eine in der Wurzel

---

[15] FREVEL (1989) 38. Vgl. dazu ROHRHIRSCH (2000).
[16] FREVEL (1989) 42.

unversöhnliche Opposition, sondern der unterschiedliche Zugang zur Wirklichkeit schafft Probleme."[17]

D) Die Beantwortung der Grundfrage

Unwidersprochen kann formuliert werden, dass die von den Textwissenschaften entwickelten Methoden zur Untersuchung von Texten methodisch haltbare Aussagen über den eigenen Objektbereich erlauben. Ob mit exegetischen Methoden eine historisierende Interpretation eines Textes überhaupt sachlich möglich ist, also eine Interpretation, die explizit behauptet, dass der Text von historischen Personen, Ereignissen oder Objekten spricht, muss an dieser Stelle nicht entschieden werden. In jedem Falle, so wird unterstellt, kann jegliche historisierende oder nicht-historisierende Interpretation bzw. deren Absicherung methodengerecht nur durch Texte ausgeführt werden.

Eine intendierte Geltungsbegründung (sachlicher oder nicht-sachlicher Inanspruchnahmen) ist also in jedem Fall nur durch Texte zu leisten.

Eine Geltungsabsicherung in der Biblischen Archäologie impliziert einen Methodenwechsel, der durch einen Wechsel des Objektbereichs bedingt wird. Datierungen archäologischer Objekte sind Interpretationen. Geltungsbegründungen werden hier durch archäologische Daten geleistet.

D.h.: Die eine Datierung wurde aus der Interpretation von Texten gewonnen, die andere aus der Interpretation materieller Objekte. Beide Datierungen sind Interpretationen, die auf der Grundlage völlig unterschiedlicher, jeweilig fachspezifischer Methoden entstanden sind. Soll die Übernahme einer Datierung, die sich archäologischer Provenienz verdankt, eine historisierende Interpretation, d.h. einen historischen Geltungsanspruch, der aus Texten gewonnen wurde, belegen, absichern, beweisen etc., dann stellt sich die Frage: Welche Methode kann nun dafür eingesetzt werden, die Verknüpfung der beiden Stränge zu beurteilen? Denn weder Biblische Archäologie noch Exegese sind fachmethodisch legitimiert, die Geltungsansprüche, die aus der Verknüpfung beider entstehen, zu beurteilen, da die Geltungsbegründungen über das jeweilige einzel-fachwissenschaftliche Methodenarsenal hinausgehen.

[17] FREVEL (1989) 38, Anmerkung 10.

Gleichwohl hält Frevel diese Inbeziehungsetzung für prinzipiell überprüfbar. Der Garant ist für ihn ein Drittes, das nicht nur die Entgegensetzung unterschiedlicher Fachwissenschaften, sondern auch die Entgegensetzung Naturwissenschaft – Geisteswissenschaft aufzuheben vermag, nämlich die Wirklichkeit selbst. Nach Frevel entstehen die Bezugsprobleme lediglich durch die unterschiedlichen Zugangsweisen zum selben Gegenstand, sprich zur selben Wirklichkeit.

Und das ist klar: Wenn die Prämisse einer gemeinsam unterlegten Wirklichkeit akzeptiert wird, dann kann der kontrollierte Versuch unternommen werden, Ergebnisse einer Fachwissenschaft in eine andere zu übernehmen. Denn dann ist ein alle Fachwissenschaften verbindlicher und verbindender Maßstab, eine entscheidungsfähige Instanz vorhanden, nämlich die eine Wirklichkeit, auf die sich alle Fachwissenschaften beziehen und durch diesen Maßstab (die eine Wirklichkeit) korrigiert werden können.

Die Prämisse der ‚einen Wirklichkeit‘ wird auch von den Wissenschaftlern benutzt, die die Eigenständigkeit und Unabhängigkeit beider Fachwissenschaften zwar hervorheben, aber trotzdem in der ‚Sozialstruktur‘ des Landes den gemeinsamen Zuordnungspunkt von Exegese und Biblischer Archäologie sehen.

Die Absicht, Ergebnisse von Exegese und Biblischer Archäologie aufgrund einer gemeinsam unterlegten Wirklichkeit aufeinander zu beziehen, scheitert aber aus zwei Gründen:

- Aussagen mit Gültigkeitsanspruch, die sich einer Konjunktion von Ergebnissen zweier Fachwissenschaften verdanken, entziehen sich einer methodisch fachwissenschaftlichen Kontrolle. Der Geltungsanspruch dieser Aussagen ist deshalb nicht fachwissenschaftlich entscheidbar.
- Die Verknüpfungsabsicht verdankt sich einer Theorie von Wissenschaft, die davon ausgeht, dass die Tätigkeit des Wissenschaftlers darin besteht ‚Hypothesen zu entwerfen und die Natur zu nötigen, über deren Wahrheit oder Falschheit zu entscheiden‘.

Die Prämisse der ‚einen‘ Wirklichkeit kann von den Fachwissenschaften nicht vorausgesetzt werden (im Sinne von methodisch verfügbarer Erkenntnis und Ergebniskorrektur), weil Aspekte der Wirklichkeit von den Fachwissenschaften allererst erarbeitet werden müssen. Der Rekurs auf die ‚eine‘ Wirklichkeit ist der Rekurs auf eine Hypothese, die sich fachwissenschaftlicher Prüfbarkeit entzieht.

Gleichzeitig muß aber auch gesagt werden, dass es nicht darum geht, dem wissenschaftstreibenden Subjekt sein immer schon vorausgesetztes Bild der Welt, seine Interpretation der Wirklichkeit abzusprechen. Ohne vorausgesetzte Welt ist Fachwissenschaft nicht möglich. Das vorausgesetzte Bild entzieht sich auch nicht rationaler Prüfbarkeit.

Das hier unterlegte kritisch-rationale Wissenschaftsverständnis[18] ist in der Lage, die Hypothese von der ‚einen' Wirklichkeit mit den gleichen methodischen Maßstäben zu prüfen, die auch dann angewendet werden, wenn, in Karl Poppers Terminologie, ‚metaphysische Systeme' überprüft werden. Im Zusammenhang mit der hier geführten Diskussion bedeutet das, dass auf der Stufe der ‚Weltbilder' rational-begründbare Theoriepräferenzen möglich sind.

Die philosophische Begründung: Warum es nicht geht.

Die Begründung der Erklärung für die Nicht-Übertragbarkeit von Ergebnissen aus Fachwissenschaften in andere Fachwissenschaften entnehme ich der Philosophie Martin Heideggers.

Heidegger geht zunächst von der trivialen Annahme aus, dass Wissenschaften nur da funktionieren, wo sie etwas vorfinden, d.h. Seiendes, Dinge, einen Gegenstandsbereich. „Wissenschaft muß Seiendes vorfinden können. Es gehört zu ihr, dass sie Seiendes immer schon, und zwar als irgendwie Offenbares vorliegen hat."[19] Jetzt kommt aber die entscheidende Bedingung für die Existenz und Funktionsfähigkeit einer Wissenschaft: Sie geht nicht an die Dinge heran, wie sie sind, sondern bestimmt diese schon ‚vorher', wie die Dinge, der Objektbereich zu sein haben, damit sie für die Wissenschaft geeignet sind. Mit Heideggers Worten: „[E]ine Wissenschaft ist nur insoweit Wissenschaft, als es ihr gelingt, die Wesensverfassung des Seienden, das sie zum Thema hat, vorgängig zu umgrenzen."[20] Das Wort ‚vorgängig' ist das bestimmende Wort. Wird das akzeptiert, dann bedeutet das, dass das Seiende, die Dinge, gar nie neutral untersucht und erforscht werden können, so wie sie an sich selbst sind, sondern so, wie sie durch die jeweilige Wissenschaft bestimmt wer-

---

[18] Zur Begründung des hier unterlegten, jedoch nicht problematisierten Wissenschaftsbegriffes vgl. ROHRHIRSCH (1996) 3–35.
[19] HEIDEGGER (1996) 180.
[20] HEIDEGGER (1996) 188.

den. Wichtig: Dabei handelt es sich nicht um anderes Seiendes das jeweilig herbeigezogen wird, „sondern das Sein des schon offenbaren Seienden wird im vorhinein anders gesehen, genommen und bestimmt" und zwar so, „dass diese Bestimmung des Seins der Erfahrung des Seienden voraufgeht."[21] Dazu kommt noch ein weiteres. Da die wissenschaftliche Forschung niemals das Ganze des Seienden, die ganze oder eine Wirklichkeit zum Forschungsobjekt haben kann, muss auch das Ganze des Seienden in Bereiche und Bezirke eingeteilt werden.

Mit Heideggers Worten: „Jede Wissenschaft ist als Forschung auf den Entwurf eines umgrenzten Gegenstandsbezirkes gegründet und deshalb notwendig Einzelwissenschaft."[22]

Dieser, von Heidegger beschriebene Sachverhalt ist für mich die gültige Begründung, warum die jeweiligen Fachwissenschaften jeweils anderes und wichtiges sehen und warum ihre Ergebnisse nicht zueinander kompatibel aber dafür auch nicht austauschbar sind. Aus diesem Grund sind auch die Fachwissenschaften nicht aufeinander reduzierbar.

In einer (und für eine) fachwissenschaftlichen Forschung kann es keine gemeinsame ‚eine' Wirklichkeit mehr geben, gerade weil die entscheidende Bedingung für die Existenz und Funktionsfähigkeit von Fachwissenschaften die Auflösung einer gemeinsamen Wirklichkeit ist. Das subjektiv nachvollziehbare Bemühen die eine Wirklichkeit, d.h. das Seiende im Ganzen verstehen zu wollen (im wissenschaftlicher Hinsicht), ist nicht so zu erreichen, dass die Erkenntnisstücke der einzelnen Fachwissenschaften – einem Puzzle gleich – sich mit Fleiß und Glück zusammenfügen. Das geht schon deshalb nicht, weil wir selber Teile des Puzzles sind und das Puzzle selbst einer zeitlichen Dynamik unterliegt. Wir aber wissen weder, was die Zeit ist, noch viel weniger, wer wir selbst sind.

Benutzte Literatur

BUCHER, Alexius J. / PETERS, Dieter Stefan [Hrsg.] (1998):
  Evolution im Diskurs. Grenzgespräche zwischen Naturwissenschaft, Philosophie und Theologie (Eichstätter Studien, NF 39), Regensburg: Pustet 1998.

---

[21] HEIDEGGER (1996) 186.
[22] HEIDEGGER (1977) 83.

ESHEL, H. (1997):
>A History of the Discoveries at Qumran, in: Roitmann (1997) 11–17.

FISCHER, K. (1995):
>Braucht die Wissenschaft eine Theorie?, in: Journal for General Philosophy of Science 26/2 (1995), 227–257.

FREVEL, Christian (1989):
>„Dies ist der Ort, von dem geschrieben steht ...“ Zum Verhältnis von Bibelwissenschaft und Palästinaarchäologie, in: BN 47 (1989), 35–89.

FREVEL, Christian (2000):
>„Dies ist der Ort, von dem geschrieben steht ...“ Zum Verhältnis von Bibelwissenschaft und Palästinaarchäologie, in diesem Band, S. 11–29.

FRITZ, Volkmar (1985):
>Einführung in die Biblische Archäologie, Darmstadt: Wissenschaftliche Buchgesellschaft 1993 (^{1}1895).

HEIDEGGER, Martin (1994):
>Holzwege (GA 5), Frankfurt am Main: Klostermann: ^{7}1994 (^{1}1977).

HEIDEGGER, Martin (1996):
>Vorlesungen 1919 – 1944. Einleitung in die Philosophie [Freiburger Vorlesung Wintersemester 1928/29] (GA 27.2), Frankfurt am Main: Klostermann 1996.

HÜBENTAHL, Ursula (1991):
>Interdisziplinäres Denken. Versuch einer Bestandsaufnahme und Systematisierung, Stuttgart: Steiner 1991.

KAPERA, Zdzislaw Jan (1993):
>Khirbet Qumran no more a monastic settlement, in: The Qumran Chronicle 2/2 (1993), 73–84.

MAGNESS, Jodi (1998):
>Two Notes on the Archaeology of Qumran, in: BASOR 312 (1998), 37–44.

OBERFORCHER, R. (1997):
>Rezension zu F. Rohrhirsch: Wissenschaftstheorie und Qumran, in: Zeitschrift für Katholische Theologie 119 (1997) 4, 455–457.

PATRICH, J. (1994):
>Khirbet Qumran in Light of New Archaeological Explorations in the Qumran Cave, in: Wise/Golb (1994) 73–95.

PUECH, Émile (1998):
>The Necropolises of Khirbet Qumrân and Ain el-Ghuweir, in: BASOR 312 (1998), 21–36.

ROHRHIRSCH, Ferdinand (1996):
>Wissenschaftstheorie und Qumran. Die Geltungsbegründungen von Aussagen in der Biblischen Archäologie am Beispiel von Chirbet Qumran und En Feschcha, (NTOA 32), Göttingen : Vandenhoeck & Ruprecht 1996.

ROHRHIRSCH, Ferdinand (1998):
> *Martin Heideggers Bestimmung des Wesens der Wissenschaft und die Frage einer transdisziplinären Zusammenarbeit von Fachwissenschaften*, in: Bucher/Peters (1998) 263–273.

ROHRHIRSCH, Ferdinand (2000):
> *Datengenerierung und Dateninterpretation.* Zur Bedeutung von Theorien in der Archäologie am Beispiel der Gräber von Chirbet Qumran, in: Stegemann (2000).

ROITMANN, A. [Hrsg.] (1997):
> *A Day at Qumran.* The Dead Sea Sect and Its Scrolls, Jerusalem 1997.

STEGEMANN, Hartmut (1998):
> *Die Essener, Qumran, Johannes der Täufer und Jesus.* Ein Sachbuch, Freiburg im Breisgau/Basel/Wien: Herder[7]1998 ([1]1993).

STEGEMANN, Hartmut [Hrsg.] (2000):
> *Qumran – Kontrovers.* Tagungsberichte der Qumrantagung der Katholischen Akademie Schwerte 09–11.10.98, erscheint vrstl. 2000.

WISE, Michael O. / GOLB, N. [Hrsg.] (1994):
> *Methods of Investigation of the Dead Sea Scrolls and the Chirbet Qumran Site* (Annals of the New York Academy of Sciences, Vol. 722), New York 1994.

Rohrhirsch, Ferdinand
Dr. theol., geboren 1957, verheiratet, 1 Kind. Studium der Theologie und Philosophie, 1989 Lizenziat, 1992 Promotion, 1996 Habilitation, seit 1997 Privatdozent am Lehrstuhl für Praktische Philosophie und Geschichte der Philosophie der Katholischen Universität Eichstätt.

Dissertation:
- *Letztbegründung und Transzendentalpragmatik.* Eine Kritik an der Kommunikationsgemeinschaft als normbegründende Instanz bei Karl-Otto Apel (Conscientia 19), Bonn: Bouvier 1993.
  [ISBN 3-416-02459-1]

Habilitation:
- *Wissenschaftstheorie und Qumran.* Die Geltungsbegründungen von Aussagen in der biblischen Archäologie am Beispiel von Chirbet Qumran und En Feschcha (NTOA 32), Göttingen: Vandenhoeck & Ruprecht 1996. [ISBN 3-525-53934-7]

Forschungsschwerpunkte:
- Qumranprojekt: Deutschsprachige Präsentierung der Ausgrabungen von Qumran
- Interdisziplinäres Forschungsprojekt: Philosophie und Naturwissenschaften
- Projekt Unternehmenskultur: Orientierung durch Philosophie und Theologie

Online unter: *http://purl.org/bibfor/archiv/99-1.rohrhirsch.htm*

Rüdiger
Schmitt

Das Problem der Deutung von Terrakottafigurinen aus Palästina/Israel

Die archäologische Arbeit in Palästina hat in den letzten hundert Jahren ein umfangreiches Korpus von kleinplastischen Darstellungen meist weiblichen Geschlechts von der Spätbronzezeit bis zur hellenistischen Zeit zutage gefördert. Es liegt daher nahe, die Terrakotten mit den im Alten Testament und in anderen Texten genannten Gottheiten in Verbindung zu bringen. Wesentliches Interesse ist hierbei die namentliche Identifikation der Objekte. Das Alte Testament erwähnt an mehreren Stellen *tᵉrāfīm*,[1] die eine allgemeine Deutung als – mit Einschränkungen auch kleinplastischer – Götterbilder zulassen.[2] Die *salmē massēkōt* in Num 33,52 und die *salmē zākār* in Ez 16,17 schließen ebenso eine Deutung als kleinplastische Objekte mit ein. Das AT bestätigt zwar die Existenz – und indirekt auch die Gebräuchlichkeit – von Idolen im allgemeinen, keine Stelle bezieht sich jedoch explizit auf Terrakottafigurinen und ihre Verwendung.[3] Ein weiteres Problem ist, dass ein Korpus der kleinplastischen Objekte aus Palästina bisher nicht existiert[4] und dass eine umfassende monographische Behandlung des Problems der Deutung palästinischer Terrakottafigurinen bislang ebenso fehlt. Dennoch ermangelt es nicht an Ansätzen zur Deutung bestimmter Figurinengruppen und Versuchen einer Gesamtdeutung innerhalb weitergesteckter Problem-

---

[1] Vgl. SEYBOLD (1976).

[2] Gen 31, 19ff.; Ri 17,3; 1 Sam 19,13; 2 Kön 23,24 u. ö. Vgl. hierzu u. a. auch SCHROER (1987) 136ff.; ALBERTZ (1992) 63ff.

[3] Die polemischen Tendenzen scheinen eine explizite Schilderung dessen, was mit Figurinen tatsächlich praktiziert wurde, nicht zuzulassen.

[4] Die Aufstellung von HOLLAND (1977) ist veraltet und hinsichtlich des Klassifikationssystems unzureichend. Für den Raum der Philister, bzw. der palästinischen Küstenebene habe ich in meiner Dissertation „Philistäische Terrakottafigurinen" 109 Objekte erfasst, die im wesentlichen einer spezifischen „philistäischen" Sondergruppe angehören.

Biblisches Forum Jahrbuch 1999, 44–55

kreise, von denen ich im folgenden einige Positionen darstellen[5] und auf ihre Tauglichkeit hin untersuchen möchte.

Die Geschichte der Forschung verlief im wesentlichen in drei Phasen: In der Zeit vor dem Zweiten Weltkrieg wurden die Objekte – teils sehr summarisch – in kurzen Studien behandelt. In der Zeit nach dem zweiten Weltkrieg erfuhren sie nur eine Behandlung am Rande zumeist in zusammenfassenden Darstellungen oder in kurzen Exkursen in Ausgrabungsberichten. Eine Wende zeichnete sich erst seit den 80er Jahren durch die ikonographischen Arbeiten Keels und seiner „Schule" ab, die der Kleinkunst erstmals den ihr gebührenden Rang für die Religionsgeschichte Israels zumaßen.[6]

Die erste umfassendere Betrachtung palästinischer Figürchen mit einer wenn auch knappen, religionsgeschichtlichen Auswertung bietet Pilz in seiner Studie „Die weiblichen Gottheiten Kanaans" aus dem Jahre 1924.[7] Pilz definiert seine Typen A, B, C und D (nacktes Weib, Hände vor der Brust; nacktes Weib, in den seitwärts gespreizten Händen Blumen haltend; nacktes Weib, die Arme zur Seite herabfallend; Pfeilerfiguren und davon abhängige Mischformen) als Darstellungen von Göttinnen. Die Numina seien als Göttinnen charakterisiert, denen das Geschlechtsleben und die Fruchtbarkeit geweiht war. Eine weitere Identifizierung sei, trotz einer unbezweifelbaren Nähe zur babylonischen Ištar und phönizischen Astarte, indes nicht möglich, „denn Identifizierungen und Abhängigkeiten können von den rein archäologischen Bezeugungen nicht erwiesen werden."[8]

Zu einem nahezu identischen Ergebnis kommt auch Pritchard unter Einbeziehung der Frage, ob Figurinen in Beziehung zu den durch die Literatur bekannten Göttinnen zu sehen seien: "From the foregoing we are forced to conclude that there is no direct evidence connecting the nude female figure ... with any of the prominent goddesses."[9] Vielmehr läge ihre Funktion in "symbolic of womankind in general" und "reproductive feature of the female figure".[10] Eine

---

[5] Eine ausführliche Forschungsgeschichte ist damit freilich nicht intendiert. Ich beschränke mich daher bewusst auf einige relevante Positionen.

[6] Stellvertretend seien hier nur genannt: KEEL/UEHINGER (1992); WINTER (1987); SCHROER (1987). Zur Kritik vgl. auch FREVEL (1995) 773ff.

[7] PILZ (1924) 165ff.

[8] PILZ (1924) 167.

[9] PRITCHARD (1943) 86.

[10] PRITCHARD (1943) 87. Auch TUFNELL (1958) 377, legt sich nicht fest und spricht nur von der dea nutrix.

ähnliche Position nimmt zwar auch Galling in der ersten Auflage des
Biblischen Reallexikons (BRL) ein, geht aber noch einen Schritt weiter: Eine Identifikation mit einer bestimmten Göttin ist zwar nicht
möglich, doch seien die Figurinen der Eisenzeit II als Gefährtinnen
Jahwes zu betrachten sowie als „kraftgeladenes Symbol der *vis na-
turae* in der privaten Sphäre des israelitischen Hauses."[11] Zwar hält
auch May die Identifizierung mit einer speziellen Göttin generell
nicht für möglich, kommt aber zu der Auffassung, die bei der Totenfürsorge verwandten Muttergottheiten fungierten als Paredra des
sterbenden und wieder auferstehenden Gottes und als Beschützerin
der Toten.[12] Gegenüber der differenzierten Sichtweise Pilz', Prit-
chards und Gallings halten Albright und andere die Repräsentationen
nackter Frauen pauschal (und generell unbegründet) für Darstellungen der Astarte.[13] Dieselbe Position vertritt auch Aharoni.[14] Eine
Neuauflage dieser These bietet 'Amr: Weibliche Terrakotten seien
"symbols of the numerous qualities of the goddess Ishtar."[15] Aufgrund mesopotamischer Belege glaubt 'Amr, den Gestus des Brüste-
haltens als das Spenden von Milch interpretieren zu können. Durch
die Astarte-Figur solle ferner „Tammuz als Milchgeber" angerufen
werden. Die von 'Amr angeführten mesopotamischen Belege können
jedoch nicht ohne weiteres auf palästinische Glaubenvorstellungen
bezogen werden. Engle und Hestrin hingegen identifizieren die Säulenfigürchen mit der alttestamentlichen *ašerah*.[16]

Die Autorin gelangt zu dieser Annahme, indem sie die Säulenform
der Terrakotten als Wiedergabe des Ašera-Kultpfahles interpretiert.
Die Säulenform ist jedoch herstellungstechnisch bedingt und als
Grundform der Terrakotte im gesamten vorderasiatischen und ägäi-
schen Raum (mindestens) seit der mittleren Bronzezeit verbreitet.
Einen schlüssigen Beweis bleiben jedoch auch diese Autoren schuldig.
Helck sieht den erotischen Aspekt der Frau im Mittelpunkt und
verneint eine Einengung der Funktion der Figurinen auf die Frucht-

---

[11] GALLING (1937) 233.

[12] MAY (1935) 28. So auch CROWFOOT/CROWFOOT/KENYON (1957) 76f.

[13] ALBRIGHT (1939) 118ff.; ALBRIGHT (1953) 114f. Ebenso COOK (1930) 122ff.
und PETRIE, Gerar, 17. Vorsichtiger äußerte sich ALBRIGHT (1953) 115, über
die Eisenzeit-II-zeitlichen Plakettentypen mit beiden Händen auf dem Bauch:
"In no case we can label them with the Name of a goddess."

[14] AHARONI (1973) Pl. 27, Nr. 2, 4–9.

[15] 'AMR (1988) 195. Die angeblich unveröffentlichten Objekte sind bereits von
HOLLAND (1977) veröffentlicht worden. Siehe FRANKEN (1989) 197.

[16] ENGLE (1979) 52 u. ö. Dagegen WINTER (1987) 557. HESTRIN (1987) 221f.

barkeitssphäre zugunsten einer Deutung hinsichtlich der Sicherung des Sexuallebens der Frau.[17]

Die bisher umfassendste Deutung und Diskussion palästinischer weiblicher Terrakotta-Figurinen bietet Winter in seiner ebenso umfangreichen wie verdienstvollen Studie „Frau und Göttin": Winter lehnt die pauschale Interpretation der Figurinen als Mutter- und Fruchtbarkeitsgöttin zugunsten einer multifunktionalen Verwendung ab und schließt sich somit methodisch der Tradition von Pilz und Pritchard an. Sein phänomenologischer Ansatz geht jedoch über diese hinaus: Die unterschiedlichen Aspekte der weiblichen Gottheit werden unter dem Begriff „Syrische Göttin" subsummiert, die als ideales Bild der Frau zu verstehen sei.[18] Die Figurinen seien in folgenden Verwendungskontexten zu verorten:[19]

- ▸ Rein zweckgebundene Verwendung: Die Frau mit Händen auf dem Unterleib sei im Rahmen der Sicherung der Geburt zu deuten.
- ▸ Die Säulenfigürchen stellen eine Art „Haushaltsikone" dar und dienen zur „Erotisierung des Haushalts."
- ▸ Terrakottafigurinen dienen als Ex Voto bei einem Gebetsanliegen.
- ▸ Als Grabbeigabe garantieren sie den „weiblichen Zauber" für den Verstorbenen auch über seinen Tod hinaus.[20]

Winter gelangt zu dem Schluss, dass die Figurinen in der Regel Göttinnen darstellen, die zwar nicht mit einer aus der Literatur bekannten göttlichen Gestalt zu identifizieren seien, sondern eher allgemein die Funktionen der Beschützerin, Fürbitterin und Mittlerin erfüllen und ferner den „Sexappeal" der Göttin als Zeichen weiblicher Machtfülle verkörpern.[21]

Winter hat zwar die unbestreitbare Multifunktionalität dieser Fundgattung herausgestellt, seine weitergehenden Interpretationen bleiben indes hypothetisch: Weder die „Erotisierung des Haushalts", die von der Göttin archetypisch repräsentierte „Machtfülle" noch die Sicherung des „Weiblichen Zaubers" für den Toten vermag er auf-

---

[17] HELCK (1971) 63ff.

[18] WINTER (1987) 93ff.

[19] WINTER (1987) 129ff.

[20] So konnte PODELLA (1986) nachweisen, dass bestimme Typen philistäischer Terrakotten ("mourning-figurine") in der Totenfürsorge Verwendung fanden. Die Ikonographie dieser Objekte rekurriert jedoch auf Trauerriten, nicht auf die Sicherung von „weiblichem Zauber".

[21] WINTER (1987) 127ff.; im Anschluss daran auch SCHROER (1987) 344, Anm. 198.

grund archäologischer Erkenntnisse und des literarischen Befundes glaubhaft zu machen. Insbesondere bleibt seine psychologisierende, an die Jungsche Archetypenlehre angelehnte Begrifflichkeit ohne erklärenden Beleg. Dies erscheint den Strukturen magischen Denkens nicht angemessen[22] und führt zu unangemessenen Verallgemeinerungen, wie der Subsummierung unterschiedlicher Gestalten unter das Konstrukt der „Syrischen Göttin".

Ebenso wie Winter rekurriert Hübner auf die Multifunktionalität der Figurinen, betont aber stärker ihren Charakter als Götterbilder und sucht sie in der Nähe von Astarte, Ašera und verwandten Gottheiten zu verorten.[23] Hübners These krankt insbesondere daran, dass er den Charakter der Figurinen als Götterbilder aufgrund deren Zerbrechung bei „ikonoklastischen Aktionen" fanatischer Jahwe-Anhänger zu beweisen sucht.[24] Nun weist nichts darauf hin, dass bei mehr oder weniger regelmäßigen Übergriffen Jahwe-Anhänger sich der Figürchen bemächtigten und diese zerstörten. Die große Anzahl zerbrochener Figurinen ist mit Winter viel wahrscheinlicher darauf zurückzuführen, dass man sie, nachdem sie ihren Zweck erfüllt hatten, wegwarf,[25] oder wie es z.B. assyrische Ritualtexte zum Abwehr von Schadenszauber nahelegen, rituell „entsorgt".[26]

Die Identifikation einer Gruppe eisenzeitlicher Plaketten als Götterfigurinen wird von Tadmor abgelehnt: Die Figurinen seien als liegende Schwangere im Rahmen magischer Analogie zu deuten.[27] Tadmors Ausgangspunkt sind zwei Kalksteinplaketten aus Dēr el-Balaḥ mit einer nackten Göttin in Hochrelief auf einer quadratischen Unterlage. Das, was Tadmor als Bett interpretiert, ist in vielen Fällen nur der Positivabdruck des Models. Die Göttin muss daher als stehend, nicht als liegend aufgefasst werden. Die relativ großen Kalk-

---

[22] Die Rezensionen von WEIPPERT (1990) 106, 186f, und LIPIŃSKI (1986) 95, weisen richtig darauf hin, dass vieles des von WINTER benutzten glyptischen Vergleichsmaterials früheren Datums ist und die Einengung der nackten Göttin auf die weibliche Lebenssphäre unrichtig ist. Zur Beurteilung der „Syrischen Göttin" vgl. LIPIŃSKI (1986) 90. Vgl. hierzu auch ALBERTZ (1992) 133, Anm. 114.

[23] HÜBNER (1989) 53ff.

[24] Ähnlich auch STERN (1989) 29ff.

[25] WINTER (1987) 131.

[26] Vgl. MEIER (1967).

[27] TADMOR (1981) 80; TADMOR (1982) 2ff.; TADMOR (1982a) 139ff.

steinplaketten haben einfach nur die Form der in Modeln gepressten Terrakottaplaketten nachgeahmt.[28]

Für den Bereich eisenzeitlicher Bestattungen nimmt Wenning eine funktionale Integration der Figurinen in die Totenfürsorge an, wobei die Statuette als „persönliche Schutzgöttin" des Toten gedeutet wird, die dem Verstorbenen Segen und „Zuteilwerdung des Ewigweiblichen" im Grabe zusichern soll. Die Säulenfigürchen seien mit Ašera bzw. der Himmelskönigin zu identifizieren.[29]

Wenning geht von der These aus, dass es sich beim Typ der pillar-figurine um die Göttin Ašera handelt. Zwar rekurriert auch er auf die situativ je unterschiedliche Konnotation der Objekte, spitzt seine These jedoch auf eine Identifikation mit der astralisierten assyrischen Ištar als Hoch-und Allgöttin zu. Die Reiterfigürchen, die nach Wenning häufig mit weiblichen Figurinen zusammen als Beigaben der Grablege gefunden wurden, werden mit dem Himmelsgott Šamaš/Baal Šamim/Jahwe mit Pferd als Postamenttier als Paredros der Göttin gedeutet. Keel und Uehlinger haben richtig darauf hingewiesen, dass die Reiterfigürchen und die Säulenfiguren in der Regel aus unterschiedlichen Bestattungen stammen[30]. Die schlecht elaborierten Köpfe mancher Reiterfigürchen deutet Wenning dahingehend, dass die anthropomorphe Darstellung des Gottes vermieden werden sollte.

Problematisch an dieser Position erscheint erstens, dass es doch relativ häufig elaborierte Figurinenköpfe gibt und ein Zusammenhang mit einem „Bilderverbot" daher wohl nicht herzustellen ist.[31] Problematisch erscheint mir weiterhin die Begrifflichkeit der „Zuteilwerdung des Ewigweiblichen": Auch hier scheint es sich um ein modernes Konzept im Sinne der Jungschen Archetypenlehre zu handeln.

Schroer deutet eine Gruppe Eisenzeit II C-zeitlicher pillar-figurines mit Rahmentrommel, die von ihr als Astralsymbole oder Opferkuchen gedeutet werden, im Rahmen astraler Gottheiten bzw. des Kultes der Himmelskönigin.[32] Vorsichtig äußert sich Albertz über die

---

[28] Ebenso KEEL/UEHLINGER (1992) 112f.
[29] WENNING (1991) 89ff.
[30] KEEL/UEHLINGER (1992) 392.
[31] Vgl. auch JEREMIAS (1993).
[32] SCHROER (1987) 263f. Terrakotten können zwar mit mond- und sternförmigen Schmuckelementen versehen sein, doch sind diese m. E. eher als Reminiszenz tatsächlichen Frauenschmucks zu deuten. Im allgemeinen interpretiert

Funktion und Identifikation der Figurinen und verortet sie allgemein im Rahmen von Geburts- und Fruchtbarkeitsriten sowie apotropäischer Handlungen.[33] Keel und Uehlinger kommen aufgrund ihrer detaillierten ikonographischen Analyse der spätbronze- und früheisenzeitlicher Plaketten zu dem Ergebnis, dass diese Gottheit mit großer Verbreitung und variabler Ikonographie eine „den alltäglichen Bedürfnissen ihrer VerehrerInnen zugängliche Göttin" sei, „welche die Religiosität breitester Kreise bestimmte."[34] Eine Verortung im Pantheon und die Identifizierung mit Astarte, Anat und Ašera sei aufgrund fehlender Relationen zu anderen Gottheiten nicht möglich, aber wahrscheinlich.

Ähnlich vorsichtig äußert sich H. Weippert.[35] Als Bezeichnung der Gottheit wird dennoch der alttestamentlich/akkadische Plural „Astarten" vorgeschlagen. Auch wenn diese Bezeichnung nur als Arbeitsbegriff gemeint ist, bleibt sie aufgrund der damit verbundenen Assoziationen dennoch problematisch. In ihrer funktionalen Interpretation, auch der der Pfeilerfiguren, schließen sich Keel und Uehlinger im wesentlichen an Winter an.[36] Das Identifikationsproblem ist von FREVEL mit einer ausführlichen Diskussion insbesondere der Thesen der „Freiburger Schule" verhandelt worden. Vor allem hat Frevel auf das Problem der Multivalenz des Symbolsystems hingewiesen und herausgestrichen, daß eine Interpretation der Objekte nur in Relation zu den übrigen Erkenntnisquellen möglich ist.[37]

SCHROER (1987) 277ff., die Scheibe im Anschluss an WINTER (1987) 262f., als Opferkuchen. Haltung und der Vergleich mit der altorientalischen Ikonographie weisen die in den Händen gehaltenen Objekte jedoch als Rahmentrommel aus. Ein Zusammenhang mit der Himmelskönigin ist m. E. somit nicht herstellbar.

[33] ALBERTZ (1992) 133f. Noch vorsichtiger äußerten sich DIETRICH/LORETZ (1992) 93, zur Identifikation der Figurinen: Aufgrund des mangelnden Konsensus bezüglich des Verhältnisses außerbiblischer literarischer, alttestamentlicher und archäologischer Quellen haben die Autoren von einer Diskussion der Identifikation von Figurinen abgesehen.

[34] KEEL/UEHLINGER (1992) 118.

[35] WEIPPERT (1988) 305 u. ö.

[36] KEEL/UEHLINGER (1992) 119f., 375ff.

[37] FREVEL (1995) insb. 772ff.

Schlussfolgerungen

Trotz gewisser Widersprüche, problematischer Einzeldeutungen und häufig überhaupt fehlender Argumentation ist festzustellen, dass sich in der neueren Diskussion eine durchaus differenzierte Sichtweise der Bedeutung weiblicher Terrakottafigurinen durchgesetzt hat. Dennoch kam die meist übereinstimmend konstatierte ikonographische Polyphormie und die Multivalenz der Symbole überhaupt nur im Ansatz zur Geltung. Problematisch bleiben auf jeden Fall die vorausgesetzten Deutungsmuster: Interpretationen von Terrakotten – und überhaupt antiker religiöser Objekte – unter Zuhilfenahme neuzeitlicher Konzepte wie der Jungschen Archetypenlehre, werden den Strukturen fremden Denkens, dessen Ausdruck die Objekte sind, nicht gerecht. Um zu einer adäquaten Interpretation kleinplastischer Objekte zu gelangen, ist eine Aufarbeitung der einschlägigen kulturanthropologischen Theoriebildung zur hermeneutischen Grundlegung und wissenschaftlichen Selbstreflexion notwendig. Gefordert ist also eine kontextuelle und multiperspektive Interpretation, die kleinplastische Objekte als Einzelmedien in einem religiösen Mediengroßraum, bzw. kulturell/religiösem System einzubetten vermag und die Übertragung neuzeitlicher Konzepte in Strukturen antiken religiösen Denkens vermeidet. Problematisch aus archäologischer Sicht bleibt weiterhin die Relation von Archäologie und Texten. Viele – auch neuere – Studien suchen einseitig Unterstützung, wenn nicht sogar Bestätigung, des textlichen Befundes durch die Archäologie ohne vorherige Klärung der grundlegenden hermeutischen Frage. Das Interesse, eine vorgefasste Theorie (Durchsetzung des Monotheismus durch die „Josianische Reform", Bilderverbot etc.) anhand archäologischer Befunde zu beweisen, instrumentalisiert die Archäologie immer noch als „biblische Hilfswissenschaft".

Bisher wenig beachtet wurde u. a. die mögliche Verwendung der Figurinen in magischen Ritualen sowie im häuslichen Ahnenkult: Die Ausgrabungen in Ashdod haben gezeigt, dass dort Terrakotten des Ψ-Typs im Kontext der Metallverarbeitung und Keramikherstellung zur magischen Sicherung der Brenn- und Schmelzvorgänge benutzt wurden, indem diese unter oder neben dem Ofen deponiert worden sind.[38] Aus der Umwelt des eisenzeitlichen Israel sind zahlreiche Rituale bekannt (insbesondere die großen Ritualkompendien *maqlû*

---

[38] Vgl. SCHMITT (1994) 155ff.

und *šurpu*), in denen Figurinen entweder als Repräsentationen feindlicher Hexer oder zu evozierender Gottheiten Verwendung fanden. In den ŠÀ.ZI.GA-Ritualen[39] wurden weibliche Figurinen benutzt, um durch Identifikationszauber die Gunst einer widerstrebenden Frau zu gewinnen.[40] Es ist daher zu vermuten, dass ein gewisser Anteil der in Häusern gefundenen israelitischen Figurinen magischen Ritualen gedient haben. Dieses nachzuprüfen, müsste jedoch Gegenstand einer größeren Studie sein. Einen mit Terrakottafigurinen betriebenen Ahnenkult legen die Köpfe männlicher Figurinen nahe, wie sie im philistäischen Ashdod häufig gefunden wurden,[41] aber auch im eisenzeitlichen Israel belegt sind.[42] Eine Lösung dieses Problems ist jedoch erst möglich, wenn ein Korpus der kleinplastischen Objekte Palästinas vorliegt.

Literatur:

AHARONI, Yohanan (1964):
> *Excavations at Ramat Rahel: seasons 1959 and 1960*, Rom: Centro di studi semitici 1964.

AHARONI, Yohanan (1973):
> *Beer Sheba I*. Excavations at Tell Beer-Sheba 1969–1971, Tel Aviv: Publications of the Institute of Archaeology 1973.

ALBERTZ, Rainer (1992):
> *Religionsgeschichte Israels in alttestamentlicher Zeit* 1: Von den Anfängen bis zum Ende der Königszeit (GAT 8/1), Göttingen: Vandenhoeck & Ruprecht 1992.

ALBRIGHT, William Foxwell (1939):
> *Astarte Plaques and Figurines from Tell Beth Mirsim*, in: Melanges syriens offerts à M. R. Dussaud (BAH 30/1), Paris 1939, 107–120.

ALBRIGHT, William Foxwell (1953):
> *Archaeology and the Religion of Israel* (The Ayer Lectures of the Colgate-Rochester Divinity School 1941), Baltimore: Johns Hopkins Press ³1953.

'AMR, Abdel-Jalil (1988):
> *Ten Human Clay Figurines from Jerusalem*, in: Levant 20 (1988) 185–196.

---

[39] Therapeutische Rituale zur Wiedererlangung der Zeugungskraft und zu anderem Liebeszauber aus Mesopotamien.
[40] Vgl. BIGGS (1967) KAR 61, 15ff.
[41] Vgl. SCHMITT (1994) 140f.
[42] Vgl. MAY (1935) Pl. XXXIII.

BIGGS, Robert D. (1967):
ŠÀ.ZI.GA: *Ancient Mesopotamian Potency Incantations*, Locust Valley, N.Y.: J. J. Augustin 1967.

COOK, Stanley Arthur (1930):
The Religion of Ancient Palestine in the Light of Archaeology. The Schweich Lectures of the British Academy 1925, London 1930.

CROWFOOT, J. M. / KENYON, K. M. / BIRNBAUM, S. A. (1957):
The Objects from Samaria. Samaria-Sebaste III., London: Palestine Exploration Fund 1957.

DIETRICH, Manfried / LORETZ, Oswald (1992):
Jahwe und seine Aschera. Anthropomorphes Kultbild in Mesopotamien, Ugarit und Israel. Das biblische Bilderverbot (UBL 9), Münster 1992.

ENGLE, James R. (1979):
Pillar Figurines of Iron Age Israel and Asherah/Asherim, Pittsburgh 1979.

FRANKEN, H. J. (1989):
Human Clay Figurines from Jerusalem: A Note, in: Levant 21 (1989), 197.

FREVEL, Christian (1995):
Aschera und der Ausschließlichkeitsanspruch JHWHs. Beiträge zu literarischen, religionsgeschichtlichen und ikonographischen Aspekten der Ascheradiskussion (BBB 94), Weinhein: Beltz Athenäum 1995.

GALLING, Kurt (1937):
Biblisches Reallexikon (Handbuch zum Alten Testament 1/1), Tübingen: Mohr 1937 [= BRL[1]].

GALLING, Kurt (1977):
Art. *Götterbild, weibliches*, in: BRL[2] (1977), 111–119.

HELCK, Wolfgang (1971):
Betrachtungen zur großen Göttin und den ihr verbundenen Gottheiten (RKAMW 2), München/Wien: Oldenbourg 1971.

HESTRIN, Ruth (1987):
The Lachish Ewer and the 'Ashera, in: IEJ 37 (1987), 212–223.

HOLLAND, T. A. (1977):
A Study of Palestinian Iron Age Baked Clay Figurines, with Special Reference to Jerusalem: Cave 1, in: Levant 9 (1977), 121–155.

HÜBNER, Ulrich (1989):
Das Fragment einer Tonfigurine vom Tell el-Mil. Überlegungen zur Funktion der sog. Pfeilerfigurinen in der israelitischen Volksreligion, in: ZDPV 105 (1989), 47–55.

JEREMIAS, Jörg (1993):
Thron oder Wagen? Eine außergewöhnliche Terrakotte aus der späten Eisenzeit in Juda, in: Zwickel, Wolfgang [Hrsg.] (1993): Biblische Welten, FS M. Metzger (OBO 123), Göttingen: Vandenhoeck & Ruprecht 1993, 41–59.

KEEL, Othmar / UEHLINGER, Christoph (1992):
>   *Göttinnen, Götter und Gottessymbole.* Neue Erkenntnisse zur Religionsgeschichte Kanaans und Israels aufgrund bislang unerschlossener ikonographischer Quellen (QD 134), Freiburg/Basel/Wien: Herder 1992.

LIPIŃSKI, Edward (1986):
>   *The Syro-Palestinian Iconography of Woman and Goddess,* Rez. zu: U. Winter, Frau und Göttin, in: IEJ 36 (1986), 87–96.

MAY, Herbert Gordon (1935):
>   *Material Remains of the Megiddo Cult* (OIP 26), Chicago: University of Chicago Press 1935.

MEIER, Gerhard (1967):
>   *Die assyrische Beschwörungssammlung Maqlû* (AFO Beiheft 2), Osnabrück: Biblio-Verlag 1967.

PILZ, E. (1924):
>   *Die weiblichen Gottheiten Kanaans.* Eine archäologische Studie, in: ZDPV 47 (1924), 129–168.

PODELLA, Th. (1986):
>   *Ein mediterraner Trauerritus,* in: UF 18 (1986), 263–269.

PRITCHARD, J. B. (1943):
>   *Palestinian Figurines in Relation to Certain Goddesses known through Literature* (AOS 24), New Haven 1943.

SCHMITT, Rüdiger (1994):
>   *Philistäische Terrakottafigurinen.* Archäologische, ikonographische und religionsgeschichtliche Beobachtungen zu einer Sondergruppe palästinischer Kleinplastik der Eisenzeit, Groningen 1994.

SCHROER, Silvia (1987):
>   *In Israel gab es Bilder.* Nachrichten von darstellender Kunst im Alten Testament (OBO 74), Freiburg (Schweiz): Universitätsverlag / Göttingen: Vandenhoeck & Ruprecht 1987.

SEYBOLD, Klaus (1976):
>   Art. *t^erafim* Idol(e), in: THAT II (1976), 1057–1060.

STERN, Ephraim (1989):
>   *What Happened to the Cult Figurines?* Israelite Religion purified after the Exile, in: BAR 15 (1989), 22–29, 53.

TADMOR, Miriam (1981):
>   *Female Relief Figurines of Late Bronze Age Canaan,* in: EI 15 (1981), 80.

TADMOR, Miriam (1982):
>   על צלמיות נשים בכנען בתקופת־הברונזה המאוחרת – *Female Figurines in Canaan in the Late Bronze Age* (Hebr.), in: Qadmoniot 15 (1982), 2–10.

TADMOR, Miriam (1982a):
>   *Female Cult Figurines in Late Canaan and Early Israel,* in: T. Ishida [Hrsg.] (1982): Studies in the Period of David and Solomon and Other Essays, Tokyo: Yamakawa-Shuppansha 1982, 139–175.

TUFNELL, Olga (1958):
> *Lachish III: The Iron Age*, The Wellcome-Marston Archeological Research Expedition to the Near East Bd. III, London/New York/ Toronto 1958.

WEIPPERT, Helga (1988):
> *Palästina in vorhellenistischer Zeit* (Handbuch der Archäologie Vorderasien 2/1), München: Beck 1988.

WEIPPERT, Helga (1990):
> Rez. zu U. Winter, Frau und Göttin², in: ZDPV 106 (1990), 185–188.

WELTEN, P. (1977):
> Art. *Götterbild, männliches*, in: BRL² (1977), 99–111.

WENNING, Robert (1991):
> *Wer war der Paredros der Aschera?* Notizen zu Terrakottastatuetten in eisenzeitlichen Gräbern, in: Biblische Notizen 59 (1991), 89–97.

WINTER, Urs (1987):
> *Frau und Göttin.* Exegetische und ikonographische Studien zum weiblichen Gottesbild im Alten Israel und in dessen Umwelt (OBO 53), Göttingen: Vandenhoeck & Ruprecht 1987.

Schmitt, Rüdiger

Dr. theol., geboren am 15. Dezember 1964 in Herzberg am Harz. Aufgewachsen in Frankfurt am Main. Studium u.a. der Evangelischen Theologie in Frankfurt am Main und Hamburg. Mag. theol. 1990 in Hamburg. Danach zuerst Stipendiat, dann wissenschaftlicher Mitarbeiter an der Universität Hamburg. 1994 Promotion bei Prof. Dr. Edward Noort an der Rijksuniversiteit Groningen mit einer Arbeit über „Philistäische Terrakottafigurinen", danach u.a. Religionslehrer, Lehrtätigkeit an der Uni Hamburg, Ausgrabungstätigkeit in Israel. Seit dem 1. Februar 1998 Geschäftsführer des „Arbeitskreises zur Erforschung von Religion und Kultur des Antiken Vorderen Orients" (AZERKAVO) an der Universität Münster. Zur Zeit Geschäftsführer des SFB 493 „Funktion von Religion in antiken Gesellschaften des Vorderen Orients" an der Universität Münster.

Forschungsschwerpunkte bilden insbesondere die Kleinkunst Palästinas (Kleinplastik und Glyptik), ein Habilitationsvorhaben beschäftigt sich mit der Magie im Alten Testament. Im SFB 439 Bearbeitung eines Themenschwerpunkts zur Herrschaftssymbolik in der Glyptik und Kleinkunst in der Eisenzeit.

Online unter: *http://purl.org/bibfor/archiv/99-1.schmitt.htm*

Eva Ebel

Der Stein und die Steine

Methodische Erwägungen zur Benutzung von epigraphischen Quellen am Beispiel IG II2 1368

Bei der Erforschung des Umfeldes der frühen christlichen Gemeinden kommt den paganen Vereinen eine große Bedeutung zu, bilden sie doch auf Grund eines ähnlichen Angebots (regelmäßige Zusammenkünfte, gemeinsame Mahlzeiten, kultische Elemente) eine in der Gesellschaft fest etablierte Konkurrenz zu den neu entstehenden Gemeinschaften der Christen.

Die wichtigste Quelle für das antike Vereinswesen sind Inschriften: Viele berichten von Stiftungen an einen Verein, einige enthalten eine Mitgliederliste *(album)*, wenige tradieren die Satzung *(lex)* eines Vereins. Insbesondere die letztgenannte Gruppe von epigraphischen Zeugnissen wird in neutestamentlichen Untersuchungen immer wieder zitiert, leider zumeist in Paraphrase oder in auszugsweisen Übersetzungen ohne Wiedergabe des Urtextes. Dieses Verfahren entbehrt nicht einer gewissen Fragwürdigkeit, zumal wohl kaum jeder Leser die entsprechenden Inschriftencorpora griffbereit hat. Erst Thomas Schmeller hat seiner Studie[1] im Anhang den Text und als „Arbeitsinstrument"[2] eine Übersetzung der vier wichtigsten Inschriften, die ein Vereinsstatut enthalten, beigefügt. Wie ertragreich eine sorgfältige Analyse dieser Texte für die Interpretation der Struktur der frühen christlichen Gemeinden im Verhältnis und nicht zuletzt in Abgrenzung zu den Gemeinschaften ihrer Umwelt sein kann, zeigt seine Arbeit beispielhaft im Blick auf hierarchische und egalitäre Elemente innerhalb der untersuchten Gruppen.

Diesen Ansatz ausbauend, gilt es einerseits, bei der Untersuchung weiterer Elemente des Gemeinschaftslebens der Vereinsgenossen und der Christen aussagekräftige Inschriften vertiefend in Bezug auf Textkritik und Übersetzung zu bearbeiten. Andererseits möchte ich im Folgenden zeigen, dass es nicht ausreicht, eine Inschrift allein als

---

[1] SCHMELLER (1995).
[2] SCHMELLER (1995) 96.

Biblisches Forum Jahrbuch 1999, S. 56–68

Text zu interpretieren. Erst durch eine sorgfältige Berücksichtigung der Fundumstände kann ein lebendiges und umfassendes Bild des Vereins entstehen. Beispielsweise gewinnen inschriftliche Anweisungen zur Einhaltung der Sitzordnung erst dann Plastizität, wenn die tatsächliche Gestalt des Versammlungsraumes und die Anordnung der Klinen bekannt sind. Der Befund des einen Steins muss also durch den weiterer Steine, wie etwa der Überreste des Vereinshauses, ergänzt werden.

Die Erforschung der Vereinshäuser beschränkt sich geographisch bisher auf Italien: Gustav Hermansen[3] hat sich den Vereinshäusern von Ostia gewidmet, jüngst hat Beate Bollmann[4] eine Untersuchung zu den römischen Vereinshäusern in Italien vorgelegt. Ihr vordringliches Anliegen ist es, Kriterien für die Identifizierung von Vereinshäusern zu erarbeiten und eine Typisierung der Bauten vorzunehmen; außerdem bietet sie einen Katalog der gesicherten und wahrscheinlichen Vereinshäuser. Sie hat damit auf archäologischer Seite für den von ihr untersuchten geographischen Bereich eine hervorragende Grundlage für eine Verknüpfung der Ergebnisse von Archäologie und Epigraphik geschaffen.

Der Verein der Iobakchen in Athen

Unter den privaten Vereinen der Antike nehmen die Iobakchen in Athen und die *cultores Dianae et Antinoi* in Lanuvium die prominentesten Stellen ein. Beide haben im 2. Jahrhundert n. Chr. Inschriften errichten lassen, die uns einen detaillierten Einblick in ihr Vereinsleben ermöglichen und die Grundlage der meisten Untersuchungen über griechisch-römische Vereine bilden. Während jedoch der lanuvische Verein über seine im öffentlichen Bad – also nicht in einem Vereinshaus – gefundene Inschrift[5] hinaus archäologisch kaum greifbar ist,[6] liegen im Fall des Athener Vereins der Bacchusverehrer

---

[3] HERMANSEN (1981) 55–89 (mit Grundrissen der gesicherten und vermuteten Vereinshäuser).

[4] BOLLMANN (1998).

[5] CIL XIV 2112 = ILS 7212. Ausführlich diskutiert die Inschrift bereits MOMMSEN (1834). Wichtige textkritische Anmerkungen macht AUSBÜTTEL (1982) 23–29.

[6] Umstritten ist, ob sich das collegium in einem öffentlichen oder vereinseigenen Tempel versammelte, vgl. GORDON (1938) 45f. und BOLLMANN

hochinteressante archäologische Ergebnisse vor. Diese hat in ihrer Gesamtheit nicht nur die neutestamentliche Forschung mit Ausnahme von Dennis Edwin Smith[7] bisher nicht beachtet, auch die Archäologen nehmen mit der Entdeckung der Funde umgehend eine Trennung zwischen der Untersuchung des Fundgebiets, des Vereinshauses, der Inschrift und der weiteren Fundstücke vor, die nicht wieder aufgehoben wird. Zwar beschäftigen sich auf diese Weise Spezialisten mit dem jeweiligen Forschungsgegenstand, die Chance einer gegenseitigen Bereicherung der Teilgebiete aber wird vertan. Deshalb soll an dieser Stelle versucht werden, alle fassbaren Informationen zu verknüpfen, wobei der nun kompliziertere Befund am Ende oft mehr Fragen als Antworten hervorbringt.

1. Das Grabungsgebiet

Das Vereinshaus der Iobakchen, das Bakcheion, wurde 1894 während der Ausgrabungen des Deutschen Archäologischen Instituts am Westabhang der Akropolis zwischen Areopag und Pnyx, die vor allem die Entdeckung der Enneakrunos zum Ziel hatten,[8] gefunden. Die unter diesem Gebäude aus römischer Zeit entdeckten älteren Anlagen wurden von Wilhelm Dörpfeld als Dionysosheiligtum, nämlich das Dionysion ἐν λίμναις, identifiziert.[9] Erst einige Jahre nach den Ausgrabungen entwickelte sich vornehmlich zwischen Dörpfeld und seinem Schüler August Frickenhaus eine Debatte darüber, ob es sich tatsächlich um einen heiligen Bezirk des Dionysos oder um ein Heroon des Herakles, nämlich das Herakleion von Melite, handelt.[10] Hauptstreitpunkt ist neben der Interpretation der Kelter die Deutung einiger Steinplatten mit runden Einsenkungen, die Dörpfeld zu einem für Dionysos besonders typischen Altar in Tischform ergänzen will,[11] Frickenhaus hingegen zu einem Viersäulenbau, der in Athen ausschließlich im Herakleskult zur Anwendung kommt, sich aber nur

---

    (1998) 354f.

[7] SMITH (1980).

[8] DÖRPFELD (1892) und DÖRPFELD (1894a).

[9] DÖRPFELD (1894b) 507 und DÖRPFELD (1895) 160–176.

[10] FRICKENHAUS (1911) und als Antwort darauf DÖRPFELD (1921). An der von Frickenhaus vorgenommenen Lokalisierung des Demos Melite zweifelt z.B. WYCHERLEY (1959) 67f. Dörpfelds Argumente werden gesammelt und widerlegt von TAGALIDOU (1993).

[11] DÖRPFELD (1895) 166–168 mit Fig. 4.

durch Abbildungen auf Vasen und Weihreliefs belegen lässt.[12] Ein Hinweis auf Herakles ist der Fund eines Heraklestorso[13]; andere Skulpturfunde, die eventuell einen Hinweis auf Dionysos oder Herakles geben würden, liegen aus den älteren Schichten nicht vor, einzig zahlreiche Scherben sind dort zu Tage getreten.[14]

Im Blick auf unsere Iobakchen würde die von Dörpfeld vertretene Position ihrer Verehrung des Dionysos eine besondere Qualität verleihen, da eine bis mindestens ins 6. Jahrhundert v. Chr. zurückdatierbare Kultkontinuität[15]vorläge. Im Anschluss an Frickenhaus, dessen Einschätzung heute weitgehend Konsens ist,[16] aber dahingehend korrigiert wurde, dass der Viersäulenbau der Abhaltung von Kultmählern des Herakles diente,[17] erhebt sich die Frage, wie es zur Einrichtung des Dionysoskultes in diesem Gebiet gekommen ist. Frickenhaus vertritt die Auffassung, dass, nachdem der Kult des Herakles an Bedeutung verloren hatte, „die Gemeinde das Heiligtum zuschütten ließ und das Terrain an eine beliebige Privatgesellschaft verkaufte"[18]. Die Verehrer des Dionysos interessierte möglicherweise besonders die auf diesem Gebiet existierende Weinkelter.[19]

2. Das Vereinshaus

Etwa 2 m über dem Niveau der älteren Anlagen liegt das Vereinshaus der Iobakchen;[20] d.h. die vieldiskutierten Einrichtungen, seien sie nun zur Verehrung des Herakles oder des Dionysos errichtet worden, waren in römischer Zeit nicht mehr sichtbar.

---

[12] FRICKENHAUS (1911) 117–120 (Kritik an Dörpfeld) und 132–134 (Rekonstruktion des Heroon) mit Abb. 1 und 3. Vgl. neben der Kritik bei Dörpfeld (1921) 82f.88–94 auch WALTER (1937). Die Debatte über den Viersäulenbau des Herakles fasst TAGALIDOU (1993) 19–32 zusammen.

[13] FRICKENHAUS (1911) 138. Ausführlich analysiert die Skulptur WATZINGER (1904).

[14] DÖRPFELD (1895) 175; SCHRADER (1896) 265; FRICKENHAUS (1911) 138.

[15] DÖRPFELD (1895) 176.

[16] JUDEICH (1971) 291–296 folgt noch Dörpfeld; TRAVLOS (1971) 274 nimmt die Deutung von Frickenhaus auf.

[17] WALTER (1937) 46f.; vgl. TAGALIDOU (1993) 30f.

[18] FRICKENHAUS (1911) 143, vgl. S. 141.

[19] TAGALIDOU (1993) 24.

[20] Nach DÖRPFELD (1895) 163 liegt der alte Bezirk 77,25 m über Meereshöhe, das Bakcheion 79,60 m. Ein Plan des Bezirks mit Höhenangaben und einem Grundriss der Gebäude, farblich abgestuft nach ihrer Entstehungszeit, findet sich auf Tafel IV.

Der Festsaal weist die beeindruckenden Maße von 18,80 m in der Länge und 11,25 m in der Breite auf.[21] Er ist durch zwei Reihen von je vier Säulen in ein breites Mittelschiff und zwei schmalere Seitenschiffe gegliedert. In der Mitte der östlichen Schmalseite befindet sich eine viereckige Apsis. Vermutlich liegt direkt gegenüber der archäologisch nicht nachweisbare Haupteingang[22], der Saalbau ist also nach dem Prinzip der Axialität gestaltet. Der Blick des Eintretenden fällt aber zunächst auf drei Anlagen in der Mittelachse: Vorn ein viereckiger Bau von 1,75 x 0,80 m, dann ein runder Bau mit einem 1,50 m tiefen Loch von 38 cm Durchmesser und schließlich ein wiederum viereckiger Bau von 3,40 x 1,90 m.[23] Die rechteckigen Konstruktionen sind vermutlich als Fundamentreste zweier „Schenk- oder Serviertische"[24] zu interpretieren. Abgetrennt von dem Festsaal und nur von der Apsis her zu erreichen ist ein Nebenraum an der Nordostecke des Gebäudes.

Ein solches großzügig angelegtes Vereinsgebäude, dessen Festsaal eine Fläche von mehr als 200 m² umfasst, setzt voraus, dass der Verein über eine wohlgefüllte Vereinskasse verfügt und/oder von mindestens einem sehr spendenfreudigen Patron finanziell unterstützt wird. Nur mit Vorsicht lassen sich Rückschlüsse von der Größe eines Vereinshauses auf die Mitgliederzahl ziehen[25], 50–100 Mitglieder sind aber bei den Vollversammlungen bequem unterzubringen.

[21] DÖRPFELD (1895) 178.

[22] DÖRPFELD (1895) 179.

[23] DÖRPFELD (1895) 178f.

[24] FRICKENHAUS (1917) 115 erklärte so große rechteckige Basen im Bankettsaal des Asklepeions in Troizen aus dem 3. oder 2. Jahrhundert v. Chr., wobei er noch davon ausging, dass es sich um ein Banketthaus handelte und nicht um einen Raum innerhalb eines Gebäudekomplexes. WELTER (1941) 32 mit Taf. 15c und 19a interpretiert sie als Feuerstellen. SMITH (1980) 234 plädiert in bezug auf Troizen ebenfalls für „a fire pit of cooking", deutet aber die Basen im Vereinshaus der Iobakchen als Altäre (S. 243). Mit KLINGHARDT (1996) 71 mit Anm. 34 sind Kochstellen sowohl im Asklepeion in Troizen als auch im Athener Bakcheion in Nebenräumen bzw. den Nebengebäuden, die ebenfalls zum Vereinshaus gehören (vgl. DÖRPFELD (1895) 180), zu vermuten.

[25] IG II2 1368 = SIG3/4 III 1109. Für die editio princeps zeichnet WIDE (1894) verantwortlich.

3. Die Inschrift

Der wichtigste Fund im Bakcheion ist zweifellos die Inschrift[26], die zur eindeutigen Identifizierung des Gebäudes berechtigt.[27] Sie steht – in zwei Kolumnen geteilt und oben mit einem Giebelrelief abgeschlossen, so dass sich ein stelenartiges Aussehen ergibt[28] – auf einer Säulentrommel, die den übrigen gefundenen Säulen gleicht, und war deshalb wohl im großen Festsaal den Vereinsgenossen beständig vor Augen.[29]

Der Text der Inschrift kann hier aus Platzgründen, obwohl ein solches Verfahren den oben gestellten Forderungen keineswegs entspricht, weder abgedruckt noch diskutiert werden. Einzig ihr Inhalt kann kurz skizziert werden. Der erste Abschnitt (Z. 2–31) gibt in einem lebhaften Bericht Auskunft über den Anlass der Errichtung der Stele: Nach einer Amtszeit von 23 Jahren als Priester des Vereins tritt Aurelios Nikomachos zugunsten des Herodes Atticus[30] zurück, nachdem er zuvor schon 17 Jahre lang Anthiereus gewesen ist[31], und übernimmt selbst wieder das zweithöchste Amt im Verein. Nach diesem Akt beschließen die begeisterten Vereinsgenossen die Statuten (δόγματα) des Vereins; diese sollen, eingeleitet durch das Protokoll der Sitzung, schriftlich festgehalten werden. Die Addition der Amtsjahre des Nikomachos belegt, dass der Verein mindestens schon vierzig Jahre lang besteht; wenn nun Statuten beschlossen werden,

---

[26] BOLLMANN (1997) 52 nennt als Kriterien für die Identifizierung eines Vereinshauses – in dieser Reihenfolge – Inschriftenfunde, Mosaiken mit Berufsdarstellungen, Statuenausstattung, Kulteinrichtungen und typologische Ähnlichkeiten zu anderen Vereinshäusern.

[27] Vgl. BOLLMANN (1997) 50–52.

[28] Photographien der Inschrift bieten KERN (1913) tab. 48; ELTER (1916) 88; GRAINDOR (1924) Planche LVII, No 73; KIRCHNER (1935) Tafel 50, Nr. 137 und 138.

[29] WIDE (1894) 248; DÖRPFELD (1895) 177f.

[30] Die Identifizierung des κράτιστος κλα. Ἡρώδης; (Z. 9) bzw. κράτιστος ἱερεύς Ἡρώδης; (Z. 25) mit Herodes Atticus wurde erstmals vorgenommen und für die Interpretation der Inschrift genutzt von MAASS (1895) 32–41. WIDE (1894) 267 sprach sich noch für den in CIA III 1169 genannten, aber ansonsten unbekannten Epheben Klaudios Herodes aus. Das Epitheton κράτιστος kann als Entsprechung zu clarissimus als Titel für eine Persönlichkeit vom Range eines Senators, wie es Herodes Atticus ist, verwendet werden (vgl. Liddell/Scott/Jones (1996) s. v. κράτιστος 2b, S. 992.

[31] KAPETANOPOULOS (1984) 19 interpretiert dagegen die 23 Jahre als Summe der vor und nach Herodes Atticus amtierten Jahre.

signalisiert dieses die Einleitung einer neuen Phase der Vereinsge-
schichte.

Die Nennung des Herodes Atticus ist nicht nur für die Datierung
der Inschrift wertvoll,[32] sondern bindet die Geschehnisse in unserem
Verein in den Ablauf der Athener Geschichte ein: Nachdem sich
Herodes Atticus durch seinen Einspruch gegen das Testament seines
Vaters, das für jeden Athener die jährliche Zahlung einer Mine vor-
sah, unbeliebt gemacht hat, sucht er die Gunst des einfachen Volkes
wiederzugewinnen; in diesem Bestreben engagiert er sich bei den
Iobakchen.[33] Die Übernahme eines regulären Vereinsamtes kann
ebenso wie die Übernahme eines Vereinspatronats von Motiven wie
Prestigegewinn und Einflusserweiterung geleitet sein, besonders wenn
eine erhebliche Statusdifferenz zwischen dem Funktionär und den
übrigen Vereinsmitgliedern vorliegt. Als Gegenleistung für die Ver-
dienste ehrt der Verein seine Wohltäter mit Festmählern an deren
Geburtstagen, mit der Verleihung von Ehrentiteln oder besonders
öffentlichkeitswirksam durch die Aufstellung von Inschriften. Im
Gegenzug profitiert auch der Verein nicht nur finanziell von dem
Engagement einer hochgestellten Persönlichkeit: Die Iobakchen
drücken die Hoffnung aus, nun zum ersten der Bacchusvereine auf-
zusteigen (Z. 26f.).

Die Statuten (Z. 32–163) enthalten – jeweils verknüpft mit einem
umfangreichen Strafenkatalog – das Aufnahmeverfahren mit einer
differenzierten Regelung in bezug auf die Aufnahmegebühr, organisa-
torische und inhaltliche Anweisungen für die Zusammenkünfte, die
Wahl und Aufgaben des Schatzmeisters und eine Regelung für den
Fall des Todes eines der Iobakchen.[34] Unverkennbar dient die Festle-
gung der Statuten der Vermeidung von Konflikten, heikle Aspekte
des Vereinslebens wie die Höhe und regelmäßige Zahlung des Ein-
tritts- und Monatsbeitrags und die Einhaltung der Disziplin nehmen
den größten Raum ein.

---

[32] Herodes Atticus stirbt 179, in Kombination mit dem Archon Arrios Epaphro-
deitos (Z. 2) bietet sich nach AMELING (1983) das Jahr 163/4 an (II, 114f.).

[33] AMELING (1983) I, 137–139. Nur beiläufig erwähnt die Übernahme des
Priesteramts TOBIN (1997) 35.

[34] Die wechselnde Zusammenstellung von ἱερεύς und ἀρχίβακχος bzw. von
ἱερεύς und ἀνθιερεύς sowie die Unordnung der inhaltlich zusammengehörigen
Abschnitte veranlassen DRERUP (1899) zu der Annahme, dass in der Inschrift
Bestimmungen aus verschiedenen Phasen vermischt sind; vgl. SMITH (1980)
151f.

Bei den Versammlungen kann zwischen einer Geschäftssitzung (ἀγορά), bei der über die Würdigkeit eines Bewerbers um die Mitgliedschaft oder über die Strafe bei Schlägereien unter den Iobakchen abgestimmt wird, und einer Festversammlung differenziert werden. Bei Zusammenkünften aus religiösen und geselligen Motiven legen die Iobakchen besonderen Wert auf die Einbindung aller in das Geschehen, zu den Aufgaben des Priesters gehören neben der Oberaufsicht des vom εὔκοσμος und den ἵπποι ausgeübten Ordnungsdienstes Trankopfer für Dionysos sowie λειτουργία und θεολογία. Aber nicht nur der Festkalender des Vereins bedingt kultische Handlungen, positive Ereignisse im Privat- und Berufsleben jedes Mitgliedes sind verpflichtend Anlass zur Stiftung eines Trankopfers für die Gemeinschaft, die Iobakchen teilen auf diese Weise ihr Leben miteinander.

4. Weitere Funde

Die weiteren Funde im Bereich des Dionysion über die Inschrift hinaus wurden 1896 von Hans Schrader publiziert.[35] Die zu Tage getretenen Altäre und Statuen fügen sich keineswegs nahtlos in das durch die Inschrift entstehende Bild des Vereins der Iobakchen ein, sondern werfen neue, nicht leicht zu lösende Fragen auf. Liegt hierin der Grund für die Missachtung dieser Funde im Rahmen der Erforschung unseres Vereins?

Im Raum neben der Apsis an der Ostseite wurden zwei Artemisstatuen und ein Altar mit der Aufschrift

> Ἀρτέμι-
> δος
> Ἐρείθου

aus der Zeit Hadrians gefunden, die als eindeutige Belege für ein Artemision gelten.[36] Der Beiname Ἔρειθος ist wohl ein Hinweis auf die Obhut über die Feldarbeit.[37] Die Vereinsinschrift enthält keinen Hinweis auf einen Kult der Artemis; auch unter den Gottheiten, die im Rahmen der dramatischen Darstellungen von jeweils für diese Aufgabe ausgelosten Vereinsmitgliedern verkörpert werden (vgl.

---

[35] SCHRADER (1896) 265–286.
[36] DÖRPFELD (1894a) 147f.; DÖRPFELD (1895) 180f.; SCHRADER (1896) 270–274; JUDEICH (1931) 292. Eine Photographie des Altars findet sich bei KERN (1913) tab. 49. Datierung nach IG II2 5005.
[37] WERNICKE (1895) 1343: „den Schnittern hold"; aufgenommen von SCHRADER (1896) 271.

Z. 121–127), findet sich diese Göttin nicht, dennoch scheint eine
Verehrung der Artemis nicht der Ausrichtung des Vereins auf Dionysos als seiner Schutzgottheit zu widersprechen. Im Gegenteil ist bei
der Errichtung des Vereinshauses mit baulichem Aufwand in das
kultische Vereinsleben eine möglicherweise alte Kulttradition integriert worden, ist doch die Verehrung in einem feuchten Gebiet
typisch für Artemis[38]. Hier liegt die Basis für die überwiegend auf
Attika und die Peloponnes beschränkte Verbindung der Artemis mit
Dionysos, beide sind ursprünglich Naturgottheiten, deren Verehrung
häufig in Sumpfgebieten erfolgt.[39]

Dass eine Ausweitung des Kultes nicht nur auf Artemis, sondern
zumindest zeitweise sogar auf „jeden Gott" möglich gewesen ist,
belegt ein kleiner Räucheraltar (35 x 16 x 11 cm), auf dem zwei
Pane[40] abgebildet sind und der die folgende Inschrift aus hadrianischer Zeit trägt:[41]

> εἰσιάς Διοδώρου
> ἐκ Λαμπτρέων
> Μητρί θεῶν
> κατ᾽ ἐπιταγήν. πάντα
> θεόν σεμνύνομεν.

Der auf die Weihung an die „Mutter der Götter" folgende Schlusssatz
„Wir preisen jeden Gott" beweist, dass der Verein ein weitaus breiteres kultisches Spektrum tolerierte, wenn nicht sogar förderte, als es
die uns überlieferte Satzung vermuten lässt. Ein kleiner Räucheraltar
mit einer Weihinschrift für Hadrian Olympius, der als σωτήρ und
κτίστης bezeichnet wird,[42] zeigt, dass auch der Kaiserkult in dieser
Zeit im Verein der Iobakchen seinen Platz hatte.

Wie also muss man sich das kultische Leben der Iobakchen vorstellen? Im Mittelpunkt steht natürlich Dionysos als Schutzgottheit
dieses Vereins, aber der archäologische Befund zeigt klar auf, dass
parallel dazu zumindest einzelne Vereinsmitglieder auch andere
Gottheiten im Vereinshaus verehrten. Ein antiker paganer Mensch

---

[38] WERNICKE (1895) 1339.1343.

[39] WERNICKE (1895) 1364f.

[40] Bei den Ausgrabungen wurde neben den Resten von Dionysos- und Artemis-
Statuen auch eine Panfigur gefunden (SCHRADER (1896) 270). Zur Rolle Pans
im Dionysos-Mythos vgl. MERKELBACH (1988) 32–36.

[41] Zeichnung und Maße des Altars und editio princeps der Inschrift bei SCHRA-
DER (1896) 275. IG II2 4773 gibt die Datierung „aetate Hadriani".

[42] SCHRADER (1896) 274f.

konnte also nicht nur gleichzeitig Mitglied in mehreren Vereinen mit verschiedenen Schutzgottheiten sein, sondern auch die alleinige Mitgliedschaft im Dionysos-Verein ist keineswegs gleichbedeutend mit exklusiver Dionysos-Verehrung. Inwieweit diese Verehrung von der Gemeinschaft ausgeübt wurde, ist nicht zu erschließen. Offen muss daher bleiben, ob der Artemis oder sogar dem Kaiser im Rahmen gemeinsamer Zusammenkünfte ein Opfer dargebracht wurde. Die Nichtberücksichtigung dieser Kulte in der Inschrift kann einerseits als Indiz für den jeweils nur individuell praktizierten Kult gewertet werden, der jedoch in dem Haus der Gemeinschaft erfolgte. Der Umstand, dass sowohl der Altar für Artemis als auch die Weihinschrift für den Kaiser aus hadrianischer Zeit stammen, in der Inschrift, die in den 160er Jahren verfasst wurde, aber keine Hinweise auf diese Kulte zu finden sind, könnte aber andererseits auch so interpretiert werden, dass im Laufe des 2. Jahrhunderts eine (erneute?) Zentrierung des Kults auf Dionysos erfolgte. Vielleicht ist auch erst mit der Ernennung des Herodes Atticus zum Priester und der Errichtung der Inschrift eine solche Korrektur der Kultpraxis vorgenommen worden.

Methodische Konsequenzen

Die Untersuchung der Fundumstände der Inschrift der Athener Iobakchen hat gezeigt, dass eine Beschränkung auf den Inschriftentext die Entdeckung interessanter Fragestellungen verhindert und sogar zu Fehleinschätzungen verleiten kann.

Insbesondere die Kultpraxis weist mehr Facetten auf, als die Vereinsinschrift ahnen lässt. Die Funktion der schriftlichen Fixierung einiger Grundregeln des Vereinslebens dient vor allem der Verhinderung von Konflikten. Rechte und Pflichten des einzelnen Vereinsgenossen und der Gemeinschaft werden klar definiert, zu den strittigen Aspekten gehören aber mit größerer Wahrscheinlichkeit eher finanzielle Aspekte und die Wahrung der Disziplin als der Kult. Folglich wird dieser nicht in allen seinen Ausprägungen in den Statuten definiert, umso gründlicher also müssen, soweit vorhanden, archäologische Quellen herangezogen werden.

Aus neutestamentlicher Perspektive resultiert aus diesen Überlegungen die nicht immer leicht zu erfüllende und zu eindeutigen Ergebnissen führende Forderung, dass erst dann, wenn alle verfügbaren archäologischen *und* epigraphischen Quellen über einen antiken

Verein ausgeschöpft worden sind, ein fundierter Vergleich mit den Gemeinschaften der frühen Christen erfolgen kann.

Benutzte Literatur

AMELING, Walter (1983):
>
> *Herodes Atticus.* Band I: Biographie. Band II: Inschriftenkatalog (SubEpi 11), Hildesheim/Zürich/New York: Olms 1983.

AUSBÜTTEL, Frank M. (1982):
>
> *Untersuchungen zu den Vereinen im Westen des römischen Reiches* (Frankfurter Althistorische Studien 11), Kallmünz: Laßleben 1982.

BOLLMANN, Beate (1998):
>
> *Römische Vereinshäuser.* Untersuchungen zu den Scholae der römischen Berufs-, Kult- und Augustalen-Kollegien in Italien, Mainz: Zabern 1998.

DRERUP, Engelbert (1899):
>
> *Ein antikes Vereinsstatut,* in: NJKA 3 (1899) 356–370.

DÖRPFELD, Wilhelm (1892):
>
> *Die Ausgrabungen an der Enneakrunos,* in: MDAI.A 17 (1892), 439–445.

DÖRPFELD, Wilhelm (1894a):
>
> *Die Ausgrabungen an der Enneakrunos. II.,* in: MDAI.A 19 (1894), 143–151.

DÖRPFELD, Wilhelm (1894b):
>
> *Die Ausgrabungen am Westabhange der Akropolis. I.,* in: MDAI.A 19 (1894), 496–509.

DÖRPFELD, Wilhelm (1895):
>
> *Die Ausgrabungen am Westabhange der Akropolis. II.* Das Lenaion oder Dionysion in den Limnai, in: MDAI.A 20 (1895), 161–206.

DÖRPFELD, Wilhelm (1921):
>
> *Das Dionysion in den Limnai und das Lenaion,* in: MDAI.A 46 (1921), 81–104.

ELTER, Anton (1916):
>
> *Die Statuten des Vereins der Jobacchen in Athen,* in: Ostergruß der Rheinischen Friedrich-Wilhelms-Universität zu Bonn an ihre Angehörigen im Felde 1916, Bonn 1916.

FRICKENHAUS, August (1911):
>
> *Das Herakleion von Melite,* in: MDAI.A 36 (1911), 113–144.

FRICKENHAUS, August (1917):
>
> *Griechische B
Banketthäuser,* in: JdI 32 (1917), 114–133.

GORDON, A. E. (1938):
>
> *The Cults of Lanuvium,* in: University of California Publications in Classical Archaeology 2/2 (1938), 21–58.

GRAINDOR, Paul (1924):
> *Album d'inscriptions attiques d'époque impériale* avec notes, corrections et inédits. B Planches, Paris: Gand 1924.

HERMANSEN, Gustav (1981):
> *Ostia*. Aspects of Roman City Life, Edmonton: University of Alberta Press 1981.

JUDEICH, Walther (1971):
> *Topographie von Athen* (HAW 3,2,2), München: Beck ²1931 (¹1905).

KAPETANOPOULOS, Elias (1984):
> *Athenian Archons of A.D. 170/1–179/80*, in: RFIC 112 (1984), 177–191.

KERN, Otto (1913):
> *Inscriptiones Graecae* (Tabulae in usum scholarum 7), Bonn: Marcus & Weber 1913.

KIRCHNER, Johannes (1935):
> *Imagines inscriptionum Atticarum*. Ein Bildatlas epigraphischer Denkmäler Attikas, Berlin: Gebr. Mann 1935.

KLINGHARDT, Matthias (1996):
> *Gemeinschaftsmahl und Mahlgemeinschaft*. Soziologie und Liturgie frühchristlicher Mahlfeiern (TANZ 13), Tübingen: Francke 1996.

LIDDELL, Henry George / Scott, Robert / Jones, Henry Stuart (1996):
> *A Greek-English Lexicon*. With a revised supplement, Oxford: Clarendon Press 1996.

MAASS, Ernst (1895):
> *Orpheus*. Untersuchungen zur griechischen römischen altchristlichen Jenseitsdichtung und Religion, München: Beck 1895.

MERKELBACH, Reinhold (1988):
> *Die Hirten des Dionysos*. Die Dionysos-Mysterien der römischen Kaiserzeit und der bukolische Roman des Longus, Stuttgart: Teubner 1988.

MOMMSEN, Theodor (1843):
> *De collegiis et sodaliciis Romanorum*, Kiel: Libreria Schwersiana 1843.

SCHMELLER, Thomas (1995):
> *Hierarchie und Egalität*. Eine sozialgeschichtliche Untersuchung paulinischer Gemeinden und griechisch-römischer Vereine (SBS 162), Stuttgart: Verlag Katholisches Bibelwerk 1995.

SCHRADER, Hans (1896):
> *Die Ausgrabungen am Westabhange der Akropolis. III*. Funde im Gebiet des Dionysion, in: MDAI.A 21 (1896) 265–286.

SMITH, Dennis Edwin (1980):
> *Social Obligation in the Context of Communal Meals*. A Study of the Christian Meal in 1 Corinthians in Comparison with Graeco-Roman Communal Meals, Cambridge 1980 (Microfiche).

TAGALIDOU, Efpraxia (1993):
> *Weihreliefs an Herakles aus klassischer Zeit*, Jönsered: Åström 1993.

TOBIN, Jennifer (1997):
> *Herodes Attikos and the City of Athens.* Patronage and Conflict under the Antonines (ΑΡΧΑΙΑ ΕΛΛΑΣ 4), Amsterdam: Gieben 1997.

TRAVLOS John (1971):
> *Bildlexikon zur Topographie des antiken Athen*, Tübingen: Wasmuth 1971.

WALTER, Otto (1937):
> *Der Säulenbau der Herakles*, in: MDAI.A 62 (1937), 41–51.

WATZINGER, Carl (1904):
> *Herakles ΜΗΝΥΤΗΣ*, in: MDAI.A 29 (1904) 237–243.

WELTER, Gabriel (1941):
> *Troizen und Kalaureia*, Berlin: Gebr. Mann 1941.

WIDE, Sam (1894):
> *Die Inschrift der Iobakchen*, in: MDAI.A 19 (1894), 248–282

WERNICKE, Konrad (1895):
> *Art. Artemis. 2)*, in: PRE II,1 (1895), 1336–1440.

WYCHERLEY, R. E. (1959):
> *Two Athenian Shrines*, AJA 63 (1959), 67–72.

Ebel, Eva
geboren 1971; studierte Evangelische Theologie und Latein in Münster und Zürich; 1997 1. Staatsexamen für das Lehramt Sekundarstufe II/I, seit 1998 als Lehrbeauftragte und Wissenschaftliche Hilfskraft, ab Juli 1999 wissenschaftliche Mitarbeiterin am Lehrstuhl für Neues Testament in Greifswald.

Dissertationsprojekt:
- ▶ Collegium und ecclesia. Die Struktur der frühen christlichen Gemeinden und der griechisch-römischen Vereine.

Online unter: *http://purl.org/bibfor/archiv/99-1.ebel.htm*

Jürgen
Zangenberg

Überlegungen zur Möglichkeit einer „Topographie religiöser Gruppen" in Samarien zur neutestamentlichen Zeit[1]

Nur die Phantasie ist es, die zu großen Entdeckungen führt.

Sir William M. Flinders Petrie (1853–1942)

Das Anliegen des Beitrags

Anders als zum Beispiel Galiläa oder weite Teile Judäas ist Samarien bisher von der archäologischen Forschung eher stiefmütterlich behandelt worden. Abgesehen von Grabungen einzelner herausragender Stätten wie Samaria/Sebaste, Tell-Balata (Sichem) oder des Garizim hinkt die Erforschung des nichturbanen Raumes trotz vielversprechender Anfänge deutlich hinter dem Kenntnisstand anderer Gebiete zurück.[2] Die Auswertung dieser Surveys hinsichtlich der Besiedlungsgeschichte der Region in hellenistisch-römischer Zeit hat noch nicht einmal annähernd begonnen.[3]

---

[1] Fortsetzung von Gedanken, die ich anlässlich von Vorträgen 1998 an der Wake Forest University und der Duke University formuliert habe. Ich danke Prof. Dr. Eric Meyers, Prof. Dr. Kenneth Hoglund, Dr. Beth LaRocca-Pitts und Dr. Mark Chancey für vielfältige Hilfe. Wertvolle Hinweise verdanke ich auch Prof. Dr. Wolfgang Zwickel.

[2] Dazu z.B. die Berichte über Surveys von KOCHAVI (1972); CAMPBELL (1991); DAR (1986) oder in STERN/LEWINSON-GILBOA/AVIRAM (1993). Weitere Literatur zu Samaria/Sebaste, dem Garizim, Neapolis und Sichem bei ZANGENBERG (1998) 23–55.

[3] Dies kann hier nicht nachgeholt werden. Ich hoffe, zumindest einen Teil der Arbeit im Rahmen der Bearbeitung des *Bandes 3: Der Norden* des Handbuchs

Dies ist umso bedauerlicher, da Untersuchungen zu die Region betreffenden antiken Texten in jüngster Zeit interessante Ergebnisse zum kulturellen Profil Samariens in neutestamentlicher Zeit geliefert haben.[4] Diese Studien haben klar herausgearbeitet, dass während der hellenistisch-römischen Epoche nicht nur Samaritaner, sondern auch Heiden verschiedener Couleur und vermutlich auch Juden in der Region präsent gewesen sind. Doch lässt sich das aus der Literatur hervorgehende Bild einer religiös bzw. ethnisch vielschichtigen Region[5] noch nicht anhand der Ergebnisse archäologischer Feldforschung verifizieren und zu einem schlüssigen Gesamtbild zusammenführen.[6] Abgesehen von Fundstätten wie dem Garizim, wo sich samaritanische und pagane Nutzung recht genau voneinander unterscheiden und rekonstruieren lassen,[7] oder der zweifelsfrei hellenistisch-paganen Stadt Sebaste, tappen wir an anderen Stellen hinsichtlich der Präsenz bestimmter Gruppen noch vielfach im Dunklen.[8] So ist z.B. noch völlig unklar, wie die einzelnen religiösen und ethnischen Gruppen über den Garizim und Sebaste hinaus den nichturbanen Raum genutzt haben. Gerade hier versagen auch die wichtigen Surveys aufgrund der bekannten methodischen Schwächen: Aus dem Vorhandensein von Besiedlung lässt sich noch nicht auf das geistige Profil

Orte und Landschaften der Bibel zu leisten.

[4] Die einschlägigen Texte sind greifbar in ZANGENBERG (1994), dort auch weitere Literatur zu den Einzeltexten. Grundlegend ist die Studien von DEXINGER (1992). Wichtig zum Sprachgebrauch unserer ausführlichsten Quelle Josephus ist EGGER (1986). Das Heidentum Palästinas bedarf generell einer zusammenfassenden Darstellung, dies ist ein dringendes desideratum. BREYTENBACH (1997) ist ein wichtiger Beitrag zu paganer Präsenz auf dem Garizim, lässt aber leider archäologische Sachverhalte völlig außer Betracht.

[5] Die Frage, ob man bei den in Samarien ansässigen Gruppen von Ethnien oder Religionsgruppen sprechen soll, kann hier nicht weiter verfolgt werden. Die neuere Forschung ist sich zumindest im Hinblick auf die Samaritaner weitgehend einig, nicht von Ethnie zu sprechen (im Sinne einer durch Herkunft bestimmten Identität), sondern die religiöse Komponente bei der Bestimmung des Gruppenprofils an erste Stelle zu setzen, doch ist der antike Sprachgebrauch diffus, vgl. COGGINS (1999); EGGER (1986). Zur Problematik vgl. auch SALDARINI (1998) 127–133.

[6] Was die Zukunft bringen könnte, zeigen z.B. die Sammelbände mit Beiträgen von Archäologen, Text- und Kulturwissenschaftlern über die Nachbarregion Galiläa LEVINE (1992) und EDWARDS/MCCOLLOUGH (1997).

[7] Dazu ausführlich ZANGENBERG (2000a).

[8] Dabei ist das hellenistische Sichem ein besonderes Problem wegen seiner Bedeutung für die Entstehung der Samaritaner.

der Bewohner schließen, ältere Siedlungshorizonte sind oft durch spätere (byzantinische) Bauphasen überdeckt,[9] das Fehlen von Oberflächenkeramik bedeutet nicht automatisch das Fehlen einer entsprechenden Besiedlung. Würden wir in archäologischer Hinsicht jedoch klarer sehen, dann ließen sich Überlegungen auf das wirtschaftliche Potential der Region, ihre Einbindung in das kulturelle Gefüge Gesamtpalästinas, ihre Bevölkerungsstärke oder Änderungen der Siedlungsdauer und -struktur der einzelnen Gruppen anstellen. Von all dem sind wir derzeit besonders hinsichtlich der hier zur Debatte stehenden „neutestamentlichen" Epoche[10] noch weit entfernt, archäologische Befunde und textliche Einsichten lassen sich noch nicht in wünschenswerter Klarheit miteinander verknüpfen.

Abgesehen von eher praktischen Ergebnissen auf dem Weg zu einer „Topographie religiöser Gruppen" in Samarien in neutestamentlicher Zeit lassen sich angesichts der geschilderten Forschungslage auch, zweitens, interessante methodische Fragen erörtern. Vieles, was ich im Folgenden vorbringe, dürfte für Facharchäologen jedoch nicht neu sein, im Gegenteil. Sie sind auch nicht mein primärer Adressat, vielmehr wende ich mich an Exegeten jüdischer und christlicher Schriften, die in ihren Wissenschaften nach dem Beitrag der Archäologie bei der Erstellung eines möglichst umfassenden Bildes der Kultur und Gesellschaft Palästinas der Jahrhunderte um die Zeitenwende fragen. Der Zielsetzung des Biblischen Forums entsprechend, und um eine möglichst lebhafte Diskussion anzuregen, spitze ich meine Überlegungen jeweils in Thesenform zu.

---

[9] Insofern sind auch die durchweg niedrigeren Zahlen hellenistisch-frührömischer Siedlungen im Vergleich zu in byzantinischer Zeit bewohnten Ortslagen nicht überzubewerten. Vgl. das ähnliche Bild, das sich den Pionieren der Galiläaarchäologie in den 70er Jahren darbot, siehe GROH (1997) 32–34.

[10] Ich verstehe im Folgenden darunter die Zeitspanne von den letzten beiden Jahrhunderten vor bis zum Ende der ersten beiden Jahrhunderte nach Christi Geburt und gebrauche den Terminus als in der neutestamentlichen Wissenschaft gebräuchliche Konvention mit aller Vorsicht und im Bewusstsein darum, dass die das NT tragenden Gruppen während dieser Zeit gerade *nicht* in einem solchen Maße „kulturbildend" gewesen sind, dass diesem Begriff irgendein *sachlicher* Wert zukommen würde. Es handelt sich also nicht um eine für materielle Kultur oder archäologische Methodik „canonical time", wie GROH (1997) 32 zu Recht betont.

Notwendigkeit einer methodischen Grundlegung unabhängig von Texten

Unbestritten ist, dass der derzeitige Stand unserer Kenntnisse über Samarien zum einen an der geringen Anzahl untersuchter Fundstellen und der noch weit geringeren Anzahl archäologisch brauchbarer Grabungspublikationen liegt, und es ist zu hoffen (und nicht unwahrscheinlich), dass sich diese unbefriedigende Situation in den nächsten Jahren bessert.

Doch stellen fehlende Funde und Befunde nur *einen* Faktor der Problematik dar. Nicht weniger wichtig ist die methodische Reflexion der Kriterien der Zuweisung bestimmter Funde und Befunde zu einer der in Samarien beheimateten Gruppen. Wo zum Beispiel ein Zeustempel gefunden wird, liegt die Präsenz paganer Gruppen nahe (so etwa auf Tell er-Ras, der Nordspitze des Garizim). Doch nicht überall sind solche monumentalen Bauwerke oder derart eindeutige Inschriften wie auf Tell er-Ras zu finden. Wie aber kann ich die Präsenz von Samaritanern an einer Fundstelle außerhalb des Garizim nachweisen? Was unterscheidet Indizien samaritanischer von zeitgenössischer jüdischer Präsenz? Ist es überhaupt möglich, eine Fundstelle nur *einer* Gruppe zuzuweisen? Bedeutet die Präsenz der einen Gruppe notwendig die Absenz der anderen?[11] Und vor allem: Wie kann ich methodisch *nachprüfbare* Antworten zu den gestellten Fragen wagen? All diese Fragen werden seit geraumer Zeit vor allem in den USA verstärkt diskutiert, wo es einen erfreulich lebhaften und kontroversen Austausch zwischen Religions- und Bibelwissenschaftlern, Judaisten, Archäologen und Vertretern der *Social Anthropology* gibt. Im deutschsprachigen Raum hingegen glauben nach meinem (vielleicht trügerischen) Eindruck weite Teile der neutestamentlichen Forschung immer noch, ohne diesen Diskurs auskommen und unter oft völliger Vernachlässigung der materiellen Kultur beispielsweise Aussagen über das Judentum oder zum kommunikativen Hintergrund neutestamentlicher Passagen formulieren zu können.[12] Freilich kann keiner alles wissen, daher ist der Diskurs notwendiger denn je.

---

[11] Dass dies nicht einmal beim Garizim zutrifft, habe ich zu zeigen versucht in ZANGENBERG (1998) 35–47.

[12] Vgl. den leider nur allzu berechtigten Stoßseufzer von Peter Pilhofer und Thomas Witulski in PILHOFER/WITULSKI (1998) 244 Anm. 23. Die alttestamentliche Forschung ist hier, soweit ich das beurteilen kann, sowohl methodisch als auch inhaltlich deutlich weiter.

Grundlage jeglichen Diskurses ist die Verständigung über die Methoden der Differenzierung und des Vergleichs.

Daher formuliere ich im Hinblick auf unser Thema *These 1*:

> Materialakkumulation ohne Methodenreflexion macht blind. Die Erweiterung des Fundmaterials muss stets einhergehen mit dem Nachdenken darüber, wie es zum Sprechen gebracht werden kann. In unserem Fall: Was tragen neue Funde zur Beantwortung des religiösen Profils ihrer ehemaligen Produzenten bzw. Benutzer aus?

Nun lässt sich zeigen, dass viele Überlegungen zum religiösen Profil der Samaritaner in neutestamentlicher Zeit von Vorstellungen und Begriffen geprägt sind, die uns vor allem in Texten begegnen (z.B.: Samaritaner halten sich fern von Juden, Juden vermeiden Kontakt mit Heiden). Dies fußt zweifellos auf der Annahme, dass wir uns im Bereich der Texte auf meist sichererem Terrain bewegen als bei vermeintlich unspektakulär-fragmentarischen Töpfen oder auf den ersten Blick hoffnungslos wirren Mauerzügen. In der Tat hat die Interpretation samaritanischer Texte oder von Texten über Samaritaner in letzter Zeit erfreuliche Fortschritte gemacht, so dass es ein Unding wäre, auf die Erkenntnisse dieser Forschung verzichten zu wollen. Doch ist andererseits die Gefahr eines solchen textorientierten Vorgehens mindestens ebenso evident: Wenn Texte, deren Repräsentativität in den meisten Fällen eigentlich erst noch zu klären wäre, den methodischen Ausgangspunkt zur Deutung archäologischer Funde und Befunde darstellen, dann werden sie oft genug auch zum inhaltlichen *Filter*. An manchen Beispielen lässt sich zeigen, wie eine derartige Vorgehensweise zu selektiver *Inanspruchnahme* archäologischer Befunde mit zuweilen geradezu apologetischer Tendenz führt, die letztlich auf Kosten einer sachgemäßen *Interpretation* der archäologischen Befunde aus eigenem Recht geht.[13] Nur allzu oft findet

---

[13] Derzeit scheinen sich mir weite Teile der Qumranforschung (insbesondere die zu den angeblich „essenischen" Gräbern) in einem derartigen Dilemma zu befinden, vgl. ZANGENBERG (1999). Auch die These angeblich essenischer Präsenz auf dem Zion bedarf der Überprüfung. Jedoch hat die Zusammenarbeit von Text- und Naturwissenschaftlern gerade in der Qumranforschung in allerjüngster Zeit faszinierende Ergebnisse zu Tage gefördert, vgl. die im Erscheinen begriffenen Beiträge von O. Röhrer-Ertl und F. Rohrhirsch in MAYER (2000). Herzlich bedanken möchte ich mich bei PD Dr. Ferdinand Rohrhirsch und Dr. Gabriele Faßbeck für die stets fruchtbare Konversation

man heraus, was man vorher schon gewusst zu haben meint. Der
Grad an möglicher Innovation und der Druck zur Überprüfung bisheriger Axiome kann so zwar auf geringem Niveau gehalten werden,
doch erkauft man sich diese „Stabilität" durch eine recht geringe
faktische Erweiterung unserer bisherigen Kenntnisse.

Einige Überlegungen mögen dies verdeutlichen: Da viele unserer
einschlägigen Texte über die uns hier interessierende Frühgeschichte
der samaritanischen Religionsgemeinschaft nicht samaritanischen,
sondern jüdischen oder frühchristlichen Ursprungs und mit oft sehr
polemischem Interesse verfasst sind, streichen sie naturgemäß die
Unterschiede zu den Samaritanern stärker heraus als verbindende
Elemente.[14] Zuweilen ist gerade die Tendenz festzustellen, den immer
noch beträchtlichen Anteil gemeinsamer Überzeugungen unter Verweis auf ein kontroverses Thema grundsätzlich in Frage zu stellen.
Eine bedeutende Rolle spielt in diesem Zusammenhang die Betonung
des Garizim als einziges legitimes Heiligtum durch die Samaritaner
als *das* trennende Thema.[15] Da Texte zu dieser Kontroverse oft sehr
plastisch und direkt formuliert sind, eignen sie sich zweifellos auch
als Kriterium der Identifikation samaritanischen Profils im Kontext
der anderen Gruppen des damaligen Judentums und darüber hinaus.
Der Inanspruchnahme des „Garizimkriteriums" auch für Probleme
archäologischer Natur scheint also nichts im Wege zu stehen, und
eine wie auch immer sich äußernde „Verbindung" eines Befundes
oder Objektes mit dem Garizim spielt auch heute noch bei der Frage
der Identifikation samaritanischer Relikte eine wichtige Rolle. Doch
entgeht man selbst mit diesem vermeintlich so eindeutigen Kriterium
nicht schwerwiegenden Gefahren. Vier Punkte seien kurz angerissen:

1. Die Beachtung eines einzelnen kontroversen Themas wie des
Garizim darf nicht zur Vernachlässigung aller „nichtspezifischen"
archäologischen Fundgruppen führen. Was heißt es z.B., wenn sich
im Bereich der Akropolis des Garizim gefundene und aufgrund des
Fundzusammenhangs mit Inschriften als zweifelsfrei „samaritanisch"

zur Methodik der Qumranforschung.

[14] Daher ist es äußerst problematisch, bereits in neutestamentlicher Zeit von
einem „samaritanischen Schisma" zu sprechen, dazu vgl. PURVIS (1981);
CROWN/DAVEY (1995) 133–155.

[15] Vgl. etwa die rabbinischen Texte in ZANGENBERG (1994) 108–110; Josephus,
Antiquitates 13,74–79 (ZANGENBERG (1994) 65). Auch im NT findet sich ein
Niederschlag dieser Kontroverse (Joh 4,20), dazu ZANGENBERG (1998)
140–148.

zu geltende Gebrauchskeramik, Hausarchitektur, Lampen, Industrieinstallationen (Ölpressen) etc. in nichts[16] von dem Material unterscheidet, welches von anderen zeitgleichen Stellen her bekannt ist? Wie repräsentativ ist dann das Garizimargument noch für die Rekonstruktion des täglichen Lebens? Die Kontinuität in der materiellen Kultur spricht eine eigene, deutliche Sprache, die man nur zu hören bereit sein muss. Freilich, die Beantwortung der Frage, welche Prägekraft man den theologischen Kontroversen angesichts der vielfältigen Kontinuität der materiellen Kultur des Alltags zubilligen möchte, kann nicht *allein* aufgrund der Archäologie entschieden werden, aber wie auch immer die Entscheidung ausfällt, sie darf nicht *gegen* archäologische Befunde fallen, sofern man daran festhalten will, dass antike Religion stets Teil des Alltags[17] war und Menschen bei aller Vielschichtigkeit der Lebensvollzüge nicht in gänzlich verschiedenen Welten gelebt haben.[18] Daher ist davor zu warnen, sich den isolierenden und übertreibenden Blickwinkel mancher Texte so sehr zu eigen zu machen, dass man den Rest des Materials unterschlägt. Die meisten unserer Texte sind ein untaugliches Mittel zur Rekonstruktion genau dieser „stillschweigenden" Interaktion und Aktivität auf der Ebene des Alltags und sollten daher in ihrem Aussagewert nicht überschätzt werden.

2. Angesichts unseres begrenzten archäologischen Fundus kann man nicht von mehr oder minder festgefügten „patterns" ausgehen, *wie* der Garizim von Samaritanern als Erkennungszeichen nach außen

---

[16] Zumindest insofern das angesichts der großen ergrabenen Fläche sicherlich sehr umfangreiche Material veröffentlicht ist. Von besonderem Interesse sind hier die Knochenfunde, deren Publikation man nur mit großer Spannung erwarten kann.

[17] Hier ist mit STRANGE (1997) 43–47 wiederum zwischen privater und öffentlicher Sphäre zu unterscheiden.

[18] Zuweilen hat man das Gefühl, es wird zu leichtfertig zwischen „eigentlichem" (also zur jeweiligen Gruppe gehörigen und das rekonstruierte Bild stützendem) und „uneigentlichen" (also sich dem Erklärungsmodell sperrenden, als „Ausnahme" empfundenen) Fundgut unterschieden. Letzteres wird dann gern als „Import" deklariert – und bei der Lösung der Frage nach der Identität einer Fundstelle in Wahrheit in Gedanken flugs exportiert. Eine gewisse Rolle spielen derartige Denkmuster etwa bei der Behandlung von Glasfunden im sonst angeblich so luxusfremden Qumran. Ein solches Vorgehen erinnert an manch unglückliche Anwendung im Bereich exegetischer Literarkritik, nach der nicht vom Autor stammendes, übernommenes Gut als minderwertig angesehen wird. Die Aufgabe ist jedoch, nicht die Fremdheit des Gutes allein zu betonen, sondern deren Funktion im neuen Kontext zu bestimmen.

oder Ausdruck eigener Selbstdefinition nach innen „ins Spiel gebracht" worden ist. Dementsprechend unterschiedlich ist auch, welche Rolle dem „Garizimkriterium" bei der Interpretation archäologischen Materials in der Forschung zugemessen wird. So wird es zum Beispiel eingesetzt, um ein Gebäude als samaritanische Synagoge zu identifizieren, da sein Eingang bzw. seine Apsis geographisch „auf den Garizim hin orientiert ist". Doch wird dabei oft nicht genügend berücksichtigt, dass auch jüdische Synagogen, sofern sie direkt nördlich von Jerusalem errichtet wurden, zwangsläufig *auch* auf den Garizim orientiert sind und umgekehrt.[19] Des Weiteren spielt die Erwähnung des Wortes „Garizim" in epigraphischem oder literarischem Material als Identifikationskriterium eine ebenso große Rolle wie in ikonographischer Hinsicht, wenn die Abbildung des Garizim samaritanische Provenienz eines Objektes begründen soll[20] (zum Beispiel Lampen). Und auch bei diesen vermeintlich so eindeutigen Fällen ist man sich nicht immer bewusst, dass es zu jeder Regel auch Ausnahmen gibt: So ist die literarische Nennung des Garizim auf einem Papyrusfragment von Masada noch keinesfalls ausreichend, in der Tat sehr weitgehende Vermutungen über die Präsenz von Samaritanern unter den Verteidigern von Masada anzustellen,[21] und trotz der ikonographischen Präsenz des Garizim auf kaiserzeitlichen Münzen der Stadt Flavia Neapolis wird zu Recht wohl niemand behaupten wollen, diese Münzen seien deshalb samaritanischen Ursprungs.[22]

---

[19] Zur Problematik dieses Arguments vgl. PUMMER (1998). Interessanterweise ist die 1993 in Sepphoris gefundene Synagoge *nicht* nach Jerusalem orientiert, vgl. WEISS/NETZER (1996) 13. Keiner würde deshalb annehmen, sie sei nicht jüdischen Ursprungs.

[20] Vgl. den „byzantinischen Brief aus samaritanischem Milieu" in ZANGENBERG (1994) 311f und die stilisierte Abbildung des Garizim auf samaritanischen Lampen in SUSSMAN (1978); SUSSMAN (1983); PUMMER (1989) 157–162.

[21] Gegen TALMON (1997), der m.E. nicht ausreichend geprüft hat, ob die Nennung des Garizim nicht einem jüdischen Text polemischer Natur entstammt (was sich, wie auch die samaritanische Herkunft, angesichts der Winzigkeit des Fragments nicht mehr klar entscheiden lässt) und ob die auffällige Schreibweise הרגרז[ים] nicht einer allgemein verbreiteten, nicht spezifisch samaritanischen orthographischen Gepflogenheit folgt (getrennt jedoch in 3Q15 XII 4). Demnach hätte die Beachtung der methodischen Kriterien, die PUMMER (1987) aufgezeigt hat, Talmon vor allzu weitreichenden Interpretationen des Papyrusfragments von Masada bewahren können.

[22] Diese Beobachtung ist in der Tat interessant, denn die Garizim-Abbildungen auf den unter paganer Autorität geschlagenen Münzen von Flavia Neapolis sind zweifelsfrei älter als alle Vignetten auf samaritanischen Lampen o.ä.!

3. Es ist bisher noch völlig unklar, *zu welcher Zeit* die Garizimthematik durch die Samaritaner nicht nur sprachlich (also in Texten und Worten), sondern auch architektonisch und ikonographisch umgesetzt worden ist. Es gibt guten Grund anzunehmen, dass dieser Schritt weitaus später vollzogen wurde als das Thema Garizim in der theologischen Kontroverse zu firmieren begann.[23] Träfe diese Annahme zu, dann entfiele ein archäologisch klar erkennbares Kriterium zur Identifikation samaritanischer Präsenz für eine lange Zeit samaritanischer Geschichte. Dem Archäologen wären für diese Periode im wahrsten Sinne des Wortes die Augen verbunden, samaritanische Funde wären ohne dieses Unterscheidungskriterium schlichtweg nicht als solche erkennbar.

4. Es ist genau auf die Art und Weise zu achten, *wie* und mit welchen Konnotationen der Garizim in unseren Textquellen erwähnt wird. Hier kann es sich bitter rächen, den polemischen Grundton einschlägiger Texte zu übersehen und alle mit dem Thema verbundenen sachlichen Angaben als Reflex tatsächlicher Zustände für bare Münze zu nehmen. Polemik ist eben nicht der Wirklichkeit, sondern der selbst erkannten Wahrheit verpflichtet. Auch hierzu ein Beispiel: Nicht wenige jüdische Texte werfen den Samaritanern vor, sie seien Abkömmlinge fremder Volksstämme und würden auf dem Garizim neben dem Gott Israels mehr oder minder offen auch fremde Götzen anbeten, also „Synkretismus" betreiben.[24] Dieses Bild prägte die Samaritanerforschung für lange Zeit. Als man dann in den 60er Jahren auf Tell er-Ras, dem Nordgipfel des Garizim, die Reste eines zweiphasigen Zeustempels fand, konnte man diese mit Hinweis auf den synkretistischen Charakter der Samaritaner und trotz der klaren Hinweise auf einen paganen Zeuskult als samaritanisches Zentralheiligtum der hellenistischen Zeit interpretieren.[25] Wenn es auch zwei-

---

Haben sich Samaritaner diese Münzen zum Anlass genommen, den Garizim (zunächst) auf Werken ihrer Kleinkunst abzubilden? Unmöglich ist das nicht, da manche Münzen nicht nur den für Samaritaner wichtigen Garizimgipfel, sondern offensichtlich auch die religiös bedeutungslose, aber auf den Münzen abgebildete Porticus im Tal übernehmen. Dieser Thematik werde ich an anderer Stelle gesondert nachgehen.

[23] Leider trägt der Fundkontext der beiden Delos-Inschriften aus hellenistischer Zeit nichts zur Lösung dieser Frage bei. Zur Diskussion dieser besonders wichtigen epigraphischen Zeugnisse vgl. in diesem Beitrag S. 82.

[24] Vgl. z.B. mSota 7,5 in ZANGENBERG (1994) 97.

[25] Dazu vgl. die Literatur und Diskussion der Forschung bei ZANGENBERG (1998) 37–42 und ZANGENBERG (2000a).

fellos „Synkretisten" und „Schismatiker" unter den Samaritanern gegeben hat, so ist die „Vermischung" paganer und biblischer Vorstellungen jedoch kein genereller Zug samaritanischer Religion, im Gegenteil! Differenzierung tut Not, denn nicht jeder Samarier ist zugleich ein Samaritaner. Zudem gibt es nach den Grabungen Magens auf der Akropolis des Garizim eine weitaus bessere, weil konsistentere Alternative für das samaritanische Zentralheiligtum als den Tempel auf Tell er-Ras. Damit ist die alte Theorie überholt.

All dies verdeutlicht meines Erachtens zur Genüge, dass Texten für eine „Archäologie der Samaritaner" in neutestamentlicher Zeit nicht die Rolle zukommen kann, die sie in der Praxis oft spielen.

These 2 lautet daher:

> Textinterpretation und Archäologie sind gleichwertig, beide haben ihre eigenen Gesetze (und Grenzen!) und bedürfen eigener Aufmerksamkeit. Eine zu schnelle Kombination von Textbefund und Grabungsbefund ist nicht zulässig. Insbesondere ist davor zu warnen, Texte zum *Ausgangspunkt* der Interpretation archäologischer Befunde zu machen.

Historisch-geographische Argumente

Mit welchen Problemen das Garizimkriterium belastet ist, dürfte hinlänglich deutlich geworden sein. Doch ist es nicht unser einziges. In der Forschung werden zwei weitere Kriterien für eine mögliche samaritanische Identität bestimmter Fundstellen genannt, die eher aus dem Bereich der historischen Geographie stammen. Auch sie gilt es kurz zu prüfen.

1. Zahlreiche samaritanische Texte, vor allem Chroniken, nennen eine beträchtliche Anzahl von Orten mit samaritanischer Bevölkerung, doch ist der Wert dieser Angaben nur schwer zu ermessen. Zum einen liegt das an mannigfachen textkritischen und traditionsgeschichtlichen Unsicherheiten, mit denen die Interpretation samaritanischer Chroniken noch immer belastet ist. So ist angesichts der weitgehend unbekannten Entstehungsgeschichte der Chroniken in den allermeisten Fällen nur unter Hinzuziehung anderer Quellen in Erfahrung zu bringen, für welche Zeit die jeweiligen Angaben zutref-

fen könnten. Ferner sind die betreffenden Passagen oft derart knapp gehalten, dass kaum etwas über die Größe oder genaue Lage der erwähnten Ortschaft in wünschenswerter Deutlichkeit ersichtlich wird. Vor allem bei Ortsnamen aus pentateuchischer Tradition ist zu überprüfen, ob deren Nennung als samaritanischer Ort nicht eher den samaritanischen Anspruch auf den Ort widerspiegelt als tatsächliche Präsenz.[26] Hinzu kommt die generelle Aufgabe, in der Literatur erwähnte Ortsnamen mit vorhandenen Ortslagen zu verknüpfen. Auch dies ist in vielen Fällen nur mit großer Unsicherheit belastet, da oft keine erkennbare Namenskontinuität besteht.

2. Zuweilen wird aus der Tatsache samaritanischer Präsenz an einem bestimmten Ort gefolgert, dass auch Reste früherer Siedlungsphasen als samaritanisch anzusprechen seien. Dieses „Argument der Kontinuität nach hinten" ist zwar nicht prinzipiell abzulehnen,[27] seine Valenz muss aber in jedem Fall unter Berücksichtigung der oben beschriebenen Grundsätze am vorhandenen archäologischen Material unvoreingenommen geprüft werden. Ein genereller Rückschluss ist freilich nicht zulässig, da er die Möglichkeit von Bevölkerungsverschiebungen systematisch außer Acht lässt. Doch ist schlichtweg nicht einsichtig, dass der Erste und Zweite Aufstand gegen Rom, die forcierte Romanisierungspolitik seit der Wende zum 3. Jahrhundert n. Chr. und die Aufstände der Samaritaner in byzantinischer Zeit (484 und 529) an der Siedlungsgeschichte der Region so spurlos vorbeigegangen sind, dass man eine generelle Kontinuität von Religionen und Populationen voraussetzen könnte. Alles, was wir an (zugegebenermaßen spärlichen) Anhaltspunkten besitzen, deutet in die entgegengesetzte Richtung: Nach dem ersten Aufstand wird Neapolis an der Stelle einer Siedlung mit semitischem Namen (!) als römische Veteranenkolonie gegründet, die Severer fördern Sebaste und Neapolis massiv, häufige Zerstörungshorizonte in ländlichen Fundorten des 5. Jahrhundert n. Chr. zeigen die Auswirkungen der samaritanischen Auseinandersetzungen mit Byzanz.[28] Auch früher wird es Siedlungs- und Bevölkerungsveränderungen gegeben haben:

---

[26] Eine Liste von in der Literatur erwähnten Orten wird vom Autor im Rahmen der Vorarbeiten zum *Band 3: Der Norden* des Werkes *Orte und Landschaften der Bibel* erstellt. Insbesondere wird es spannend zu sehen, wie sich die Ergebnisse der Auswertungen dieser Texte mit den Analysen der Surveyergebnisse ins Gespräch bringen lassen.

[27] Zu diesem Argument in der Galiläaforschung vgl. GROH (1997) 29.

[28] Dazu neulich DAR (1995) und kritisch DISEGNI (1998).

Der Eroberungsfeldzug der Hasmonäer hat in Tell Balata, auf dem Garizim und in Samaria deutliche Spuren hinterlassen (waren die Zerstörungen mit dem Zuzug jüdischer Siedler verbunden?), die Gründung der Stadt Samaria/Sebaste durch Herodes als πόλις treuer Kriegsveteranen mag das ihre zur ethnischen Vielfalt beigetragen haben. Angesichts der geringen geographischen Ausdehnung sind die Eingriffe durchaus beträchtlich und machen Samarien vielleicht zu der am meisten von ethnischen Veränderungen betroffenen Region Zentralpalästinas. Nur wenige Fundstellen freilich sind überhaupt so gründlich ergraben und publiziert, dass man hinreichend präzise Aussagen machen kann. Doch auch diese zeigen, wie etwa im Falle von el-Hirbe, wo man nahe einer wohl samaritanischen Synagoge des 5. Jahrhundert n. Chr. die Reste eines paganen (?) römischen Landgutes des 2./3. Jahrhundert n. Chr. gefunden hat, dass man mit dem Argument der Siedlungskontinuität äußerst vorsichtig umgehen muss, falls man es nicht besser von vornherein als untauglich fallen lässt.

Samaritanische Funde aus neutestamentlicher Zeit

Welche samaritanischen Spuren aus unmittelbar neutestamentlicher Zeit, dem hier gewählten zeitlichen Rahmen, bleiben angesichts der obigen Überlegungen übrig? Abgesehen von den zahlreichen Objekten und Befunden aus byzantinischer Zeit, die aufgrund ihrer späten Zeitstellung hier außer Acht bleiben müssen, sind folgende Funde und Befunde zu nennen:

Stadt und Heiligtum der Samaritaner auf dem Garizim[29]

Großflächige Grabungen auf dem Hauptgipfel des Garizim (nicht zu verwechseln mit Tell er-Ras, dem nördlich davon gelegenen Vorgipfel mit seinem paganen Heiligtum) unter der Leitung von Yitzhaq Magen förderten zum Teil hervorragend erhaltene Reste einer ummauerten Wohnstadt mit einer nochmals stark befestigten Akropolis zutage. Die Akropolis bestand neben den immensen Mauern mit Kasematten, Räumen und Toranlagen im Wesentlichen aus einer gepflasterten Piazza („sacred precinct"). Angesichts der bisher publizierten Befunde kann kein Zweifel daran bestehen, dass es sich bei

---

[29] Dazu vgl. die Diskussion bei ZANGENBERG (1998) 35–47 und ausführlich ZANGENBERG (2000a).

der Piazza um das ehemalige samaritanische Heiligtum handelt, das wahrscheinlich seit 200 v. Chr. bis zur Zerstörung durch Johannes Hyrcanus um 111/110 v. Chr. bestand. Interessant ist, dass Reste eines eigentlichen Tempelgebäudes (etwa nach der Art wie im zeitgenössischen Jerusalem) zumindest bisher noch nicht veröffentlicht worden sind. Ein solcher Tempel wäre für die Ausübung des Kults der Samaritaner auch nicht notwendig, da er im Pentateuch, dem einzigen von den Samaritanern als Heilige Schrift anerkannten Teil der Hebräischen Bibel, nicht vorgesehen ist. Dennoch gibt es zahlreiche Hinweise auf kultische Tätigkeit inmitten des „sacred precinct". Große Mengen von zum Teil verbrannten Schaf- bzw. Ziegenknochen werden vom Ausgräber als Überbleibsel von Passahfeiern angesprochen.[30] Von besonderer religionsgeschichtlicher Bedeutung sind mehrere Dutzend in althebräischer, aramäischer („Quadratschrift") und (in geringerem Maße) griechischer Schrift verfasste Inschrifttafeln, die zwar durchweg sehr stark fragmentiert sind, aber dennoch Teile von Eigennamen (Pinhas, Sohn des NN) und kultischen Titeln (Kohen, Kohen Gadol), sowie des Tetragramms erkennen lassen. Vermutlich war zumindest ein Teil der Inschriften auf der Innenseite der Umfassungsmauer des „sacred precinct" angebracht, so dass die Tafeln von der sich zum Opfer auf der Piazza versammelten Gemeinde gelesen werden konnten. Der Inhalt der Inschriften ist aufgrund der starken Fragmentierung nicht mehr zuverlässig rekonstruierbar, doch legen sowohl der Anbringungsort als auch manche in Teilen noch deutbare Wendungen nahe, dass Weihungen bestimmter Dinge und Gelübde bzw. Danksagungen von Samaritanern im Zentrum standen. Ähnliches kennen wir auch aus Jerusalem.[31]

Die religions- und kulturgeschichtliche Bedeutung der Grabungen auf dem Hauptgipfel des Garizim kann gar nicht überschätzt werden. Sie erlauben nicht nur einen einzigartigen Einblick in die Geschichte und Kultausübung der Samaritaner in hellenistischer Zeit, sondern erbringen zugleich das bisher größte zusammenhängende Corpus

---

[30] Knochen von Schafen und Ziegen sind typologisch nur in besonderen Fällen auseinanderzuhalten. Solange nicht mehr Einzelheiten über diese Knochendepots, insbesondere über deren stratigraphischen Kontext und deren paläozoologische Analyse veröffentlicht sind, müssen wir der Interpretation Magens folgen.

[31] Zu den Inschriften vom Garizim s. bisher nur MAGEN/NAVEH (1997); das Fragment einer Weiheinschrift aus Jerusalem ist veröffentlicht bei ISAAC (1983).

samaritanischer Inschriften überhaupt. Die Auswertung der Kleinfunde, die noch nicht einmal im Ansatz begonnen hat, verspricht zusätzliche Aufschlüsse über Wirtschaftsweise, Handelsbeziehungen und kulturelle Einflüsse der hellenistischen Umwelt auf die Lebensweise der damaligen Samaritaner. Gerade die Analyse der Kleinfunde kann nämlich (wie oben dargelegt) davor bewahren, die Entdeckungen auf dem Garizim von ihrem geographischen und kulturellen Kontext zu lösen, so spektakulär sie auch sein mögen.

Zwei Inschriften aus Delos[32]

Bezeichnenderweise stammen die beiden anderen frühen archäologischen Zeugnisse samaritanischer Religion von außerhalb Palästinas und stellen daher ein wichtiges Indiz für die Existenz einer samaritanischen Diaspora bereits in hellenistischer Zeit dar. Der Fundort Delos war ein zentraler Handelsknotenpunkt im östlichen Mittelmeer und zog Menschen aus zahlreichen Regionen der antiken Welt an. Im Jahre 1979/80 wurden etwa 90m nördlich der jüdischen Synagoge zwei griechischsprachige Inschriften gefunden, die von Philippe Bruneau aus paläographischen Gründen in die Zeit zwischen 250–175 v. Chr. (Inschrift 2) und 150–50 v. Chr. (Inschrift 1) datiert werden. Ihr Text lautet:

Inschrift 1:

[Οἱ ἐν Δήλῳ]
ΙΣΡΑΗΛΙΤΑΙ ΟΙ ΑΠΑΡΧΟΜΕΝΟΙ ΕΙΣ ΙΕΡΟΝ ΑΓΙΟΝ ΑΡ-
ΓΑΡΙΖΕΙΝ ΕΤΙΜΗΣΑΝ vac. ΜΕΝΙΠΠΟΝ ΑΡΤΕΜΙΔΩΡΟΥ ΗΡΑ-
ΚΛΕΙΟΝ ΑΥΤΟΝ ΚΑΙ ΤΟΥΣ ΕΓΓΟΝΟΥΣ ΑΥΤΟΥ ΚΑΤΑΣΚΕΥ-
ΑΣΑΝΤΑ ΚΑΙ ΑΝΑΘΕΝΤΑ ΕΚ ΤΩΝ ΙΔΙΩΝ ΕΠΙ ΠΡΟΣΕΥΧΗ
ΤΟΥ
ΘΕ[οῦ] ΤΟΝ [... περίβ-]
ΟΛΟΝ ΚΑΙ ΤΟ [... καὶ ἐστεφάνωσαν] ΧΡΥΣΩΙ ΣΤΕ[φά-]
[νῳ καὶ ...]
ΚΑ ...
Τ ...

---

[32] Text nach WHITE (1987) 141. Über die in ZANGENBERG (1994) 325f verzeichnete Literatur hinaus vgl. RAPPAPORT (1995) 282f; TALMON (1997) 227f (mit Abbildungen).

Übersetzung:

> [Die] Israeliten [auf Delos], die Opfer darbringen zum heiligen, ge-
> weihten Argarizin, ehrten *vac.* Menippos Sohn des Artemidoros aus
> Heraklion, ihn und seine Nachkommen, der hergerichtet und geweiht
> hat aus eigenen Mitteln für die *proseuche* Got[tes] den [... , die Mau-
> er und das ... und bekränzten ihn] mit einem goldenen Kr[an]z und
> [...]

Inschrift 2:

> ΟΙ ΕΝ ΔΗΛΩΙ ΙΣΡΑΕΛΕΙΤΑΙ ΟΙ Α-
> ΠΑΡΧΟΜΕΝΟΙ ΕΙΣ ΙΕΡΟΝ ΑΡΓΑ-
> ΡΙΖΕΙΝ ΣΤΕΦΑΝΟΥΣΙΝ ΧΡΥΣΩΙ
> ΣΤΕΦΑΝΩΙ ΣΑΡΑΠΙΩΝΑ ΙΑΣΟ-
> ΝΟΣ ΚΝΩΣΙΟΝ ΕΥΕΡΓΕΣΙΑΣ
> ΕΝΕΚΕΝ ΤΗΣ ΕΙΣ ΕΑΥΤΟΥΣ

Übersetzung:

> Die Israeliten auf Delos, die Opfer darbringen zum heiligen Argarizin,
> bekränzen mit einem goldenen Kranz Serapion Sohn des Jason aus
> Knossos wegen der ihnen erwiesenen Wohltat.

Nach L. Michael White, der die Texte zuletzt einer gründlichen
Untersuchung unterzogen hat, sind diese Inschriften Zeugnisse einer
„well established Samaritan community which is proximate in date
and location to the other community of Jews [...] on the island"[33].
Sehr wahrscheinlich bezieht sich Inschrift 1 auf die Errichtung eines
Synagogengebäudes (der Begriff προσευχή kann durchaus so übersetzt
werden) mitsamt, soweit man die fragmentarischen Reste der Inschrift zutreffend rekonstruieren kann, ihrer Bestandteile. Dieses
Gebäude wurde jedoch noch nicht gefunden, der Fundkontext stellt
also nicht den ursprünglichen Baukontext dar.

Auf einige interessante Sachverhalte sei kurz hingewiesen. Dass die
Namen der Geehrten eindeutig griechischen Ursprungs und zu allem
Überfluss noch heidnische Götternamen in sich tragen, muss nicht
bedeuten, dass Artemidoros und Serapion keine Samaritaner sein

---

[33] WHITE (1987) 141–147 (142), ältere Literatur dort oder in ZANGENBERG
(1994) 325.

können.[34] Die Selbstbezeichnung (Ἰσραηλείτης)[35] zeigt einerseits, dass sich die dortigen Samaritaner nicht als religiöse „Sondergruppe", sondern als Teil des biblischen Gottesvolkes wahrgenommen haben. Der Begriff „Israelit" ist ja von Hause aus nicht etwa auf die Samaritaner selbst festgelegt, sondern wurde genausogut auf Juden angewandt (vgl. Joh 1,47 über den Juden Natanael: ἀληθῶς Ἰσραηλίτης). Die Formulierung legt ferner nahe, dass die Samaritaner auf der Insel einen offiziellen Status als rechtlich geschützte ethnische Gruppe (Handelskolonie?) genossen, ganz analog zu den Juden, die sich im berühmten Delos-Edikt Caesars (bei Josephus, Antiquitates 14,233) als οἱ Ἰουδαῖοι ἐν Δήλῳ bezeichneten (nicht als „Israeliten"!). Die samaritanischen „Israeliten" zeichnen sich dadurch aus, dass sie ihre Ehrerbietungen an das wahre, allein von Gott eingesetzte Heiligtum auf dem Berg Garizim (ΑΡΓΑΡΙΖΙΝ ist lediglich transskribiert aus גריזין und הר) richten. Dies ist das einzige Merkmal, das diese auf den Inschriften erwähnte Gruppe von Juden unterscheidet und daher zur Eigenbezeichnung dienen kann. Das griechische Verb ἀπάρχεσθαι deckt ein weites Bedeutungsspektrum ab und kann jegliche Erweise der schuldigen Ehrerbietung bezeichnen vom Entrichten von Opfern im Kontext einer Reise zum Heiligtum auf dem Garizim bis hin zum Übersenden von Gaben oder Tributen durch die Person selbst oder auch durch Dritte.

Eine Inschrift aus Emmaus[36]

1881 wurde im gepflasterten Boden der mittelalterlichen Kirche von Emmaus (Amwas) ein marmornes ionisches Kapitell mit einer zwei-

[34] Anders White, der von „pagan benefactors" spricht (WHITE (1987) 142), dazu schon ZANGENBERG (1994) 325. Instruktiv ist auch hierzu der Vergleich mit der Weihinschrift aus Jerusalem ISAAC (1983), die einen „Paris, Sohn des Akeson aus Rhodos" erwähnt. Isaac schreibt dazu: „He must have been a Jew or a sympathizer, but since his name and the language of the inscription are wholly Greek, only the benefaction as such indicates ties with Judaism" (90).

[35] Möglicherweise vermied man den Begriff Σαμαρεύς, weil er auch die geographische Herkunft aus Samarien ohne religiöse Konnotationen bezeichnen konnte und daher vielleicht nicht als eindeutig genug empfunden wurde (dazu EGGER (1986) 168–172). Bekannt war das Wort jedoch durchaus, wie der Name des Πράυλος Σαμαρεύς auf einer weiteren Inschrift aus Delos zeigt (WHITE (1987) 144).

[36] ZANGENBERG (1994) 322 und der dort genannte Bericht bei HÜTTENMEISTER/ REEG (1977).

teiligen Inschrift gefunden. Die ersten beiden Zeilen sind in althebräischer Schrift verfasst und lauten:

ברך שמ	Gesegnet sei sein
ו לעולם	Name in Ewigkeit

Darunter steht in griechischer Schrift:

ΕΙΣ ΘΕΟΣ	Ein einziger Gott

Nach einiger anfänglicher Unsicherheit über die Zuweisung der Inschrift setzte sich die Meinung durch, nach der das Stück samaritanischen Ursprungs sei und zu einer samaritanischen Synagoge gehöre. Jedoch ist zu beachten, dass das Stück in Zweitverwendung entdeckt wurde und daher nicht aus seinem ursprünglichen archäologischen Kontext stammt. Jegliche Überlegungen hinsichtlich des primären baulichen Kontextes sind daher mit großer Unsicherheit belastet. Zweifellos hat der erste Teil der Inschrift zahlreiche Analogien in der samaritanischen Liturgie (deren Entstehungszeit wir nicht genau kennen, oft wird sie in römisch-byzantinische Zeit datiert), doch ist auch eine jüdische Herkunft nicht per se ausgeschlossen, da die althebräische Schrift in neutestamentlicher Zeit nicht ausschließlich von Samaritanern verwendet wurde und der Inhalt der Inschrift alttestamentlich/gesamtjüdischer Tradition entstammt.[37]

Noch unspezifischer ist der zweite, in griechischer Sprache verfasste Teil, der sich in samaritanischem, christlichem, jüdischem und auch paganem Milieu nachweisen lässt und damit nichts zur Frage der Zugehörigkeit zu einer bestimmten Gruppe beiträgt.[38] Freilich ist angesichts des ersten Teils der Inschrift eine Zuweisung des Kapitells zu einer der in der Wirkungsgeschichte der Hebräischen Bibel stehenden Gemeinschaften (jüdisch, samaritanisch oder christlich) eher wahrscheinlich als pagane Entstehung.

Doch auch die Datierung des Fundes ins 1. Jahrhundert vor bzw. nach Christus ist ebenso unsicher. Entgegen der Meinung der Bearbeiter Hüttenmeister und Reeg ist die Schriftart allein kein ausreichendes Indiz für eine Entstehung des Stücks im 1. Jahrhundert vor bzw. nach Christus, da die althebräische Schrift zu dieser Zeit noch zu großen Schwankungen unterliegt. Auch deutet die Form des Kapitells eher in römische Zeit, ein marmornes Kapitell in einer derart frühen samaritanischen Synagoge wäre in der Tat singulär.

---

[37] Dazu ZANGENBERG (1994) 186–188.
[38] Vgl. dazu jüngst wieder DISEGNI (1998) 55.

Somit ist eine samaritanische Herkunft der Inschrift auf dem Kapitell zwar durchaus *möglich*, kaum aber das frühe Entstehungsdatum.

Dies ist also alles, was sich derzeit mit mehr oder minder begründeter Zuversicht den Samaritanern in ntl. Zeit zuweisen lässt. In unsere Sammlung früher archäologischer Zeugnisse der Samaritaner gehören also weder die spätperserzeitlichen Münzen aus Samarien,[39] noch die aramäischen Papyri aus Elephantine, die nach Samaria gerichtet sind bzw. die Stadt erwähnen,[40] noch die Daliyeh-Papyri aus dem 4. Jahrhundert vor Christus.[41] Alle diese Zeugnisse sind bestenfalls für die Vorgeschichte der Samaritaner relevant und können nicht für die religiösen Anschauungen der Samaritaner in Anspruch genommen werden.

Ob die etwa 140 als „Samaritan sarcophagi" bekannten Kalkstein-sarkophage aus der Gegend von Nablus (oder auch nur ein Teil davon) tatsächlich als samaritanisch gelten können, ist umstritten. Dagegen spricht, dass keinerlei typologische Merkmale eine samaritanische Herkunft zwingend erforderlich machen würde, dafür, dass auf manchen biblische Eigennamen eingeritzt sind und Elemente heidnischer Ikonographie weitgehend fehlen.[42] Vermutlich handelt es sich aber doch um lediglich eine besondere lokale Formentradition ohne Zugehörigkeit zu einer speziellen religiösen Gruppe. Dieser Sachverhalt zeigt, dass es nicht nur schwierig sein kann, Jüdisches von Samaritanischem zu unterscheiden, sondern dass es nach einer gewissen Periode der Romanisierung an bestimmten Orten u.U. auch problematisch wird, Objekte Samaritanern oder Angehörigen der (vermutlich zum Teil auch semitischen) paganen Bevölkerung Palästinas mit gewisser Wahrscheinlichkeit zuzuweisen (vgl. das oben über die Münzen und Lampen Gesagte). Die Sarkophage könnten somit ein gutes Beispiel dafür sein, dass bereits im 2./3. Jahrhundert nach Christus spezialisierte Handwerksbetriebe offenbar Angehörige verschiedener Gruppen bedienten, so dass man fragen kann, ob be-

---

[39] MESHORER (1991).

[40] Dazu vgl. ZANGENBERG (1994) 299–301.

[41] Dazu vgl. ZANGENBERG (1994) 297–299 und COGGINS (1999) 67: „references of Samaria cannot be taken as indicator of Samaritanism". Die Siegelabdrücke sind hervorragend publiziert von LEITH (1997).

[42] Dazu vgl. ZANGENBERG (1994) 319–321 und neuerdings DISEGNI (1998) 54 Anm. 7. Eine eingehende Diskussion des Sachverhalts muss hier unterbleiben.

stimmte Eigenheiten nicht eher regionale als religiös-gruppenspezifische Besonderheiten darstellen.[43]

Diese Liste ist zugegebenermaßen nicht lang. Doch bedeutet das nicht, dass man deswegen mit geringer samaritanischer Präsenz in neutestamentlicher Zeit zu rechnen hat. Dies wäre ein methodisch unzulässiger Kurzschluss, wie der Vergleich mit einem verwandten Sachverhalt verdeutlichen mag.

Exkurs: Zur Problematik der Identifikation frühchristlicher Relikte

Dass es sich bei den bisher vorgestellten methodischen Schwierigkeiten nicht um ein spezifisches Problem der Samaritanerforschung handelt, wird klar, wenn man sich die Frage der Identifizierbarkeit frühchristlicher Objekte und Befunde vergegenwärtigt. Auch im frühesten Christentum vollzieht sich die Etablierung einer zumindest in einzelnen prominenten Elementen wahrnehmbaren materiellen Kultur spürbar spät und bleibt dann nur auf bestimmte mit der Religion zusammenhängende Bereiche beschränkt. Offensichtlich sind diese Objekte aber nur der Ausdruck einer bereits seit längerer Zeit im Gang befindlichen und im Laufe der Zeit wachsenden Eigenentwicklung des Christentums im Kontext jüdischer und heidnischer Umwelt. Auch hier schlugen sich wie im Fall des Samaritanismus der neutestamentlichen Zeit religiöse Unterschiede nicht sofort und direkt in archäologisch feststellbaren Befunden nieder.

Welchen Stellenwert haben die Unterschiede? Der Blick auf ein zentrales Motiv mag hier hilfreich sein. Obwohl das frühe Christentum religiös und literarisch als Gruppe wachsender Eigenständigkeit (freilich innerhalb gewisser mit der Umwelt gemeinsamer Parameter) bereits seit der zweiten Hälfte des 1. Jahrhundert n. Chr. wahrnehmbar ist, existieren keinerlei dieser Gruppe eindeutig zuweisbare archäologische Objekte aus der Zeit vor ca. 200 nach Christus.[44] Alle gegenteiligen Versuche haben sich als undurchführbar erwiesen („Herculaneum-Kreuz"; „Judenchristliche Sarkophage" in Jerusa-

---

[43] In byzantinischer Zeit ist dies bei Mosaikwerkstätten nachweislich der Fall.

[44] Abgesehen von Fragmenten neutestamentlicher Texte. Den Konsens der Christlichen Archäologie formuliert EFFENBERGER (1986) 11: „Nach unserem heutigen Wissen, das auf archäologischen Zeugnissen und antiken Schriftquellen beruht, gab es vor dem 3. Jahrhundert keine christliche Kunst. Weder bestanden monumentale Kirchengebäude, noch wurden gemalte oder plastische Bildwerke christlichen Inhalts von Christen hergestellt und verwendet". Zu den vorkonstantinischen christlichen Relikten vgl. SYNDER (1985).

lem)[45]. Besonders vielsagend ist dies im Hinblick auf das theologisch zentrale und daher eindeutig christliche Motiv des Kreuzes als Erinnerungssymbol für das Ereignis und die Heilsbedeutung des Kreuzestodes Jesu. Hier begegnen erste eindeutige archäologische Belege erst in der Zeit nach der konstantinischen Wende. Sicherlich waren eine Reihe unterschiedlichster Gründe für diese Zurückhaltung verantwortlich (u.a. die Abscheu gegenüber der Kreuzesstrafe in der gesamten Antike), denen wir hier im Einzelnen nicht nachgehen müssen, doch hielt dies Christen nicht davon ab, etwa in der Literatur die Kreuzigung Jesu intensiv zu behandeln. Doch bedeutet dies nicht, dass die zentrale Heilsbedeutung Jesu nicht auch auf anderem Wege künstlerisch ausgedrückt worden ist, wie etwa in den berühmten Darstellungen Jesu als Wundertäter oder Lehrer auf Sarkophagen oder Katakombenmalereien des 3. Jahrhunderts. Doch auch diese Darstellungen bringen uns nicht in die Zeit vor etwa 200 zurück. Die „Lücke" bleibt.

Während man das vergleichsweise späte Entstehen frühchristlicher Kunst mit theologischen Vorbehalten oder dem Fehlen sozialgeschichtlicher und politischer Voraussetzungen erklären kann, greifen solche Modelle nicht mehr im Bereich alltäglicher Lebensbewältigung wie der Notwendigkeit, eine Form der Bestattung Verstorbener zu finden oder den Raum zu gestalten, in dem man sich zum Gemeinschaftsmahl trifft. All dies beinhaltet, „künstlerisch" und handwerklich gestaltend tätig zu werden. Doch auch in diesem Bereich existieren keine Relikte, die einwandfrei christliche Merkmale tragen. Kaum denkbar ist, dass sich (wie zuweilen zu lesen ist) Christen angesichts glühender Naherwartung während des 1. Jahrhunderts (noch) nicht um die Gestaltung der Lebenswelt gekümmert hätten und deswegen keine als christlich identifizierbaren Objekte existieren können. Wer sich so weit in der „Welt" einzurichten bereit ist, dass er sich um die Gestaltung der Gemeindeorganisation („Ämterfrage") sorgt, dürfte sich nicht den materiellen Dimensionen des Lebens entzogen haben, hat also ebenso Schmuck ausgewählt und getragen, als Töpfer Lampen oder Geschirr hergestellt, als Hauseigentümer seine Zimmer verziert und als Weber Muster entworfen und Stoffe

---

[45] Als einzige Ausnahme könnte man das sog. Petrus-Grab unter der Peterskirche in Rom ansehen, doch ist dessen christlicher Charakter allein durch die Wirkungsgeschichte gedeckt, nicht jedoch durch dessen Aussehen. Ich werde diese Frage im Zusammenhang meiner Habilitationsschrift zu Tod und Bestattung im Frühen Christentum erörtern.

produziert. Die Frage kann also nicht sein, ob Christen an der materiellen Kultur partizipiert haben, sondern nur, ob wir derartige Objekte des alltäglichen Lebens als zu einer bestimmten Zeit von Christen verwendet *erkennen* können. Beides ist, um nicht zu unhaltbaren Ansichten zu kommen, methodisch sauber auseinanderzuhalten!

Voraussetzung für eine gruppenspezifische Identifizierbarkeit eines Reliktes durch archäologische Methoden ist also eine gewisse „Ver-Objektivierung" religiöser Inhalte. Dies ist offensichtlich nicht schon mit dem ersten Auftreten der devianten Gruppe gegeben, sondern stellt einen eigenen Schritt in der Entwicklung dar und führt zur grundsätzlicheren Frage, ab welchem Zeitpunkt deviante Gruppen im engeren Sinn „kulturbildend" werden und welche Faktoren dabei eine Rolle spielen. Die Beantwortung dieser Frage sprengt freilich den hier gesteckten Rahmen, es genügt festzuhalten, dass sich die wachsende theologische und soziale Eigenständigkeit frühchristlicher Gemeinden erst nach etwa 150 Jahren Ausbreitung und Formung in auch archäologisch greifbaren Dingen widergespiegelt hat. Der Vergleich zwischen frühem Christentum und Samaritanern legt somit nahe, dass sich religiöse „Eigenständigkeit" offensichtlich nicht in erster Linie durch künstlerische Originalität (spezifische Objekte etc.) äußert, sondern vielleicht zunächst in der Art und Weise zum Tragen kommt, welche praktische Funktion und welche inhaltliche Bedeutung man vorhandenen Objekten im Rahmen der sich neu entwickelnden und sich von Gegebenem entfernenden symbolischen Welt zu geben bereit ist. Da dies offensichtlich über eine lange Zeit geschehen kann, *ohne* dass die betreffenden Dinge spezifische Gestaltungsmerkmale erhalten (etwa Kreuze auf Lampen), ist die Stufe der Aneignung durch Einordnung (oder Ablehnung) für uns archäologisch nur äußerst schwierig greifbar. Denn wie anders könnte ich *feststellen*, dass etwa eine Diskuslampe des 2. Jahrhunderts einem christlichen Kontext entstammt (z.B. bei einem Gottesdienst angezündet wurde), wenn ich nicht zusammen mit ihr *eindeutig* als christlich identifizierbare Objekte gefunden habe?

Sieht man sich konkrete Fundkomplexe an, dann zeigt sich, dass in der Regel nur wenige deutlich identifizierbare Objekte im Zusammenhang mit einer in der Regel weit überwiegenden Anzahl nicht gruppenspezifischer Gegenstände gefunden werden. Dies beweist, dass die betreffende Gruppe (meist zu einem weit dominierenden Teil) an der materiellen Kultur der Umwelt partizipiert hat (und das auch tut, wenn wir keine gruppenspezifischen Relikte gefunden haben und wir daher das Fundrepertoire nicht einer spezifischen Gruppe zuweisen können). So bedienen sich z.B. frühe Christen selbstverständlich auch nach dem Aufkommen gruppenspezifischer Elemente weiterhin des ikonographischen und materiellen Repertoires der jüdischen und paganen Umwelt. Genau dies war zweifellos auch bei Samaritanern der Fall. Ähnlich wie bei der Diskussion der Valenz des sog. „Kriteriums der Unableitbarkeit" in der Jesusforschung ist also auch im Bereich der Archäologie vor den bekannten methodischen Engführungen zu warnen!

Aus dem Gesagten ergibt sich die Konsequenz: Als einer bestimmten Teilgruppe eindeutig zugehörig kann ein Objekt nur dann gelten, wenn es sich vom Formen- oder Objektrepertoire anderer Gruppen *unterscheidet* (also wenn die Diskuslampe ein Kreuz trägt). Doch ist dies allein nicht genug. Das ein Objekt formal von anderen unterscheidende Merkmal muss, um überhaupt als für eine bestimmte Gruppe *repräsentativ* gelten zu können, sich zugleich innerhalb dessen, was wir aus Texten über das *besondere* geistige Profil der infragekommenden Gruppe wissen, einordnen und erklären lassen (so muss z.B. das Kreuzeszeichen als tragendes Symbol allein der frühen Christen erwiesen werden). Alles aber, was entweder dem formalen „Kriterium der Unterschiedlichkeit" *oder* dem inhaltlichen „Kriterium der Kohärenz" (oder beidem) nicht genügt, kann nicht als Relikt einer *bestimmten* Gruppe interpretiert, sondern muss als der übergreifenden Gesamtgruppe zugehörig betrachtet werden. Der letzte Punkt freilich ist entscheidend: er bindet alle spezifischen Gruppen, ob frühe Christen oder Samaritaner, ein in den Kontext des antiken Judentums und zeigt, dass ihre Eigenartigkeit in der Abwandlung eines oder mehrerer innerhalb dieses weiten jüdischen Kontextes vorhandenen Motive besteht.

Samaritanische Archäologie als Teilaspekt der Archäologie des Judentums im 1. Jahrhundert

Oben haben wir gesagt: Erst, wenn wir wissen, welcher Gruppe wir mit welchen Gründen welche Funde zuweisen können, können wir daran gehen, eine Topographie der Religionen Samariens zu erstellen und das Zusammenleben der Gruppen unabhängig von den oft ideologisch überfärbten Texten nachzuzeichnen. Tatsache ist: Die Samaritaner sind trotz aller theologischen Differenzen zuallererst als *eine* Gruppe innerhalb der „many Judaisms" (Jacob Neusner) der Zeit des 2. Tempels zu verstehen. Insofern wird die Erforschung der frühen samaritanischen Kunst noch stärker zum Teilproblem der Erforschung der Kunst, Architektur und Kultur des verschiedenen Gruppen des Judentums des 2. Tempels. Voraussetzung für die Bearbeitung dieser Problematik wäre freilich, dass es tatsächlich Befunde gibt, die sich *eindeutig* und *ausschließlich* einer bestimmten Gruppe zuweisen lassen. Dies ist jedoch nicht in ausreichender Deutlichkeit der Fall. Ich habe den Eindruck, dass hier oft mehr behauptet als wirklich gewusst wird: Sind etwa Ganzkörperbestattungen mit Nord-Süd-Ausrichtung wirklich ein Identifikationsmerkmal für „Qumran-essener" oder können Ossuare bzw. Steingefäße tatsächlich als „Leitfossil" für Pharisäer dienen?[46] Was ist mit den übrigen Funden wie Miqwaot oder der Darstellung der Menora? Wo ist die Grenze zwischen gruppenspezifischen Relikten und dem, was man dem Motivschatz zuweisen könnte, der allen Juden gemeinsam ist?[47] Welche Rolle spielen bestimmte regionale Tendenzen und Traditionen in der materiellen Kultur Palästinas? Lässt sich nicht manches besser als regionale denn als religiöse Besonderheit einer bestimmten Gruppe erklären?[48]

These 3 lautet daher:

Bis zum Beweis des Gegenteils ist davon auszugehen, dass halachische Unterschiede zwischen den einzelnen Gruppen nicht so groß waren, dass sie die allgemeine materielle Kultur spürbar beeinflusst hätten.[49]

Halten wir fest: Die Identifizierbarkeit samaritanischer Objekte nimmt im erst im Lauf der Zeit zu, erreicht ihren Höhepunkt im 5./6. Jh.[50] und geht Hand in Hand mit wachsender theologischer

---

[46] Vor allem in bezug auf den angeblich essenischen Friedhof von Qumran ist die Diskussion wieder in Bewegung geraten, dazu ZANGENBERG (1999). Die Steingefäße hat besonders DEINES (1993) mit pharisäischer Frömmigkeit in Beziehung gebracht. Ob Ossuare mit dem Aufkommen der Hoffnung auf individuelle Auferstehung zu verbinden sind, halte ich letztlich für nicht bewiesen, worauf ich in meiner Habilitationsschrift näher eingehen werde.

[47] Danach fragt zu Recht auch RUTGERS (1998) 194f.

[48] Darauf weist zu Recht Wolfgang Zwickel hin (brieflich).

[49] Insofern wäre SANDERS (1992) um ein Kapitel zur Archäologie zu ergänzen bzw. seine Ergebnisse am archäologischen Befund zu überprüfen.

[50] Auch hier geht es nur um bestimmte Akzente inmitten einer ganzen Bandbreite von Möglichkeiten. So verzichten samaritanische Mosaiken auf Tier-

Eigenständigkeit. In neutestamentlicher Zeit ist die Erkennbarkeit samaritanischer Relikte weitaus geringer. Ein auch für die Frühzeit taugliches Kriterium der Identifikation samaritanischer Funde und Befunde ist die Erwähnung des Garizim, doch ist auch dieses Kriterium kritisch einzusetzen. Wo keine eindeutigen Merkmale vorliegen (und dies wird in neutestamentlicher Zeit an den weitaus meisten Orten der Fall sein), aufgrund der oben dargelegten Schwierigkeiten im Zusammenhang mit einem textorientierten oder einem rein der historischen Geographie verpflichteten Ansatz auf einen Entscheid *verzichtet* werden. Somit ist der „Archäologie der Regionen" (derzeit noch?) einer „Archäologie der Gruppen" der Vorrang zu geben. Denn letztlich ist Leah DiSegni der Tendenz nach Recht zu geben, wenn sie schreibt: „we have as yet no clear-cut criteria to define what constitutes Samaritan culture"[51].

Die zu erstellende „Topographie religiöser Gruppen" wird also vermutlich mehr weiße Flecken aufweisen als wünschenswert ist. Dafür wird aber unser Bild des Judentums des ausgehenden Zweiten Tempels umso bunter.

Benutzte Literatur

ALKIER, Stefan / BRUCKER, Ralph [Hrsg,] (1998):
> *Exegese und Methodendiskussion* (TANZ 23), Tübingen: Francke 1998.
BREYTENBACH, Cilliers (1997):
> *Zeus und Jupiter auf dem Zion und dem Berg Garizim.* Die Hellenisierung und Romanisierung der Kultstätten des Höchsten, in: JSJ 28 (1997), 369–380.
CAMPBELL, Edward F. (1991):
> *Shechem II.* Portrait of a Hill Country Vale. The Shechem Regional Survey (ASOR Archaeological Reports 2), Atlanta, Ga.: Scholars 1991.

und Menschendarstellungen und bilden besonders gern Kultobjekte und geometrische Muster ab. Doch ist das Bildprogramm der Synagogenmosaiken dem Pentateuch entlehnt, der ja auch für Juden maßgeblich ist. Auch ist noch während des 4. Jahrhundert nach Christus von jüdischem Einfluss in Kunst und Kultus der Samaritaner auszugehen (Miqwaot). Bis weit in byzantinische Zeit verwendeten Samaritaner zudem auch Griechisch in Schrift und Sprache für Dedikations- und Stifterinschriften. Die Verbindung zur umgebenden Kultur ist also auch noch in der Spätzeit deutlich. Dazu neuerdings PUMMER (1998).

[51] DiSEGNI (1998) 53.

COGGINS, Richard J. (1999):
>*Issues in Samaritanism*, in: NEUSNER/PECK (1999) 65–77.

CROWN, Alan D. / PUMMER, Reinhard / TAL, Abraham [Hrsg.] (1993):
>*A Companion to Samaritan Studies*, Tübingen: Mohr 1993.

CROWN, Alan D. / DAVEY, Lucy A. (1995):
>*New Samaritan Studies of the Société d'Études Samaritaines*. FS Guy D. Sixdenier (Studies in Judaica 5), Sydney: Mandelbaum Publ. / University of Sydney 1995.

CROWN, Alan D. (1995):
>*Another Look at Samaritan Origins*, in: CROWN (1995) 133–155.

CROWN, Alan D. [Hrsg.] (1989):
>*The Samaritans*, Tübingen: Mohr 1989.

DAR, Shimon (1986):
>*Landscape and Pattern*. An Archaeological Survey of Samaria 800 B.C.E. – 636 C.E. (BAR international series 308), Oxford: BAR 1986.

DAR, Shimon (1995):
>*Additional Archaeological Evidence of the Samaritan Rebellions in the Byzantine Period*, in: CROWN (1995) 157–168.

DEINES, Roland (1993):
>*Jüdische Steingefäße und pharisäische Frömmigkeit*. Ein archäologisch-historischer Beitrag zum Verständnis von Joh 2,6 und der jüdischen Reinheitshalacha zur Zeit Jesu (WUNT 52), Tübingen: Mohr 1993.

DEXINGER, Ferdinand / PUMMER, Reinhard [Hrsg.] (1992):
>*Die Samaritaner* (WdF 604), Darmstadt: Wissenschaftliche Buchgesellschaft 1992.

DEXINGER, Ferdinand (1992):
>*Der Ursprung der Samaritaner im Spiegel der frühen Quellen*, in: DEXINGER/PUMMER (1992) 67–140.

DISEGNI, Leah (1998):
>*The Samaritans in Roman-Byzantine Palestine*. Some Misapprehensions, in: LAPIN (1998) 51–66.

EDWARDS, Douglas R. / MCCOLLOUGH, C. Thomas. [Hrsg.] (1997):
>*Archaeology and the Galilee*. Texts and Contexts in the Graeco-Roman and Byzantine Periods (South Florida Studies in the History of Judaism 143), Atlanta, Ga.: Scholars Press 1997.

EFFENBERGER, Arne (1986):
>*Frühchristliche Kunst und Kultur*. Von den Anfängen bis zum 7. Jahrhundert, Leipzig: Koehler & Amelang 1986.

EGGER, Rita (1986):
>*Josephus Flavius und die Samaritaner*. Eine terminologische Untersuchung zur Identitätsklärung der Samaritaner (NTOA 4), Freiburg (Schweiz): Universitäts-Verlag 1986.

GROH, Dennis (1997):
>*The Clash Between Literary and Archaeological Models of Provincial Palestine*, in: EDWARDS/MCCOLLOUGH (1997) 29–37.

HALPERN, Baruch u.a. [Hrsg.] (1981):
> *Traditions in Transformation.* Turning Points in Biblical Faith (FS Frank Moore Cross), Winona Lake, Ind.: Eisenbrauns 1981.

HÜTTENMEISTER, Frowald / REEG, Gottfried (1977):
> *Die antiken Synagogen in Israel.* Teil 2: Die samaritanischen Synagogen (B.TAVO B 12/2), Wiesbaden: Reichert 1977.

ISAAC, Benjamin (1983):
> *A Donation for Herod's Temple in Jerusalem,* in: IEJ 33 (1983), 86–92.

KOCHAVI, Moshe [Hrsg.] (1972):
> *Judaea, Samaria and the Golan.* Archaeological Survey 1967–1968, Jerusalem 1972 .

LAPIN, Hayim [Hrsg.] (1998):
> *Religious and Ethnic Communities in Later Roman Palestine* (Studies and Texts in Jewish History and Culture 5), Bethesda, Md.: University Press of Maryland 1998.

LEITH, Mary J. W. (1997):
> *Wadi Daliyeh I.* The Wadi Daliyeh Seal Impressions (DJD 24), Oxford: Clarendon 1997.

LEVINE, Lee I. [Hrsg.] (1992):
> *The Galilee in Late Antiquity,* Cambridge, Mass.: Harvard University Press 1992.

MAGEN, Yitzhak / NAVEH, Joseph (1997):
> *Aramaic and Hebrew Inscriptions of the Second-Century BCE at Mount Gerizim,* in: Atiqot 32 (1997), 9–17.

MAYER, Bernhard (2000):
> *Jericho und Qumran.* Zum Umfeld der Bibel (Eichstätter Studien), Regensburg: Pustet 2000 (im Druck).

MESHORER, Ya'akov / QEDAR, Shraga (1991):
> *The Coinage of Samaria in the Fourth Century B.C.E.,* Los Angeles, Calif.: Numismatic Fine Arts Int. 1991.

NEUSNER, Jacob / PECK, A. J. Avery [Hrsg.] (1999):
> *Judaism in Late Antiquity,* Part III: Where We Stand. Issues and Debates in Ancient Judaism, vol. I (HdOr I/40,3–1), Leiden: Brill 1999.

PILHOFER, Peter / WITULSKI, Thomas (1998):
> *Archäologie und Neues Testament.* Von der Palästinawissenschaft zur lokalgeschichtlichen Methode, in: ALKIER/BRUCKER (1998) 237–255.

PUMMER, Reinhard (1987):
> *ἈΡΓΑΡΙΖΙΝ. A Criterion for Samaritan Provenance,* in: JSJ 18 (1987), 18–25.

PUMMER, Reinhard (1989):
> *Samaritan Material Remains and Archaeology,* in: CROWN (1989) 135–177.

PUMMER, Reinhard (1992):
>Einführung in den Stand der Samaritanerforschung*, in: DEXINGER/
PUMMER (1992) 1–66.
PUMMER, Reinhard (1998):
>How to Tell a Samaritan Synagogue from a Jewish One*, in: BAR
24/3 (1998), 24–35 [http://www.bib-arch.org/pummer.html].
PURVIS, James D. (1981):
>The Samaritan Problem*. A Case Study in Jewish Sectarianism in the
Roman Era, in: HALPERN (1981) 320–350.
RAPPAPORT, Uriel (1995):
>The Samaritans in the Hellenistic Period*, in: Crown (1995)
281–288.
RUTGERS, Leonhard V. (1998):
>Some Reflections on the Archaeological Finds from the Domestic
Quarter on the Acropolis of Sepphoris*, in: LAPIN (1998) 179–195.
SALDARINI, Anthony J. (1998):
>The Social World of Christian Jews and Jewish Christians*, in: LAPIN
(1998) 115–154.
SANDERS, Ed P. (1992):
>Judaism*. Practice and Belief 63 BCE – 66 CE, London: SCM Press
1992.
SNYDER, Graydon F. (1985):
>Ante Pacem*. Archaeological Evidence of Church Life Before
Constantine, Macon, Ga.: Mercer 1985.
STERN, Ephraim / LEWINSON-GILBOA, Ayelet / AVIRAM, Joseph [Hrsg.] (1993):
>The New Encyclopedia of archeological excavations in the Holy
Land*, Jerusalem: Israel Exploration Society 1993 [= NEAEHL].
STRANGE, James F. (1997):
>First Century Galilee from Archaeology*, in: EDWARDS/
MCCOLLOUGH (1997) 39–48.
SUSSMAN, Varda (1978):
>Samaritan Lamps of the Third-Fourth Centuries A.D.*, in: IEJ 28
(1978), 238–250.
SUSSMAN, Varda (1983):
>The Samaritan Oil Lamps from Apollonia-Arsuf*, in: Tel Aviv 10
(1983), 71–96.
TALMON, Shemayahu (1997):
>A Masada Fragment of Samaritan Origin*, in: IEJ 47 (1997),
220–232.
WEISS, Zeev / NETZER, Ehud (1996):
>Promise and Redemption*. A Synagogue Mosaic from Sepphoris,
Jerusalem 1996.
WHITE, L. Michael (1987):
>The Delos Synagogue Revisited*. Recent Fieldwork in the Graeco-
Roman Diaspora, in: HThR 80 (1987), 133–160.

ZANGENBERG, Jürgen (1994):

SAMAREIA. Antike Quellen zur Geschichte und Kultur der Samaritaner in deutscher Übersetzung (TANZ 15), Tübingen: Francke 1994.

ZANGENBERG, Jürgen (1998):

Frühes Christentum in Samarien. Topographische und traditionsgeschichtliche Studien zu den Samarientexten im Johannesevangelium (TANZ 27), Tübingen: Francke 1998.

ZANGENBERG, Jürgen (1998a):

Wildnis unter Palmen? Qumran im regionalen Kontext des Toten Meeres, im Druck für: Kapera, Zdzislaw Jan [Hrsg.]: Mogilany 1998. Papers on the Dead Sea Scrolls and the Bible in Honour of Otto Betz, Krakau.

ZANGENBERG, Jürgen (1999):

The Final Farewell. A Necessary Paradigm Shift in the Interpretation of the Qumran Cemetery, in: QC 8/3 (1999), 213–218.

ZANGENBERG, Jürgen (2000):

Wildnis unter Palmen? Chirbet Qumran im regionalen Kontext des Toten Meeres, in: Mayer (2000).

ZANGENBERG, Jürgen (2000a):

Garizim – „Berg des Segens". Stadt und Heiligtum der Samaritaner aus hellenistischer Zeit, im Druck für: Antike Welt 31 (1999).

Zangenberg, Jürgen
Dr. theol., geboren 1964, 1995 Promotion zum Dr.theol. in Heidelberg bei Prof. Klaus Berger, 1995–1998 Vikariat in Nürnberg, danach Ernennung zum Pfarrer z.A., seit November 1997 Wissenschaftlicher Assistent am Lehrstuhl für Neues Testament und Alte Kirche (Prof. Dr. K. Erlemann) an der Bergischen Universität Wuppertal.

Dissertation:
▸ *Frühes Christentum in Samarien.* Topographische und traditionsgeschichtliche Studien zu den Samarientexten im Johannesevangelium (TANZ 27), Tübingen / Basel: Francke 1998.
  [ISBN 3-7720-1878-5]

Forschungsschwerpunkte:
▸ Vorbereitung der Habilitationsschrift zum Thema „Individuelle Eschatologie. Zum Umgang mit Tod und Trauer im frühesten Christentum"
▸ Antikes Judentum und Samaritaner
▸ Mitarbeit an archäologischen Ausgrabungen in Jordanien und Israel, besonders in Sepphoris und Tell Kinneret in Galiläa

Online unter: *http://purl.org/bibfor/archiv/99-1.zangenberg.htm*

Tina
Shepardson

Stones and Stories
Reconstructing the Christianization of the Golan

In a 1985 article Zvi Uri Ma'oz claimed that there was "a distinct dividing line between Jewish and Christian territories" in the ancient Golan.[1] Until recently the ancient Golan has received little attention in modern scholarship, and what archaeological work has been done in the area has, like Ma'oz's work, largely been a search for the history of Jewish occupation of the land.[2] This has left the history of Christianity in the Golan all but unexplored for pre-Islamic times. Ancient sources, too do not tell us much about the history and the people of the Golan. Since the only large towns in the region were geographically on the periphery of the territory, we have little direct information about the religious and political affiliations of the Golan's ancient village inhabitants. By supplementing scattered literary sources with modern archaeological evidence,[3] we can begin to reconstruct the development of Christianity in the Golan. While the earliest evidence is sparse and primarily limited to literary references, the amount of extant archaeological evidence increases dramatically for the fifth and sixth centuries. Surveying the literary and archaeological data will reveal that extant evidence for Christianity in the Golan first survives in the northern region of Baniâs and the southwestern district of Hippos, and then in the eastern village of Ramsâniyye. Supplementing this evidence with the political history of the area and a history of the neighboring Arab tribes will suggest that

---

[1] MA'OZ (1985) 65.

[2] See, for example, URMAN (1995); DAUPHIN (1982) 129–142; DAUPHIN/ SCHONFIELD (1983) 189–206; DAUPHIN/GIBSON (1992/1993) 7–31; HACHLILI (1995); MA'OZ (1985). Other recent works on the Golan that provided some useful information for this project are MEYERS (1988) 69–79; OVADIAH (1970); and the in-depth study by URMAN (1985).

[3] This project is aided tremendously by the recent collection and publication of much of this material in the book that provided the inspiration for this current paper: GREGG/URMAN (1996).

Christianity first permeated the northern Golan through Syria and the southwestern Golan through Palestine, and that its appearance in the eastern Golan may reflect the influence of Christian Arab tribes to the east. Thus, this reconstruction suggests that the Golan may have served as a point of intersection for three different fronts of Christian expansion in the fourth through sixth centuries. This paper will use the historical, literary, and archaeological data available in an attempt to reconstruct the complex process of the Christianization of the ancient Golan.

Political History of the Golan

The apparent distinctions in the ecclesiastical histories of Baniâs, Hippos, and the eastern Golan can best be understood through a brief survey of the earlier political history of the region. The Golan is the area east of the Jordan River and the Sea of Galilee, west of the Wâdî er-Ruqqâd, north of the Yarmûk River, and including Baniâs (Caesarea Philippi) on its northern border. While the earliest evidence of human habitation in the Golan dates to the Upper Paleolithic period,[4] the Hellenistic, Roman, and Byzantine history is most relevant to the discussion at hand. Under Ptolemaic rule, the ancient Persian region of Karnaim was divided into smaller districts, one of which was Gaulanitis.[5] This did not include the city district of Hippos in the south, or of Baniâs in the north. When the Seleucids later gained control of the area, they combined Ptolemaic hyparchies into larger eparchies, which placed both Gaulanitis and the Hippos district in Galaaditis, while Baniâs remained in the northern eparchy of Phoenicia.

In the first century B.C.E., under Hasmonean rule, Alexander Jannaeus and his army gained control of ancient Gaulanitis,[6] an area which extended far north and south of the Golan. When the Roman army, under the leadership of Pompey, captured Jerusalem in 64 B.C.E., however, Pompey divided the Hasmonean territory and granted the area of the Golan, not including the southern area

---

[4] MA'OZ (1997) 418.

[5] AVI-YONAH (1966) 40. All of the information about political borders and the history of the political rulers of the Golan, unless otherwise noted, is from Avi-Yonah. His maps were particularly helpful for this project.

[6] JOSEPHUS, Antiquities XIII.13.3.

around Hippos, to the Itureans. Both archaeological and literary evidence suggest that in the process of capturing Judea the Roman army largely destroyed earlier settlements in the Golan.[7] Hippos, on the other hand, joined other nearby Greek cities to form the Decapolis. Because of this split, Hippos and its surrounding area in the southwestern region of the Golan experienced a slightly different political and cultural history than the rest of the Golan. Culturally and politically, Hippos belonged with the Greek city districts south of it, while the rest of the Golan looked north and east to its Iturean rule.

In 40 B.C.E. Herod was granted control of Palestine. In 23 B.C.E., the Roman Emperor Augustus also gave Herod control over the territory to the east of Gaulanitis,[8] including the southern region of Hippos. Three years later Herod also received Gaulanitis itself.[9] Upon Herod's death in 4 B.C.E., Archelaus, Herod Antipas, Herod Philippus, and Salome, inherited Herod's territory. Herod Philippus became the ruler over Gaulanitis as well as the regions to the east of the Golan, while the city district of Hippos became part of the province of Syria. Under Herod Philippus, then, the central Golan was again grouped politically with territory to its east.

For a brief time after Herod Philippus' death, Syria took control of Philippus' territory. The Emperor Caligula, however, after his accession in 37 C.E., gave Agrippa control over the territory that had belonged to Philippus (including the central Golan but not the district of Hippos).[10] Agrippa II inherited this land in 48 C.E., but left no heirs himself. Upon Agrippa II's death his lands "were divided between the Roman provinces of Judaea and Syria."[11] Most of Gaulanitis became part of Judea, but the northern area around Baniâs became part of Syria. This separation of the central Golan, which was connected with the land to its east, from Baniâs, which was attached to the area to its north, and Hippos, which was joined with the region to its south, continued through the next centuries.[12] It is

---

[7] See MA'OZ (1997) 421 and AVI-YONAH (1966) 79.

[8] JOSEPHUS, Antiquities XV.10.1.

[9] JOSEPHUS, Antiquities XV.10.3.

[10] JOSEPHUS, Antiquities XVIII.6.10.

[11] AVI-YONAH (1966) 107.

[12] Diocletian redefined the province of Palestine, dividing it in 358 C.E. into two sections, one of which was later divided further, leaving Palestinae Prima, Secunda, and Tertia. Palestina Secunda, the capitol of which was Scythopolis,

impossible, of course, to draw sharp boundaries between areas of cultural influence. Nonetheless, based on the political history of the area, it is not surprising that the Bishop of Baniâs was later under the northern Patriarch of Antioch,[13] that Hippos was influenced by the area to its south and west, and that the central and eastern Golan retained a cultural connection with the land to its east, land with which it had been politically bound for centuries.

Early Arab Tribes

The Arab tribes living in and near the Golan in the fourth through sixth centuries also appear to have influenced this process of Christianization. Several nomadic Arab tribes that had migrated north from the Arabian Peninsula either settled in or wandered about the regions south and east of Roman Palestine. In 106 C.E. Trajan annexed the land belonging to the Nabateans and created out of their territory the Roman Province of Arabia to the east of Palestine. This new province served as a buffer zone between the Roman and Persian empires, and by the fifth century both of these empires had begun to employ Arab tribes on their borders as military patrol forces.[14] It is not always possible to trace the precise locations of these nomadic and semi-nomadic tribes, or to determine if and when these tribes became Christian, and what form of Christianity they practiced. Nonetheless, there is literary evidence about the conversion of some Arab tribes that scholars such as Shahîd believe lived near the Golan in the fourth through sixth centuries, namely the Tanûkhids, the Salîhids, and the Ghassânids.

By the fourth century C.E., the Tanûkhids had gained supremacy among the Arab tribes east of the Golan, and they served as the main patrol troops there for the Roman Empire.[15] Shahîd believes that the Tanûkhids lived just east of the Golan, and that they could have at times traveled into Gaulanitis itself.[16] Although the Salîhids did not gain significant power in the area until the following century, they

contained both the Clima Gaulanes (no longer the larger area of Gaulanitis) and the Decapolis (including Hippos), while Baniâs remained in the northern province of Phoenicia.

[13] GREGG/URMAN (1996) 280.
[14] SHAHÎD (1984) xvi.
[15] SHAHÎD (1984) 27.
[16] SHAHÎD (1984) 145.

too lived east of the Golan at this time.[17] Both the Tanûkhids and the Salîhids were therefore in a geographical position to influence the eastern Golan culturally in the fourth and fifth centuries.

In his ecclesiastical history, the fifth-century church historian Sozomen recorded the story of a certain Arab tribe's early interaction with Christianity.[18] Both Trimingham and Shahîd agree that the story is about the Tanûkhids.[19] Sozomen noted that in 375 C.E. the king of the Arab tribe died, leaving his wife, Queen Mavia in control.[20] Upon the death of Mavia's husband, the tribe's contract with the Roman Empire dissolved. Although it appears that Mavia easily could have renewed the contract, she did not and instead began raiding the Byzantine Empire. Shahîd suggests that it was under Queen Mavia's rule that the Tanûkhid tribe moved as far west as Gaulanitis. We do not know with any certainty the reason for Mavia's discontent with the Empire, but Shahîd speculates that the reasons were religious.[21] Sozomen records that Mavia refused to negotiate about military matters with the Emperor Valens unless Moses, an "orthodox" (non-Arian) holy man living in the desert near her people, was consecrated as bishop for her people. The Arian Valens agreed that Moses could be consecrated as a bishop, but assigned Lucius, the Arian bishop of Alexandria, to perform the ceremony. Moses refused to adhere to the Arian doctrine. Forced by Mavia's demands and Moses' obstinacy, Lucius sent Moses to the Nicene bishops who had been exiled by Arian authorities. Finally consecrated as a Nicene bishop, Moses became the bishop for Mavia and her people, who once again became subject to Byzantine authority.

Sozomen also records a story of the Salîhids' adoption of Christianity during Valens' reign after a miraculous birth to the wife of the Salîhids' leader, Zocomus.[22] The Salîhids, living mainly east of the Golan and west of the Tanûkhids, gained control over the other Arab tribes in the area by the end of the fourth century. By the fifth cen-

---

[17] SHAHÎD (1989) 321–322.

[18] SOZOMEN H.E. VI.38. Socrates, Theodoret, and Rufinus, other fifth-century church historians, also record pieces of the conversion story, but Sozomen's story is the most complete. Ammianus Marcellinus and Zosimus also refer to, without naming, the Tanûkhids in this century.

[19] TRIMINGHAM (1979) 96; SHAHÎD (1984) 141.

[20] All the details of Mavia's story are from SOZOMEN H.E. VI.38.

[21] SHAHÎD (1984) 143.

[22] SOZOMEN H.E. VI.38.

tury they replaced the Tanûkhids as the primary Roman Arab military force in the area.[23] According to Sozomen, Zocomus, the leader of the Salîhids in the early fourth century, did not have any children and went to a monk who promised him the miracle of a son. After the birth of the promised son, Zocomus and all his tribe were baptized into the Christian faith. An additional story of the conversion of an Arab tribe to Christianity is the story recorded in Cyril of Scythopolis of the conversion of Aspebet, and the creation of the Christian "Encampments" of Arabs in the desert near Jericho.[24] This last is supported by the attendance of the Bishop of the Encampments at fifth-century councils.[25] These stories demonstrate the early tradition that by the fourth and fifth centuries the dominant Arab tribes on the eastern border of Palestine had become Christian. Even if these records of Arab conversions actually reflect a Christianity imposed by Rome as a condition for a political treaty, as Maurice Sartre suggests, rather than a Christianity freely chosen by the Arab tribes, the tradition of the Arabs' Christianization during this period remains.[26]

Monophysite Ghassânids

While the Arab conversions related in Sozomen pre-date the monophysite controversy, this intra-Christian struggle is integral to the stories surrounding the Ghassânids, the Arab tribe that rose to power east of the Golan in the late fifth and early sixth centuries. Monophysitism was the main focus of the Council of Chalcedon in 451, where bishops from around the empire gathered to discuss whether Christ's human and divine attributes constituted one or two natures. Despite the similarity to the recently rejected views of

---

[23] SHAHÎD (1984) 22.

[24] CYRIL of Scythopolis, *Life of Saint Euthymius.*

[25] See, for example, the lists in BAGATTI (1971) 94. The many references to bishops in various cities in the Roman province of Arabia, beginning in the early fourth century, also provide evidence for the gradual Christianization of the Arabs to the east of the Golan. See, for example, the discussion in DEVRÉESSE (1942). The recent work of Frank Trombley also suggests that the more sedentary (and urban) Arabs in Arabia became Christian largely during the fourth century, while the more rural and nomadic tribes did not adopt Christianity until later [TROMBLEY (1993) 316–320]. This further supports the hypothesis that the more populated areas of the Golan, such as Hippos and Baniâs, became Christian before the more rural central Golan.

[26] See, for example, SARTRE (1982) 143.

Nestorius, the majority of bishops at the council voted to accept the diphysite doctrine. They labeled the dissenting bishops (most of whom were eastern) "monophysites" and condemned their views as heretical.[27] Despite the outcome of this council, much of the eastern Roman Empire remained monophysite, including Severus, the Patriarch of Antioch who controlled Baniâs in the northern Golan, and also Cassian, the Bishop of Bostra, the capital of Arabia east of the Golan.

W. H. C. Frend concludes that most of the monks living in the Judean desert in the fifth century were also monophysite. These monophysite monks remained safe in their desert cells until the reign of the diphysite Emperor Justin who persecuted monophysite Christians. In 518 Justin expelled the monophysite bishops Cassian and Severus, and in 521 he sent the monophysite desert monks and clergy fleeing further east into the desert. Scholars such as Trimingham connect these monophysite monks with the Arab tribes who were then bordering Palestine and the Judean desert. Trimingham claims that in 521 "large numbers [of monks] were turned out into the desert to share the hospitality of the Arab tents and spread their propaganda."[28]

One of the Arab tribes these monks would have encountered along the eastern border of Palestine, in addition to the Tanûkhids and Salîhids, is the Ghassânids. By the sixth century, the Ghassânids had become the most powerful Arabs in the area.[29] Although early evidence for the history of the Ghassânids is sparse, Trimingham believes that they began heading north from the Arabian peninsula in the second or third century C.E., arriving in the area of Mesopotamia by the middle of the third century.[30] Regardless of the details of their arrival, they clearly moved east toward the Golan, and over time gained power and authority over the other Arab tribes. By the beginning of the sixth century the Ghassânids had become the most powerful Arab tribe in the region, and in 528/529 C.E. Emperor Justinian recognized them as the primary Arab military force in northern Arabia. Justinian even created a new military position by placing the leader of the Ghassânids in control not only of his own tribe but of all the other local tribes as well. At this time, Hârith ibn Jabala was

---

[27] See FREND (1972).
[28] TRIMINGHAM (1979) 85.
[29] SHAHÎD (1995) 3.
[30] TRIMINGHAM (1979) 95.

the ruler of the Ghassânids, so it fell to him to oversee the patrolling of the eastern borders. Although he was primarily responsible for the Province of Arabia, he sometimes also moved into Palestina Secunda.[31]

No record of the Ghassânids' conversion to Christianity survives, but by the sixth century both literary and archaeological sources witness to the fact that the Ghassânids were vocal adherents to the monophysite doctrine.[32] In 541 C.E., Hârith ibn Jabala sent to Empress Theodora requesting an "orthodox" bishop to serve his community.[33] While Emperor Justinian was strictly orthodox (diphysite), his wife Theodora fought staunchly for the monophysite cause. Hence, Hârith's request for an "orthodox" bishop from Theodora actually betrays the adherence to the monophysite doctrine of himself and the Ghassânid tribe. In 542 C.E. Justinian allowed Theodora to grant Harith's request and Theodosius, one of the exiled monophysite bishops, consecrated Jacob Baradeus and Theodore as monophysite bishops for the Arabs. Jacob traveled primarily in Syria, but Theodore went to serve among the Ghassânids in Palestine and Arabia, assuring the perpetuation of monophysite Christianity among the Arabs near the Golan.

Through the Centuries: Sifting the Evidence

Given the above history, it is now possible to survey and interpret the fragments of data specifically from and about the Golan. While not all the available evidence is datable to a precise year, the information that can be dated forms a foundation for reconstructing the history of Christians and Christianity in the Golan in the first six centuries. The evidence that is dated less precisely can then be added to enhance the picture. Doing this one century at a time will give a more accurate view of the process by which Christianity permeated the Golan separately from the north, the southwest, and the east.

---

[31] TRIMINGHAM (1979) 181.
[32] SHAHÎD (1995) 34.
[33] I rely on Trimingham's account of this story [TRIMINGHAM (1979) 166].

The First Three Centuries

What evidence there is for Christianity in the Golan up through the third century is purely literary. The New Testament gospel stories, written by the end of the first century, locate Jesus in several places in the Golan. While this does not attest definitively to Jesus' presence at these sites, these scriptural references themselves influenced later Christian pilgrims to visit these sites. One such reference is the description in the synoptic gospels of Jesus casting demons into a herd of swine.[34] In the version of this story preserved in Mark's gospel, Jesus sailed across the Sea of Galilee to the Golan and cured the demoniac he met on the far shore.[35] Two other sites from the Golan that are named in the New Testament are Bethsaida and Caesarea Philippi (Baniâs).[36] Regardless of their historical accuracy, these New Testament citations of Jesus' activities are the earliest extant Christian references to the Golan.

The next significant Christian reference to the Golan is from Origen. Writing in the middle of the third century, Origen commented that the "Gerasene" demoniac to which the synoptic gospels refer should actually be read as "Gergesene."[37] Origen noted that in order for the swine to have dropped off a cliff into the sea,[38] the town itself must have been near the sea, which Origen presumed to be the Sea of Galilee. Origen, who lived in Caesarea Maritima, further noted that he had visited the village of Gergesa, on the eastern shore of the Sea of Galilee, and that the place of this exorcism had been pointed out to him there. This comment implies that by the middle of the third century Gergesa (el-Kûrsî), on the western edge of the Golan, had at least locally been identified as the site of one of

---

[34] Mk 5:1–13; Mt 8:28–32; Lk 8:26–37.

[35] Mk 5:1.

[36] Although modern scholars do not know with certainty the location of ancient Bethsaida, it appears to have been on the north shore of the Sea of Galilee, near the Jordan River [ARAV (1997)]. If it were to the east of the river, it would have been part of the Golan, making Jesus' alleged visit there in Mk 6:45 another reference to Jesus in the Golan. In addition, Mt 16:13 and Mk 8:27 place Jesus in the districts (τὰς κώμας) of Caesarea Philippi, the city on the northern border of the Golan.

[37] All quotations from ORIGEN in this paper are from his *Commentary on the Gospel of John*, VI.24.

[38] Mk 5:13; Mt 8:32; Lk 8:33.

Jesus' miracles, and that Christians visited the site because of its significance in Christian history.

It is unclear, however, whether el-Kûrsî was a well-known pilgrim site by the third century, or was only celebrated locally at that time. While it is clear that Origen traveled from Caesarea in order to visit the site for its Christian significance, extant journals from pilgrims originating outside Palestine do not mention it.[39] Neither is it certain whether or not there were actually Christians living in the town of el-Kûrsî by the third century.[40] What we can say with confidence is that the site had been recognized as an important Christian location, and that Christians from the local area, such as Origen, visited there in order to see for themselves places where Jesus had been.

From this earliest evidence, we surmise that Christianity first arrived in the Golan along its northern and western borders. That Christianity appears to have arrived at Hippos from the west comes as little surprise since the political history of the region showed that the southern city of Hippos had historically been associated with the other cities of the Decapolis. Unlike Hippos, however, the northern town of Baniâs historically had political ties with the land to its north. Given both Baniâs' previous political connections and its later ecclesiastical connections with Antioch, as discussed below, it seems that Christianity may have arrived in Baniâs from Syria to its north.

The Fourth Century

Moving to the fourth century, we begin to find more concrete evidence of Christians living in the Golan. There are several references in accounts of church councils to the existence of bishops in both Hippos and Baniâs in the fourth century. The Bishop of Baniâs is attested as early as 325 C.E. when he attended the Council of Nicea.[41] The Bishop of Baniâs looked to the Metropolitan of Tyre and the Patriarch of Antioch for his ecclesiastical rule, suggesting that

---

[39] It is noticeably missing, for example, from the fourth-century pilgrim Egeria's *Peregrinatio Egeriae.*

[40] Origen does mention that the location of Jesus' work was pointed out to him, but he does not say by whom. Unfortunately, we can not tell based solely on his account whether the site was pointed out by a guide he brought with him, local non-Christian residents, or local Christians.

[41] For this project, I have used Bagatti's collection of councils, dates, and lists of which bishops attended which councils and which bishops were under which metropolitan's rule [BAGATTI (1971) 94–95].

Christianity may have arrived in Baniâs through Syria to its north. Ancient sources record that by the fourth century the city of Hippos also had a bishop, but under the Metropolitan of Scythopolis (Beth Shean) to its southwest, reinforcing the hypothesis that Christianity arrived in Hippos from that direction. Bishop Peter from Hippos attended both the Council of Antioch and the Council of Seleucia in the middle of the fourth century, as well as two sixth-century synods in Jerusalem. It was also at the end of the fourth century that east of the Golan the Salîhids became Christian, and that Queen Mavia requested and received a non-Arian bishop for the Tanûkhids living east of the Golan.

The fourth century provides the first archaeological evidence for Christianity in the Golan. It does not, however, come from the northern or southern borders of the Golan as we might have expected, given the literary evidence for early episcopal authority in those areas. Rather, the evidence comes from the village Ramsâniyye on the eastern border of the Golan. In his book Gregg catalogues two fourth-century Greek inscriptions from Ramsâniyye that were discovered by Claudine Dauphin.[42] The inscriptions, which are dated by the Seleucid era,[43] appear to be two stones from the same Christian chapel. The first displays inscribed crosses and is from 373 C.E., while the second contains a longer inscription from 376 C.E. that refers to a military official who built the chapel from which the stones came. A third undated stone implies that the chapel was dedicated to St. John the Baptist. There is additional Christian evidence in the village, but it can not be dated as early as the fourth century and will be mentioned in more detail below.

---

[42] Because they have not been published elsewhere, my account of these inscriptions comes from GREGG/URMAN (1996) 191.

[43] It is somewhat surprising that this inscription is dated by the Seleucid era. This is consonant with Avi-Yonah's claim that the Golan continued to date from the Seleucid era even after the neighboring province of Arabia began dating from 106 C.E. [AVI-YONAH (1966) 167]. Nonetheless, the evidence collected in Gregg's book does not always agree with Avi-Yonah's assumption. While other dated inscriptions in Gregg's collection from villages near to Ramsâniyye are not consistently dated by a single era, the majority are dated from the middle of the first century, either B.C.E. or C.E., not from the Seleucid era in the fourth century B.C.E. I am not qualified to discuss this matter in more depth, but the inconsistency is certainly worth noting. In this paper I accept the dating given in GREGG/URMAN (1996).

Although this evidence is fragmentary, it suggests that in the fourth century the area around Baniâs remained the southern extension of Syrian Christianity, that the region near Hippos reflected the eastern border of Palestinian Christianity, and that the data at Ramsâniyye represent the western expansion of Christianity from the province of Arabia. Without more specific information, we can not know with any certainty who first brought Christianity into Ramsâniyye. The most probable candidates, however, are members of the Salîhids and the Ghassânids. As detailed above, the Salîhids at this time were rising in power and lived east of the Golan.[44] While Dauphin mentions only the Ghassânids in connection with the Christianization of the Golan, this evidence suggests that the fourth-century inscriptions at Ramsâniyye may represent the influence of the Salîhids or the Tanûkhids, the more powerful and most assuredly Christian Arab tribes east of the Golan in the fourth century.

The Fifth Century

By the fifth century, Christianity had spread to a much larger area of the Golan. The fifth century provides the first archaeological evidence for Christians in and near Hippos. Three different sites near the eastern shore of the Sea of Galilee reveal evidence of Christians in the fifth century. This is not surprising, given the fourth-century literary evidence for a bishop in Hippos, and the third-century references to el-Kûrsî as a site Christians visited to follow Jesus. Hippos and el-Kûrsî are, in fact, two of the three villages for which Gregg provides archaeological data in this century. The third sites is Fîq, just east of Hippos. In his archaeological survey of Hippos, Ovadiah found evidence of several churches, one of which he dated to the fifth century.[45] Likewise, Urman dated the church and monastery he discovered at el-Kûrsî to the fifth century.[46] At Fîq, the evidence is undated, but Gregg concludes that the Greek inscription mentioning

---

[44] DAUPHIN (1982) 131–132.

[45] OVADIAH (1966) 176–177.

[46] Scholars disagree as to the exact date of this church and monastery. Urman suggests it is from the fifth century [GREGG/URMAN (1996) 69], while Tzaferis dates it to the early sixth century [TZAFERIS (1993) 77]. I have included further reference to these buildings in my discussion of the sixth century.

a certain Bishop Gerontius,[47] Presbyter Kassios, and Deacon John is from a fourth- or fifth-century church or chapel.[48] Since we know that there was a bishop in Hippos by the fourth century, it is reasonable to assume, because of their proximity to Hippos, that both el-Kûrsî and Fîq fell under the episcopal control of the Bishop of Hippos. These cities near the Sea of Galilee, therefore, are further evidence of the eastern spread of Christianity from Palestine.

The other site from which there is fifth-century archaeological evidence of Christians, however, is again on the eastern border of the Golan, at Mûmsiyye, and most likely represents further influence from the province of Arabia in the east. The dated inscription from Mûmsiyye is another church dedication. Dated to the last third of the fifth century,[49] the inscription records the building of a church to St. George.[50] While other Christian remains exist in this village, this dated inscription is sufficient evidence that Christians lived and worshipped in Mûmsiyye in the fifth century. Again, we can not be certain as to the origin and identity of these Christians, but by the fifth century, particularly at the time of this inscription in the end of the fifth century, the monophysite Ghassânids are the most powerful and proximate source of Christian influence on the eastern Golan.

The Sixth Century and Undated Roman and Byzantine Evidence

Extant evidence demonstrates that at least by the sixth century, Christianity had diffused into almost all areas of the Golan. The region near Hippos continued to grow, as the three sixth-century churches in that village alone show.[51] In 591 C.E. a baptistery was added to the fifth-century church in Hippos,[52] further reflecting the

---

[47] Gregg notes that while this name is well attested in the fourth and fifth centuries, no references to a Bishop Gerontius from Fiq has been found [GREGG/URMAN (1996) 32]. This inscription could imply that Fîq did indeed have its own bishop by the fifth century and was not, after all, under the authority of the Bishop of Hippos. It could also be a reference to the local bishop, not necessarily a bishop from Fiq itself but rather the bishop who controlled Fiq, possibly the attested Bishop of Hippos.

[48] GREGG/URMAN (1996) 32.

[49] Its precise date depends on by which era the inscription was dated. GREGG/URMAN (1996) suggests it translates into either 486 C.E. or 472 C.E. (213–214).

[50] GREGG/URMAN (1996) 213.

[51] OVADIAH (1966) 174–176.

[52] GREGG/URMAN (1996) 24; OVADIAH (1966) 177.

thriving Christian community in that episcopal town. Nearby el-Kûrsî also reveals an active sixth-century Christian community, with the aforementioned church and monastery at the alleged site where Jesus cast the demons off the cliff into the sea. Whether the monastery was built at the end of the fifth century or the beginning of the sixth, it continued to flourish in the sixth century,[53] possibly serving as a hostel for Christian pilgrims traveling to the area to view for themselves the site of Jesus' miracle.[54] In any case, clearly the eastern shore of the Sea of Galilee supported a well-established Christian community by the sixth century.

Christianity also continued to thrive in the sixth century in the eastern Golan. Ramsâniyye's Christian population had grown since the fourth century so that in the sixth century it supported a monastery of its own. Quneitra, Sûrman, and Bâb el-Hawâ, three towns north of Mûmsiyye along the Golan's eastern border with Arabia, also show evidence of sixth-century Christian activity.[55] In addition, the southeastern town of Rafîd reveals several inscriptions that, based on comparisons with parallel finds, Gregg dates to sometime between the fourth and sixth centuries. Whether or not Christians lived in Rafîd earlier, it seems clear that there was a noticeable Christian presence in the town by the sixth century. Archaeological evidence from the eastern Golan does not make clear the form of Christianity practiced in that area. Control of the area to the east by the monophysite Ghassânids, however, raises the possibility that the Christianity of the eastern Golan may also have been monophysite.

Christianity in the sixth century was no longer, however, limited to the borders of the Golan. Gregg refers to two separate inscriptions from the town of Na'rân, near the eastern shore of the Jordan River and half-way between Hippos and Baniâs, that he dates to the fifth or sixth century. The majority of evidence for Christians in the Golan collected by Gregg, however, consists of crosses inscribed in stone,

---

[53] TZAFERIS (1993) 77.

[54] What journals we do have from early Christian pilgrims suggest that it would have been common for local monks to offer Christian travelers a place to stay on their journey (e.g., *Peregrinatio Egeriae* 3.1). While there are no extant references to this being the case at el-Kursi, between Origen's reference to the city and the pilgrimage patterns established in the Peregrinatio Egeriae, it seems reasonable to suppose that the monastery at el-Kûrsî might have performed this service to visiting pilgrims.

[55] All the archaeological evidence mentioned in this paper is from GREGG/ URMAN (1996) unless otherwise stated.

and is impossible to date to a specific century, as is also the case for many partial inscriptions and remnants of buildings that do not display the year in which the buildings were built. Nonetheless, various clues, such as parallel finds from other sites, help locate the artifacts within a larger time period. Additional villages that retain evidence of Christian occupation in the pre-Islamic period are Khisfîn, Kafr el-Mâ, Sqûfiyye, and Kafr Hârib.[56] There is also evidence that the southern sites of Duer el Loz and Khirbet es Samra were Christian at some point in the Roman and Byzantine eras.[57] The other relevant sites not yet mentioned here are located in both the northern and central Golan. They include Buqa'ta, Sukeik, Hafar, Baidârûs, Kafr Nafâkh, Jueîzeh, Tell 'Akâsha, 'Ein Semsem, el-Bîreh, Tannûriyye, Farj, Deir Mfadal, and Deir Qrukh.[58] Plotting these sites on a map of the Golan reveals the prevalence of Christianity in the Golan by the end of the Byzantine era.

Conclusion

This survey of Christians and Christianity in the Roman and Byzantine Golan has suggested that Christianity did not arrive in force in the central Golan until rather late into the fifth and sixth centuries. This delayed spread, in relation to surrounding Syria, Arabia, and Judea, need not indicate active resistance to Christianity or impenetrable Jewish borders as Ma'oz has suggested.[59] The Golan was never densely populated, and was not a well-traveled area even in ancient times. This in itself is reason enough why Christianity may have drifted to either side of the Golan before entering with any sustained success in the fifth and sixth centuries, long after it had already spread to most of the Roman Empire.

Consequently, when Christian influence did begin to filter into the Golan, it appears that it may have done so from multiple fronts, which themselves reflect the historical political ties of the region. By

---

[56] GREGG/URMAN (1996) does have separate entries for each of these sites. The mere presence, however, of Christian evidence in these cities is all that is necessary for this current project.

[57] DiSEGNI/GREEN/TSAFRIR (1994) 114.221.

[58] All this evidence is from GREGG/URMAN (1996) except that for Deir Qrukh, which is from DiSEGNI/GREEN/TSAFRIR (1994) 111.

[59] MA'OZ (1985) 66.

the fourth century there was a bishop at Baniâs in the northern Golan who was under the Metropolitan of Tyre and the Patriarch of Antioch, suggesting that Christianity may have arrived in the northern Golan from Syria. At the same time, Christianity from Palestine appears to have moved into the Hippos area in the southwestern Golan. Christians in this region had a bishop by the fourth century who was under the Metropolitan of Scythopolis, and Christianity continued to flourish in the Hippos district in the next two centuries. It further seems possible that Christianity arrived in the eastern Golan slightly later, and from the land to its east, land with which it had previously been politically united. This would suggest that Christianity arrived in the eastern Golan from the influence of the Salîhids and the Ghassânids, the latter of whom were staunchly monophysite, and who by 542 were under the guidance of the monophysite bishop Theodore. At the beginning of the sixth century most of Syria, the bishops in Bostra and Antioch and the monks who fled Justin's persecution were all monophysite. Their proximity to and possible influence on the eastern Golan suggests that the Christianity in the eastern Golan may also have been monophysite at this time.

Evidence for Christians and Christianity in the ancient Golan is sparse in comparison to that for more populated areas, but by combining the literary and archaeological evidence available, it is possible to begin to reconstruct the history of Christianity in the area. Such limited sources of course leave our conclusions open to adjustment as more information is discovered, but what evidence we have is already sufficient to challenge earlier assumptions. The geographical range of data collected in Gregg contradicts Ma'oz's claim that Christians remained sharply separated from Jewish areas of the Golan. Also, the history of local Arab tribes strengthens Dauphin's claims that Ghassânid influence helped spread Christianity into the Golan. Dauphin did not recognize, however, the equally important role of the Christian Tanûkhids and Salîhids, or acknowledge that this Arab influence may have been primarily on the Golan's eastern border. Finally, thorough examination of the available evidence, with a knowledge of the political history of the area, has suggested a complex process by which Christianity infiltrated the Golan during the Roman and Byzantine periods, and shown the possibility that by the sixth century the eastern Golan adhered to monophysite Christianity. This final picture sheds light on the integral role of Arab tribes in the history of Palestine and on the spread of the monophysite movement, as well as on the complex history of Christians and Christianity in the Golan in pre-Islamic times.

Benutzte Literatur:

ARAV, Rami (1997):
> *Bethsaida*, in: Meyers, Eric M. (1997): The Oxford Encyclopedia of Archaeology in the Near East, vol. 1, Oxford/New York: Oxford University Press 1997, 302–305.

AVI-YONAH, Michael (1966):
> *The Holy Land*, Grand Rapids, Mich.: Baker Book House 1966.

BAGATTI, B. (1971):
> *The Church from the Gentiles in Palestine*, Jerusalem: Franciscan Printing House 1971.

DAUPHIN, Claudine M. / GIBSON, Shimon (1992/93):
> *Ancient Settlements in their Landscapes:* the Results of Ten Years of Survey on the Golan Heights (1978–1988), in: Bulletin of the Anglo-Israel Archaeological Society 12 (1992/1993), 7–31.

DAUPHIN, Claudine M. / SCHONFIELD, Jeremy J. (1983):
> *Settlements of the Roman and Byzantine Periods on the Golan Heights*, in: IEJ 33 (1983), 189–206.

DAUPHIN, Claudine M. (1982):
> *Jewish and Christian Communities in the Roman and Byzantine Gaulanitis:* A Study of Evidence from Archaeological Surveys, in: PEQ 114 (1982), 129–142.

DEVRÉESSE, Robert (1942):
> *Le Christianisme dans la Province d'Arabie*, in: Vivre et Penser 2 (1942), 110–146.

DISEGNI, Leah / GREEN, Judith / TSAFRIR, Yoram (1994):
> *Tabula Imperii Romani: Ioudaea – Palaestina*, The Israel Academy of Sciences and Humanities: Jerusalem 1994.

FREND, W. H. C. (1972):
> *The Rise of the Monophysite Movement*, Cambridge: Cambridge University Press 1972.

GREGG, Robert C. / URMAN, Dan (1996):
> *Jews, Pagans, and Christians in the Golan Heights.* Greek and Other Inscriptions of the Roman and Byzantine Eras, Atlanta, Ga.: Scholars Press 1996.

HACHLILI, Rachel (1995):
> *Late Antique Jewish Art from the Golan*, in: The Roman and Byzantine Near East, Ann Arbor, Mich.: Journal of Roman Archaeology 1995, 183–212.

MA'OZ, Zvi Uri (1985):
> *Comments on Jewish and Christian Communities in Byzantine Palestine*, in: PEQ 117 (1985), 59–68.

MA'OZ, Zvi Uri (1997):
> *Golan*, in: Meyers, Eric M. [Hrsg.] (1997): The Oxford Encyclopedia of Archaeology in the Near East, vol. 2, Oxford/New York: Oxford University Press 1997, 417–424.

MEYERS, Eric M. (1988):
> *Early Judaism and Christianity in the Light of Archaeology*, in: BA 51 (1988), 69–79.

OVADIAH, Asher (1970):
> *Corpus of the Byzantine Churches in the Holy Land*, Bonn: Peter Hanstein Verlag 1970.

SARTRE, Maurice (1982):
> *Trois études sur l'Arabie romaine et byzantine*. Brussels: Latomus Review of Latin Studies 1982.

SHAHÎD, Irfan (1984):
> *Byzantium and the Arabs in the Fourth Century*, Washington, DC: Dumbarton Oaks 1984.

SHAHÎD, Irfan (1989):
> *Byzantium and the Arabs in the Fifth Century*, Washington, DC: Dumbarton Oaks 1989.

SHAHÎD, Irfan (1995):
> *Byzantium and the Arabs in the Sixth Century*, Washington, DC: Dumbarton Oaks 1995.

TRIMINGHAM, J. Spencer (1979):
> *Christianity Among the Arabs in Pre-Islamic Times*, London: Longmans 1979.

TROMBLEY, Frank (1993):
> *Hellenic Religion and Christianization c. 370–529*, vol 1–2, Leiden: Brill 1993.

TZAFERIS, Vassilios (1993):
> *The Early Christian Monastery at Kûrsî*, in: Tsafrir, Yoram [Hrsg.] (1993): Ancient Churches Revealed, Jerusalem: Israel Exploration Society 1993, 77–79.

URMAN, Dan (1985):
> *The Golan*. A Profile of a Region during the Roman and Byzantine Periods (BAR International Series 269), Oxford: BAR 1985.

URMAN, Dan (1995):
> *Public Structures and Jewish Communities in the Golan Heights*, in: Urman, Dan / Flesher, Paul V. M. [Hrsg.] (1995): Ancient Synagogues: Historical Analysis and Archaeological Discovery, vol. 2, Leiden: Brill 1995, 373–618.

Shepardson, Tina
Master of Theological Studies, Boston University School of Theology,
geboren 1972, arbeitet an ihrer Promotion in „Early Christianity" an
der Duke University, North Carolina, Department of Religion.

Forschungsschwerpunkt:
Interaktionen zwischen Christen und Juden in der Spätantike, besonders im oströmischen Reich, und die anti-jüdische Sprache in
Texten der Christen. Ihre Dissertation befasst sich mit den polemischen Schriften Ephrems des Syrers.

Online unter: *http://purl.org/bibfor/archiv/99-1.shepardson.htm*

<table>
<tr><td>Jesaja
Michael
Wiegard</td><td>

(Auswahl-)Bibliographie mit Beiträgen und Monographien ab 1985

</td></tr>
</table>

1999

ARAV, Rami (1999):
> *New Testament archaeology and the case of Bethsaida*, in: Becker, Michael / Fenske, Wolfgang [Hrsg.] (1999): Das Ende der Tage und die Gegenwart des Heils. Begegnungen mit dem Neuen Testament und seiner Umwelt. Festschrift für Heinz-Wolfgang Kuhn zum 65. Geburtstag (AGJU 44), Leiden: Brill 1999, 75–99.

1997

BARTLETT, John R. (1997):
> *Archaeology and biblical interpretation*, London: Routledge 1997.

EDWARDS, Douglas R. / McCollough, C. Thomas [Hrsg.] (1997):
> *Archaeology and the Galilee*. Texts and contexts in the Graeco-Roman and Byzantine periods (South Florida studies in the history of Judaism 143), Atlanta, Ga.: Scholars Press 1997.

SILBERMAN, Neil Asher / Small, David (1997):
> *The Archaeology of Israel*. Constructing the past, interpreting the present (JSOT 237), Sheffield: Academic Press: 1997

1996

HORSLEY, Richard A. (1996):
> *Archaeology, history, and society in Galilee*. The social context of Jesus and the Rabbis, Valley Forge, Pa.: Trinity Press 1996.

VANWYK, Koot (1996):
> *Archaeology in the Bible and text in the Tel*, Berrien Springs, Mich.: Hester 1996.

1995

BIEBERSTEIN, Klaus (1995):
> *Josua - Jordan - Jericho*: Archäologie, Geschichte und Theologie der Landnahmeerzählung Josua 1–6 (OBO 143); Göttingen: Vandenhoeck & Ruprecht 1995.

BUNIMOWITZ, Shlomo (1995):
> *How Mute Stones Speak*. Interpreting What We Dig Up, BAR 21/2 (1995), 58–67.94–99.

FREVEL, Christian (1995):
> *Aschera und der Ausschließlichkeitsanspruch YHWHs*. Beiträge zu literarischen, religionsgeschichtlichen und ikonographischen Aspekten der Ascheradiskussion (BBB 94/1–2), Weinheim 1995, 739–747.

NOORT, Edward (1995):
> *Text und Archäologie*. die Küstenregion Palästinas in der Frühen Eisenzeit, UF 27 (1995[1996]), 403–428.

1994

DEVER, William G. (1994):
> *Archaeology, Texts, and History-Writing*. Toward an Epistemology, in: Hopfe, Lewis M. [Hrsg.] (1994), Uncovering Ancient Stones. Essays in Memory of H. Neil Richardson. FS H. Neil Richardson, Winona Lake, Ind.: Eisenbrauns 1994, 105–117.

KOESTER, Helmut (1994):
> *Archäologie und Paulus in Thessalonike,* in: Bormann, Lukas / Del Tredici, Kelly / Standhartinger, Angela [Hrsg.] (1994): Religious Propaganda and Missionary Competition in the New Testament World. Essays Honoring Dieter Georgi (NT.S 74), Brill: Leiden 1994, 393–404.

LEMCHE, Niels Peter / THOMPSON, Thomas L. (1994):
> *Did Biran Kill David?* The Bible in the Light of Archaeology, in: JSOT 64 (1994), 3–22.

ZWICKEL, Wolfgang (1994):
> *Der Tempelkult in Kanaan und Israel*. Studien zur Kultgeschichte Palästinas von der Mittelbronzezeit bis zum Untergang Judas (FAT 10), Tübingen: Mohr 1994.

1993

BUTLER, Wayne T. (1993):
> *Tell-ing It Like It Is*, BAR 19,1 (1993), 48–49.

STRANGE, James F. / MCRAY, John R. (1993):
> *Archaeology and the New Testament?* Jim Strange Reviews John McRay's New Book ... and McRay Responds, in: BA 56 (1993), 153– 161.

ZWICKEL, Wolfgang [Hrsg.] (1993):
> *Biblische Welten.* Festschrift für Martin Metzger zu seinem
> 65. Geburtstag (OBO 123), Göttingen: Vandenhoeck & Ruprecht
> 1993.

1991

AHLSTRÖM, Gösta W. (1991):
> *The Role of Archaeological and Literary Remains in Reconstructing
> Israel's History,* in: Edelman, Diana Vikander [Hrsg.] (1991): The
> fabric of history (JSOT.S 127), Sheffield: Academic Press 1991,
> 116–142.

BECK, Horst W. (1991):
> *Was sagt die Archäologie zur Entstehung der Genesis?,* in: Scherer,
> Siegfried [Hrsg.] (1991): Die Suche nach Eden. Wege zur alternati-
> ven Deutung der menschlichen Frühgeschichte, Neuhausen-Stutt-
> gart: Hänssler 1991, 126–135.

DEVER, William G. (1991):
> *Unresolved Issues in Early History Israel.* Toward a Synthesis of
> Archaeological and Textual Reconstructions, in: Jobling, D. / Day,
> P. L. / Shephard, G.T. [Hrsg.] (1991): The Bible and the Politics of
> Exegesis (FS N. Gottwald), Cleveland 1991, 195–208.344–348.

EDELMAN, Diana V. (1991):
> *Doing History in Biblical Studies,* in: Edelman, D. V. [Hrsg.]
> (1991): The Fabric of History. Text, Artifact and Israel's Past
> (JSOT.S 127), Sheffield: Academic Press 1991, 13–25.

KNAUF, Ernst Axel (1991):
> *From History to Interpretation,* in: Edelman (1991) 26–64.

MILLARD, Alan R. (1991):
> *Texts and Archaeology.* Weighing the Evidence. The Case of King
> Solomon, PEQ 123 (1991), 19–27.

MOOREY, Roger (1991):
> *A century of biblical archeology,* Cambridge: The Lutterworth press
> 1991.

NOORT, Edward (1991):
> *Fundamentalismus in Exegese und Archäologie.* Eine Problemanzei-
> ge, in: JBTh 6 (1991), 311–331.

NOORT, Edward (1991):
> *Klio und die Welt des Alten Testaments.* Überlegung zur Benutzung
> literarischer und feldarchäologhischer Quellen bei der Darstellung
> der Geschichte Israels, in: Daniels, D. R. / Gleßmer, U. / Rösel, M.
> [Hrsg.] (1991): Ernten, was man sät (FS Klaus Koch), Neukirchen-
> Vluyn: Neukirchener Verlag 1991, 533–560.

SILBERMAN, Neil Asher (1991):
> *Desolation and Restoration.* The Impact of a Biblical Concept on
> Near Eastern Archaeology, in: BA 54 (1991), 76–87.

1990

DEVER, William G. (1990):
> *Archaeology and the Bible.* Understanding their special relationship, in: BAR 16,3 (1990), 52–58.62.

DEVER, William G. (1990a):
> *Recent archaeological discoveries and biblical research* (The Samuel and Althea Stroum lectures in Jewish studies), Seattle, Washington: University of Washington Press 1990.

FINKELSTEIN, Israel (1990):
> *On Archaeological Methods and Historical Considerations.* Iron Age II Gezer and Samaria, in: BASOR 277/278 (1990), 109–130.

FRITZ, Volkmar (1990):
> *Der Beitrag der Archäologie zur historischen Topographie Palästinas am Beispiel von Ziklag*, in: ZDPV 106 (1990), 78–85

KUHNEN, Hans-Peter (1990):
> *Palästina in griechisch-römischer Zeit* (Handbuch der Archäologie Vorderasien 2/2), München: Beck 1990.

LANG, Bernhard (1990):
> *Ein Klassiker, neu aufpoliert.* Werner Kellers „Und die Bibel hat doch recht“ (1955, 1978, 1989), in: KatBl 115 (1990), 716–719.

LEMCHE, Niels Peter (1990):
> *On the Use of "System Theory", "Macro Theories" and "Evolutionistic Thinking" in Modern OT Research and Biblical Archaeology*, in: SJOT 4 (1990), 73–88.

MATTHEWS, V. H. / MOYER, J. C. (1990):
> *The Use and Abuse of Archaeology in Current One-Volume Bible Commentaries*, in: BA 54 (1990), 104–115.

OLIVIER, J. P. J. (1990):
> *The Dawn of Biblical Archaeology*, in: JNSL 16 (1990), 131–140.

PIENAAR, D. N. (1990):
> *A Critical Evaluation of Certain Leading Concepts in Biblical Archaeology*, in: JNSL 16 (1990), 141–151.

TUBB, Jonathan N. (1990):
> *Archaeology and the Bible*, London: British Museum Publications 1990.

VAN SCHEEPERS, C. L. (1990):
> *A Methodological Debate in Biblical Archaeology*, in: OTE 3 (1990), 325–339.

1989

DRINKARD, J. F. (1989):
> *The Position of Biblical Archaeology within Biblical Studies*, in: Review and Expositor 86 (1989), 603–615.

JAMIESON-DRAKE, David W. (1989):
> *Text vs. Tell: Which Sets the Agenda?* (SBL Seminar Papers 28), Atlanta, Ga.: Scholars Press 1989, 458–465.

KEMPINSKI, A. (1989):
> *Die Archäologie als bestimmender Faktor in der israelischen Gesellschaft und Kultur,* in: Judaica 45 (1989), 2–20.

MEYERS, Eric M. / WHITE, L. M. (1989):
> *Jews and Christians in a Roman World,* in: Archaeology 42 (1989), 26–33.

1988

BRANDFON, Fredric R. (1988):
> *Archaeology and the Biblical Text,* in: BAR 14 (1988), 54–59.

DRINKARD, Joel F. [Hrsg.] (1988):
> *Benchmarks in time and culture.* An introduction to Palestinian archaeology (Archaeology and biblical studies 1), Atlanta, Ga.: Scholars Press 1988.

GATES, Marie-Henriette (1988):
> *Dialogues Between Ancient Near Eastern Texts and the Archaeological Record.* Test Cases from Bronze Age Syria, in: BASOR 270 (1988), 63–91.

KING, Phillip J. (1988):
> *Using Archaeology to Interpret a Biblical Text.* The Marzeah Amos Denounces, in: BAR 14 (1988), 34–44.

OESCH, Josef (1988):
> *Fundamentalismus und Fundamentalistische Versuchung im Spannungsfeld von Archäologie und Bibel,* in: Niewadomski, J. [Hrsg.] (1988), Eindeutige Antworten. Fundamentalistische Versuchung in Religion und Gesellschaft, Thaur 1988, 111–124.

1987

AXELSSON, Lars Eric (1987):
> *The Lord rose up from Seir.* Studies in the history and traditions of the Negev and Southern Judah (Coniectanea biblica. Old Testament series 25), Stockholm: Almqvist & Wiksell: 1987.

BROSHI, Magen (1987):
> *Religion, Ideology, and Politics and their Impact on Palestinian Archaeology,* in: Israel Museum Journal 6 (1987), 17–32.

COOGAN, Michael David (1987):
> *Of Cults and Cultures.* Reflections on the Interpretation of Archaeological Evidence, in: PEQ 119 (1987), 1–8.

DEVER, William G. (1987):
> *The Contribution of Archaeology to the Study of Canaanite and Early Israelite Religion,* in: Miller, P. D. / Hanson, P. D. / McBride,

S. D. [Hrsg.] (1987): Ancient Israelite Religion (FS F. M. Cross), Philadelphia 1987, 209–247.

PERDUE, Leo G. (1987):
Archaeology and Biblical interpretation. Essays in memory of D. Glenn Rose, Atlanta, Ga.: Knox 1987.

1986

BENNETT, Crystal-M. (1986):
Biblical Traditions and Archaeological Results, in: Geraty, Lawrence T. [Hrsg.] (1986): The archaeology of Jordan and other studies. FS Siegfried H. Horn, Berrien Springs, Mich.: Andrews University Press: 1986, 75–83.

MILLER, Max (1986):
Old Testament History and Archaeology, in: BA 49 (1986), 55–63.

1985

AMITAI, Janet [Hrsg.] (1985):
Biblical Archaeology today (Proceedings of the International Congress on Biblical Archaeology), Jerusalem: Israel Exploration Society 1985.

CROSS, Frank Moore (1985):
Biblical Archaeology Today. The Biblical Aspect, in: Amitai (1985) 9–15.

HILLERS, Delbert R. (1985):
Analyzing the Abominable. Our Understanding of Canaanite Religion, in: JQR 75 (1985), 253–269.

MATTHEWS, Victor H. / MOYER, James C. (1985):
The Use and Abuse of Archaeology in Current Bible Handbooks, in: BA 48,3 (1985) 149–159.

Wiegard, Jesaja Michael
Dipl. theol., geboren 1967, studierte Katholische Theologie und Publizistik in Würzburg und Münster, Wissenschaftliche Hilfskraft am Seminar für Pastoraltheologie und Religionspädagogik der Katholisch-Theologischen Fakulät der WWU Münster, Freier Theologe und Publizist.

Arbeitsschwerpunkte:
- Kultur, Alltag, Literatur und Religion des Frühjudentums und der frühen Christen
- Methoden der Exegese und Bibelarbeit
- Medien, Kommunikation und Wirklichkeitskonstruktion
- Die Vielfalt der Theologie im Internet
- Kontaktstelle für wissenschaftliche Theologie und ihre praktische Anwendung http://theoconsult.de

Online unter: *http://purl.org/bibfor/archiv/99-1.bibliographie.htm*

Exkursionen

Andreas
Leinhäupl-
Wilke

„Seht, wie das Land beschaffen ist…" (Num 13,18)

Nachtrag zu einer wissenschaftlichen Exkursion

Als Mose sie ausschickte, um Kana erkunden zu lassen, sagte er zu ihnen: „Zieht von hier durch den Negev, und steigt hinauf ins Gebirge! Seht, wie das Land beschaffen ist und ob das Volk, das darin wohnt, stark oder schwach ist, ob es klein oder groß ist; seht, wie das Land beschaffen ist, in dem das Volk wohnt, ob es gut ist oder schlecht, und wie die Städte angelegt sind, in denen es wohnt, ob sie offen oder befestigt sind und ob das Land fett oder mager ist, ob es dort Bäume gibt oder nicht. Habt Mut, und bringt Früchte des Landes mit! Es war gerade die Zeit der ersten Trauben." (Num 13,17–20)

1. Vorrede

In der Zeit vom 20. September bis 4. Oktober 1997 unternahm ich mit dem Seminar für Zeit- und Religionsgeschichte des Neuen Testaments der Uni Münster unter dem Motto *Das Buch – das Land – die Reise* eine Exkursion in das Land der Bibel. Die Motivation für eine solche Unternehmung bestand darin, eine Symbiose zu schaffen zwischen dem wissenschaftlichen Anspruch exegetischer Arbeit unter zeit- und religionsgeschichtlicher Perspektive und der Verortung solcher theologischer Studien durch konkrete eigene Erfahrungen und Begegnungen. Für die Umsetzung dieses Vorhabens fand ich in den eigenen Reihen des Seminars schnell eine kompetente und israel-erfahrene Vorbereitungscrew: Gemeinsam mit Jesaja Michael Wiegard, der zusammen mit mir v.a. für den organisatorischen Ablauf der Reise verantwortlich war, sowie Kerstin Urbanski und Anne Sand, beide Spezialistinnen für archäologische Wegweisungen, entwickelte ich einen Reiseplan, der durch sein Angebots- und Anforderungsprofil dem gesteckten Ziel gerecht werden sollte.[1]

Wir hatten uns und die dreißig Teilnehmerinnen und Teilnehmer (unter ihnen natürlich auch unser ‚Chef‘ Prof. Dr. Karl Löning) gut vorbereitet: In dem der Exkursion vorausgehenden Sommersemester fand ein Hauptseminar statt, in dessen Verlauf wir uns (1) einen grundlegenden Überblick über Methodik und Terminologie archäologischen Arbeitens verschafften,[2] das (2) einen groß angelegten Durchgang durch die vieldimensionale Zeit- und Religionsgeschichte Israels bot[3] und in dem schließlich (3) die politische, kulturelle und religiöse Situation des modernen Staates Israel thematisiert wurde.[4]

Die Grobstruktur der Reise bestand aus zwei großen Teilen: In der ersten Woche waren wir im Österreichisches Hospiz zu Gast, einem zentralen Standort in der Jerusalemer Altstadt, von dem aus die für unser Anliegen wichtigsten Stätten innerhalb der Stadt und in ihrer näheren Umgebung sowie einige wichtige Punkte im Süden Israels gut erreichbar waren. Für den zweiten Teil hatten wir die wunderbare Oase Tabgha am See Genezareth zu unserem *Basislager* gemacht; von

---

[1] Wir entwickelten zusammen einen recht ausführlichen Reader mit Texten zu den biblischen, historischen und archäologischen Grundlagen jeder einzelnen Station unserer Reise, der den Teilnehmerinnen und Teilnehmern vor Ort als Leitfaden diente. Auf diese Laufmappe konnte ich bei der Erstellung dieses Nachtrags einige Male gewinnbringend zurückgreifen.

[2] Dabei ging es um eine räumliche Annäherung an Israel/Palästina, um eine Einführung in die Terminologie und die praktische Vorgehensweise der Archäologie, um die für den Laien zunächst sehr komplex wirkende Einteilung in unterschiedliche historische Perioden sowie nicht zuletzt um die Problematisierung der Hintergründe und Ziele einer Israel/Palästina-Archäologie. Vgl. dazu als einführende Literatur KEEL/KÜCHLER (1982) 348–378; vgl. auch FRITZ (1985).

[3] Diese Sitzung hatte folgende Schwerpunkte: 1. „Von der Kultzentralisation des Joschija bis zur Zerstörung des Zweiten Tempels" (Vortrag: Prof. Dr. Karl Löning); 2. Texte zum „Schicksal Jerusalems" in hellenistischer und römischer Zeit (Vertiefung zweier spezieller Epochen); 3. Von den Byzantinern bis zum modernen Staat (Jerusalem unter den Byzantinern; Jerusalem in früharabischer Zeit; Jerusalem unter der Herrschaft der Kreuzritter; Vom Rand der Welt ins Zentrum des Interesses; Jerusalem zur Zeit der Mamelucken und Osmanen).

[4] Einen guten Einstieg in die Problematik gibt z.B. RAHEB (1994); KRUPP (1992); OZ (1984).

hier aus waren die besonders interessanten Orte im Umfeld des *galiläischen Meeres* sowie der Norden und Westen des Landes ansteuerbar.

Das Prinzip der Reise folgte der Grundkonzeption des lukanischen Doppelwerkes: Unter dem Motto *Reisen und Reden* schafften wir einen Querschnitt aus dem Angebot von Land und geschichtlicher Entwicklung in Kombination mit einzelnen Vorträgen der Teilnehmerinnen und Teilnehmer zu speziellen zeit- und religionsgeschichtlichen Themen. Auf diese Weise entstand eine Korrelation von Obligatorischem und thematisch Brisantem, die in der folgenden Retrospektive an ausgewählten Beispielen angedeutet werden soll.[5]

2. Jerusalem – Ein erster Zugang

Innerhalb der Stadt Jerusalem richtet der Besucher den ersten Blick natürlich auf jenen Ort, der einerseits für die Geschichte Israels als unübertroffener Brennpunkt der Sache Gottes mit seinem Volk gelten darf, der andererseits im religiösen und politischen Umgang der monotheistischen Weltreligion im Laufe der Jahrhunderte zum *Stein des gegenseitigen Anstoßes* geworden ist: der Tempelberg. Der Eindruck ist zunächst ambivalent: Ist man auf der einen Seite zutiefst beeindruckt sowohl von den prachtvollen muslimischen Bauten auf der Plattform des Tempelberges (Haram es-Sherif),[6] als auch von den an der Westmauer betenden Jüdinnen und Juden, so stellt sich auf der anderen Seite bald das Gefühl der Unausgewogenheit dieser Betrachtungen ein: In unmittelbarer Nachbarschaft – gewissermaßen in der Verbindung der Steine – manifestiert sich ein guter Teil der religiösen Zerrissenheit der Stadt Jerusalem.

Für beide Seiten hatten wir uns während unseres Aufenthaltes ausreichend Zeit genommen: Die Erkundung des Haram mit dem wohl schönsten Bauwerk der Stadt – dem Felsendom – sowie mit den anderen muslimischen Heiligtümern (Al-Aqsa-Moschee; Ritualbrunnen, Waagschalen; kleinere Kuppelbauten) verschaffte uns neben der Faszination, den der Felsendom durch seine architektonische Raf-

---

[5] Wir müssen hier eine Auswahl aus dem sehr kompakten Programm der Reise treffen; im Anhang zu diesem Artikel findet sich ein genauer Exkursionsplan.
[6] Vgl. dazu die Beschreibung bei RÖWEKAMP (1995) 228–238. Dieses Buch scheint mir momentan der beste, weil theologisch sehr präzise gearbeitete literarische Wegweiser für eine Erkundung des Heiligen Landes zu sein.

finesse sowie durch sein intensives Farbenspiel auf uns ausübte, mit Hilfe einiger Zusatzinformationen, aber auch und v.a. durch die Beobachtung des Verhaltens der Menschen auf diesem Plateau einen ersten Eindruck vom religiösen Denken und Handeln im Islam.[7] Mindestens genau so eindrucksvoll war das Erlebnis des anbrechenden Schabbat am Freitag Abend an der Westmauer, der heiligsten Stätte des Judentums. Diesem kleinen Stück Mauer, das dem jüdischen Volk vom zweiten Tempel übriggeblieben ist, eignet eine doppelte Funktion: Es symbolisiert die Klage über die Zerstörung des Tempels, gleichzeitig aber auch und vor allem den Ausdruck der Hoffnung, denn in diesen Steinen ist für die Juden die Einwohnung JHWHs sichtbar, hier hat die *Schekhina* ihren Platz.

Beide Eindrücke sind überwältigend und stehen zunächst für sich, sie bieten dem christlichen Betrachter allerdings keine Handreichung, die sich dahinter verbergende globale Problemlage in irgendeiner Form zu klären. Dennoch: Diese Wahrnehmung macht sensibel und weist von daher das notwendige Irritationspotential für eine verstehende Erkundung der so genannten *Heiligen Stadt* auf. Thematisch schien uns eine solche Chance am ehesten über das *Abrahamthema* bearbeitbar zu sein, birgt doch dieser Stoff in seiner Eigenschaft als *urreligiöses Phänomen* einen gemeinsamen Ansatzpunkt für Judentum, Christentum und Islam.[8] Dabei ging es unter dem Stichwort *Abraham und seine Kinder* keineswegs um eine schönfärbende Harmonisierung, als vielmehr darum, aufgrund der textlichen Befunde im Ersten Testament, im Neuen Testament sowie im Koran die unterschiedlichen Ansprüche und Argumentationsmodi zu erarbeiten und auf diese Weise das Gesehene und Erlebte zu ergänzen.[9] Bei allen offenen Fragen, die ein solches Unterfangen notwendigerweise hinterlässt,[10] scheint mir, dass für die Teilnehmerinnen und Teilnehmer der Exkursion gerade anhand des Erlebten im Bereich Haram/Westmauer entscheidende Implikate für alle weiteren Erkundungen im Land freigesetzt wurden.

---

[7] Zur Einführung in die architektonische Kunst der Bauwerke vgl. RÖWEKAMP (1995) 228–233.

[8] Vgl. z.B. KUSCHEL (1994).

[9] Vgl. THOMA (1990).

[10] Vgl. dazu auch den Vorschlag einer ‚abrahamischen Ökumene' bei KUSCHEL (1994) v.a. 248–306, der sicherlich sowohl auf seine theologischen Grundoptionen wie auch auf die mögliche Beurteilung aus der Sicht der drei beteiligten Religionen genau zu prüfen ist.

3. Wadi Kelt – Auf der Suche nach dem barmherzigen Samariter

Unsere Tagesexkursionen außerhalb Jerusalems begannen mit dem unvergesslichen Fußmarsch durch das Wadi Kelt. Dass das Erlebnis dieses Weges von Jerusalem nach Jericho für unsere Gruppe buchstäblich zur hoffnungsvollen Suche nach dem barmherzigen Samariter wurde, lag an einem falsch gewählten Einstieg in das Wadi: Während der aufgrund der Hitze ohnehin beschwerliche Weg anstrengend genug gewesen wäre, ließ sich das nun bevorstehende Teilstück nur durch das geschickte Überwinden von felsigen Hindernissen sowie das Durchwaten von teilweise kniehohen Wasserabschnitten passieren. Leider mussten wir dieses Unternehmen aufgrund schwindender Kraftressourcen und kleinerer Blessuren auf Höhe des *Georgsklosters* abbrechen und kamen auf diese Weise um den Genuss, das sich am Horizont mehr und mehr abzeichnende *Jericho* in Augenschein nehmen zu können. Dennoch oder gerade deshalb: Die Geschichte, die in Lk 10,30–35 vom barmherzigen Samariter erzählt wird,[11] bekam auf diese Weise ihre ganz eigene Dynamik.

Die Steine verraten für den Zusammenhang dieses berühmten Textes zunächst nicht allzu viel, denn alles, was man erfährt, ist der Eindruck von Wüste, Hitze, Anstrengung und Einsamkeit.[12] So bot sich weniger eine Beschäftigung mit diesem Text an, als vielmehr – mit Blick auf das im Wadi vor uns liegende Kloster – eine thematische Konzentration auf die Frage nach den Mönchen und ihrem Leben in der Abgeschiedenheit der Wüste.[13] Unter dem Leitsatz *Gärten in der Wüste – Mönche in der Einsamkeit* erhielten wir Einblicke in die vielschichtigen Erscheinungsformen des Mönchtums, in den fundamentalen Lebensgrundsatz der Askese sowie spezielle Informationen über den Einfluss des Mönchtums in Palästina seit dem

---

[11] Vgl. LÖNING (1993) 49–71.

[12] Ob es sich bei dem nahe am Einstieg in das Wadi platzierten Gebäude mit der Hinweistafel „Inn of the good Samaritan" tatsächlich um jene Herberge handelt, die innerhalb des zweiten Teils des Textes als räumliches Zentrum fungiert, ist wohl mehr als zweifelhaft. Vgl. dazu z.B. die Spekulationen von GORYS (1984) 178f: Das jetzige Gebäude entstand zwar erst 1903, die antiken Mauerreste im Hof wiesen allerdings darauf hin, dass hier schon zur Zeit Jesu eine Herberge gestanden haben könnte.

[13] Vgl. dazu einführend ANGENENDT (1990) 401–419.

4. Jahrhundert. Die Motivation für Menschen, sich in die Einsamkeit der Wüste zurückzuziehen, bezieht ihre Plausibilität durch eine Denkfigur, die bereits im ersten Jahrhundert präsent und damit auch für das Verstehen mancher Passage der neutestamentlichen Texte relevant ist: Die Welt wird belagert von *Mächten und Dämonen* und in irgendeiner Form gilt es, diesen *Belagerungszustand* zu überwinden. Die Erzählung von der Versuchung Jesu (vgl. Mk 1,12f) ist ein literarischer Reflex auf ein solches Empfinden und lässt sich gewissermaßen als paradigmatische Lösung lesen. Nun verbergen sich hinter dem Stichwort *Mächte und Dämonen* eine ganze Reihe möglicher Aktualisierungsvarianten, wie etwa Reichtum, Macht, Ruhm, Stolz, etc. Gerade als Reaktion auf diese alltäglichen Unfreiheiten versteht sich der Rückzug der Mönche in die Abgeschiedenheit, die sich ihrerseits entweder in der Form des Zusammenlebens in einer Gruppe mit gemeinsamer Gesinnung oder aber (in regelmäßigen Abständen) in der totalen Einsamkeit manifestiert.[14] Das Ziel ist klar: Die Flucht aus den Zwängen der Welt stellt den Versuch dar, tatsächlich als *Kinder Gottes* zu leben, den Kampf gegen die Realisierungen des Bösen durch die Reinheit des Herzens zu führen, was sich schlussendlich natürlich im Umgang mit dem Nächsten bewähren muss.[15]

Für unsere Reisegruppe dokumentierte das Erreichen des *Georgsklosters* einen solchen Befund auf eindrucksvolle Weise: Mitten in der zerklüfteten Wüste trifft man auf ein in die Felswand integriertes Bauwerk mit verschiedenen Höhlenkirchen und kleineren Grotten für die Einzelaskese, dessen Geschichte zurückzuverfolgen ist bis in das Gründungsjahr 480 und das nach seiner Blütezeit im 6. bzw. 7. Jahrhundert[16] unter dem Abt Georg von Choziba eine lange Durststrecke erleben musste.[17] Erst zwischen 1878 und 1901 erneuerten griechisch-orthodoxe Mönche das Kloster, das sich seit dem durch seine Gastfreundschaft auszeichnet und auf diesem Wege das mönchische Ideal der Umsetzung des gottgefälligen Lebens im Umgang mit dem Nächsten fortsetzt.

---

[14] Vgl. hierzu RÖWEKAMP (1995) 146–148.

[15] Vgl. RÖWEKAMP (1995) 149.

[16] Hier variieren die Angaben in der Literatur.

[17] GORYS (1984) 179 erklärt dies folgendermaßen: „Nachdem im Jahre 614 die Perser Jerusalem erobert hatten, ermordeten fanatische Juden die Mönche, deren Gebeine – zu einem großen Haufen aufgestapelt – noch heute in einer Grotte zu sehen sind."

Und an dieser Stelle scheint sich doch noch eine Verbindung zu der angesprochenen Geschichte vom barmherzigen Samariter zu ergeben, denn die Frage nach der Barmherzigkeit ist ja schließlich die inhaltliche Spitze dieses Textes: Eine narrative Analyse zeigt, dass die Funktion des Beispiels vom barmherzigen Samariter innerhalb des Dialogs zwischen Jesus und einem Tora-Lehrer über das ewige Leben zu eruieren ist. Das Erzählte – so das knapp zusammengefasste Ergebnis – charakterisiert die Barmherzigkeit danach nicht etwa in der Außerkraftsetzung der grundsätzlichen Relevanz der Tora, sondern pointiert deren normative Kraft durch den Verweis auf das konkrete Tun.[18]

4. Qumran – Was Reinheitsvorschriften mit der Gottesherrschaft zu tun haben

Der Besuch der Ausgrabungen in Qumran gehört für eine Exkursion nach Israel unter zeit- und religionsgeschichtlichen Gesichtspunkten nicht nur zum obligatorischen Pflichtprogramm, sondern stellt sicherlich einen der Höhepunkte einer solcher Reise dar. Ohne im einzelnen auf die Bedeutung der sich seit den ersten spektakulären Funden im Jahre 1947 mehr und mehr entwickelnden Begeisterung für die Schriftrollen und das aufgrund der Ausgrabungen rekonstruierbare Leben der Gemeinschaft sowie auf die damit verbundenen ideologischen Konfrontationen eingehen zu können,[19] mussten wir einen thematischen Fokus wählen: Die interessante Verbindung zwischen Steinen und Texten ergab sich in diesem Fall über das Stichwort *Reinigung*. Nach einer allgemeinen Einführung zu den Grabungen und zur Situation der Qumrangemeinde im Rahmen des Frühjudentums galt das Interesse der Betrachtungen dementsprechend auch v.a. jenen Teilen der Siedlung, die mehr oder weniger direkt mit diesem innersten Prinzip der Gemeinschaft zu tun hatten. Das Element Was-

---

[18] Vgl. LÖNING (1990) 67–71.

[19] Einen guten Einblick vermittelt das kleine Kompendium von TALMON (1998), das aus unterschiedlichen Blickwinkeln eine erste Bilanz nach fünfzig Jahren Forschungstätigkeit zusammenstellt. Vgl. auch das lesenswerte Themenheft Welt und Umwelt der Bibel 3 (1998), in dem ein sehr anschaulicher Übersichtsplan die einzelnen Ausgrabungen und darüber hinaus einen möglichen Überblick über die Struktur der Siedlung ausweist. Eine lesenswerte Dokumentation gerade für Einsteiger bietet auch SCHICK (1998).

ser und seine Nutzung – hier ist sich die Forschung einig – spielte eine umfassende Rolle für die Qumransiedlung, und zwar auf der einen Seite überhaupt als lebensnotwendige Voraussetzung für eine Siedlung in dieser Gegend,[20] auf der anderen Seite als Element für jene Reinigungsriten, die sowohl für den Eintritt in die Gemeinschaft als auch für das tägliche Zusammenleben fundamental waren. So verwundert es kaum, dass ein sehr großer Teil der ausgegrabenen Einzelobjekte mit diesem Medium zu tun haben: Die gesamte Süßwasserversorgung war überhaupt nur möglich über einen mit Steinen ausgelegten und an den Seiten aufgemauerten *Aquädukt*, der das Wasser aus dem durch eine Mauer teilweise gestauten Wadi Qumran[21] in die Anlage, d.h. in ein eigens dafür vorgesehenes Absetzbecken leitete, das seinerseits als Kläranlage für das herangeführte Wasser fungierte. Der Aquädukt verzweigte sich innerhalb der Siedlung in mehrere Kanäle und speiste auf diese Weise unterschiedliche Zisternen und Becken, so dass eine regelmäßige Wasserversorgung in der gesamten Anlage ständig gewährleistet war.[22] Die Ausgrabungen förderten vier große Zisternen zu Tage, deren Fassungsvermögen zwischen 120 und 332 m³ betrug, drei etwas kleinere Zisternen mit einem möglichen Volumen von 40–56 m³ sowie vier Becken mit etwa 10 m³. Zusätzlich wurden weitere kleinere Becken ausgegraben, die an unterschiedlichen Stellen in der Anlage der Wasserentnahme dienten. Die Badebecken – das größte erstreckt sich über 17 m Länge, 3,6 m Breite und 4,35 m Tiefe –, deren Wände verputzt und offensichtlich zum Schutz vor Verdunstung teilweise mit Dächern versehen waren, dienten der rituellen Reinigung vor Einnahme der Mahlzeiten und zeichneten sich durch ihre Treppenanlagen aus, welche entweder durch eine schmale Mauer in zwei Bereiche getrennt oder aber als doppelte Rampe konstruiert waren.[23] Über die Aufteilung dieser Zugänge zu den Zisternen kann man nur spekulieren: Vielleicht diente die eine Seite zum Hinabsteigen zur Reinigung in das Wasser, während man das Bad auf der anderen Seite gereinigt verließ.[24] Wie

---

[20] Das Terrain befindet sich ca. 1,5 km entfernt vom Westufer und ca. 5 km vom Norddufer des Toten Meeres entfernt und besteht in seiner Grundsubstanz aus Kalk und Mergel.

[21] Zwischen dieser Schlucht und der Anlage sorgte ein Höhenunterschied von ungefähr 200 Metern für das entsprechende Gefälle.

[22] Vgl. HIDRIOGLOU (1998) 28f.

[23] Vgl. HIDRIOGLOU (1998) 29.

[24] Vgl. SCHICK (1998) 76.

dem auch sei, die Ausgrabungen belegen in jedem Fall die Relevanz der Reinigungsvorgänge für die täglichen Abläufe in der Gemeinschaft und stimmen damit mit den Aussagen der Texte überein:[25] Im Rückgriff auf die Reinigungsvorschriften und das Heiligkeitsgesetze im Buch Levitikus (Lev 11–15; 17–22) ist das Reinheitsthema in den Qumranschriften allenthalben präsent und untermauert gewissermaßen theologisch das bewusste Leben der Gemeinschaft in der gewählten Abgrenzung zum Jerusalemer Tempel sowie in der Einsamkeit der Wüste. Die apokalyptische Sicht der Geschichte und die hoffnungsvolle Gewissheit, durch die gelebte Praxis eines priesterlich reinen Lebens an der göttlichen Heilszeit partizipieren zu können, sind ausschlaggebend für die konsequente Umsetzung jenes nachexilischen Leitfadens, wie ihn die Lev-Texte anbieten.[26] Als Beispiel eignen sich u.a. die *Gemeinschaftsregel* (1 QS) bzw. die *Gemeindeordnung für das Israel der Endzeit* (1Qsa) an, zwei Textblöcke, die sowohl für den Eintritt in die Gemeinschaft als auch für die tägliche Gottesdienstfähigkeit und in diesem Sinne als ständige Erneuerung der angemessenen Mitgliedschaft in der Gemeinde die maßgebliche Funktion der rituellen Reinheitsvollzüge betonen.[27]

Welche Verbindung ergibt sich von diesem Befund her zum Neuen Testament bzw. zur Frage nach den Reinheitsvorstellung der neutestamentlichen Autoren? Die Jesusbewegung setzt – wie Blecker am Beispiel von Mk 7 gezeigt hat[28] – einen etwas anderen Akzent, bleibt dabei gleichwohl in der klaren Linie der ersttestamentlichen Vorgaben: Nicht die strenge Befolgung der Reinheitsvorschriften, sondern eine sozialethische Transformation ist nun relevant,[29] die allerdings ihrerseits nicht weniger radikal bzw. apokalyptisch motiviert ist als es die Texte aus Qumran anbieten. Beide *Bewegungen* bieten auf ihre Weise Alternativrealitäten, d.h. sie setzen Kontrastpunkte gegen die gesellschaftliche und religiöse Norm ihrer Zeit. Es geht darum, die Inhalte des Gesetzes transportabel, sie für die momentanen Notwendigkeiten les- und verstehbar, aber auch für das alltägliche Leben umsetzbar zu machen. Beide bieten also Ansätze, der Aussichtslosig-

---

[25] Vgl. zum Folgenden: BLECKER (1998) 25–40. Dieser Aufsatz ist im Anschluss an die Exkursion entstanden!

[26] Vgl. BLECKER (1998) 38.

[27] Vgl. BLECKER (1998) 37.

[28] Vgl. noch einmal BLECKER (1998) 26–32.

[29] Vgl. dazu im Blick auf entsprechende Passagen aus dem lukanischen Doppelwerk, AYUCH (1998).

keit der Geschichte das Kommen bzw. den Anbruch des Reiches Gottes entgegenzustellen.

Bei allen Unterschieden, die sich gerade über das Reinheitsthema zwischen den beiden Gruppierungen aufzeigen lassen,[30] bietet die Beschäftigung mit der Gemeinschaft von Qumran – d.h. das kombinierte Studium von Steinen und Texten – eine geeignete Möglichkeit, sich über die Zeit und die politische und religiöse Umwelt, in der die neutestamentlichen Texte entstanden, Gewissheit zu verschaffen.

5. Masada – Ein Mythos in der Geschichte des jüdischen Volkes

Einen ganz ähnlichen Eindruck vermittelte uns der Besuch der Bergfestung Masada. „Nie wieder Masada…!" – dieser ideologisch durchaus sensible Ausspruch, der seit der Staatsgründung 1948 zum Inbegriff jüdisch nationaler Hoffnungen avancierte, zeigt durch die Tatsache, dass in Israel bis vor einigen Jahren die Vereidigung der Rekruten für die Armee auf eben jenem Felsmassiv durchgeführt wurde, welcher historische und politische Sprengstoff sich hinter dieser Ausgrabung verbirgt.

Wir hatten Masada bereits für das oben angesprochene Hauptseminar als *Testfall* ausgewählt, so dass wir inhaltlich (also historisch, literarisch und archäologisch) bestens für die Besichtigung gerüstet waren: Das 600 m lange und bis zu 230 m breite Plateau war bereits vor 6000 Jahren bewohnt und diente im Laufe der Geschichte immer wieder als Zufluchtstätte. Für unseren speziellen historischen Ausschnitt sind folgende Entwicklungen wichtig:[31] Der Makkabäer Jonathan (161–143 v. Chr.) baute auf Masada eine Burg, die der Hasmonäer Johannes Hyrkanos (135–104 v. Chr.) verstärkte. Herodes dem Großen diente diese Festung bereits im Jahre 40 v. Chr. als Schutz für seine Familie auf der Flucht vor den Parthern und Juden sowie als Zentrale zur Vorbereitung seiner Machtübernahme in Judäa; als er dann König von Judäa war, baute er Masada zwischen 36 und 30 v. Chr. zur stärksten Festung des Landes aus. Nach dem Tod des Herodes wurde die Festung zur römischen Garnison; zu Beginn des jüdischen Krieges (66 n. Chr.) übernahm eine Gruppe von Zelo-

---

[30] Vgl. dazu auch RÖWEKAMP (1995) 71–74.
[31] Vgl. dazu z.B. GORYS (1986) 444.

ten die Herrschaft über die Festung und hielt sie bis zum Zusammenbruch des jüdischen Aufstandes als letzte Bastion. Und eben jene Ereignisse, die sich zwischen 72 und 74 n. Chr. nach dem Fall Jerusalems um und auf Masada ereigneten, sind Ursprung des Mythos, den wir in der kurzen Einleitung zu diesem Kapitel erwähnten und über den der Historiker Flavius Josephus in seiner Schrift *De bello iudaico* (vgl. v.a. Bell VII Kapitel 8) einen eindrucksvollen Bericht verfasst hat:[32] Als der Aufstand von den Römern mehr oder weniger niedergeschlagen war, zogen sich die letzten Zeloten auf Masada zurück und behaupteten sich aufgrund der strategisch ausgezeichneten Lage, einer starken Befestigungsanlage sowie mit Hilfe eines offensichtlich unerschöpflichen Fundus an Vorräten gegen die vom römischen Statthalter Flavius Silva angeführte 10. Legion. Durch den sich schnell schließenden Belagerungsring – die acht Römerlager sowie der diese verbindende, etwa 3,5 km lange und 2 m breite Belagerungswall sind vom Plateau aus noch heute sehr gut eruierbar[33] – gab es für die Zeloten kein Entkommen. Die Römer schütteten eine gewaltige Rampe bis zum Plateau hinauf an, schlugen eine Bresche in die Mauer und setzten die Behelfsmauer in Brand; als sie am folgenden Morgen die Festung stürmten, fanden sie die Eingeschlossenen nur noch tot vor. Was war passiert: Die 960 Männer, Frauen und Kinder hatten sich nach der ergreifenden Rede des Eleazar (Bell VII 8,6f) umgebracht, „da sie schon lange entschlossen waren, weder den Römern, noch sonst jemandem außer Gott zu dienen und das von Gott gegebene Vorrecht nutzen wollten, als freie Menschen zu sterben"; sie wählten durch das Werfen einer Münze zehn Männer aus ihrer Mitte aus, die die übrigen töten sollten, um im Anschluss an das blutige Werk wiederum durch Losentscheid einen letzten auszuwählen, der die restlichen neun umbringen sollte. Lediglich zwei Frauen und fünf Kinder hatten sich in einer Zisterne versteckt und waren auf diese Weise dem schrecklichen Blutbad entkommen.

Der archäologische Befund auf Masada zeigt nur noch wenig von dieser unglaublichen Geschichte;[34] alleine der eindrucksvolle

---

[32] Zum eigenartigen Lebenslauf des Flavius Josephus und der damit zusammenhängenden Bewertung seiner Berichterstattung vgl. u.a. RÖWEKAMP (1995) 77f.

[33] Vgl. die genaue Aufstellung der römischen Lager bei GORYS (1986) 448.

[34] Bei Ausgrabungen in den Jahren 1963–1965 wurde eine Tonscherbe gefunden mit der Aufschrift Ben Yair. RÖWEKAMP (1995) 79 drückt eine mögliche Schlussfolgerung zurecht mit der notwendigen Skepsis aus: „Sollte es sich um

Angriffsdamm der Römer (sie weist eine Länge von 196 m auf, war stabilisiert durch Holzpfähle und mit einer 20 m breiten Steinrampe befestigt) ist als sichtbares Symbol für das Geschehene geblieben. Die übrigen sehenswerten Ausgrabungen verdeutlichen eher das Bild des alltäglichen Lebens für die Zeit zwischen Herodes dem Großen und dem Ende des Jüdischen Aufstandes und ergänzen damit unsere bisherigen Ausführungen. Wir wollen auf einige Besonderheiten hinweisen.[35] Wenn man über den so genannten *Schlangenpfad* den beschwerlichen weil steilen Aufstieg zum Plateau nimmt, oder wie wir (aus Zeitgründen…) einfach die Seilbahn benutzt, wird man vom Eingang aus bereits auf ein Detail aufmerksam: Die *Kasemattenmauer*, die die gesamte Festung auf einer Länge von etwa 1300 m umzog, bauten die Zeloten zu Wohnungen aus, die ihrerseits das dürftige Leben der Zeloten während der Belagerung widerspiegeln. In einer dieser Behausungen nahe des Angriffswalls fand man neben Wurfgeschossen auch Schriftrollen mit Texten aus Gen, Lev und den Psalmen sowie Teilen aus Qumranschriften.[36]

Einen krassen Gegensatz dazu stellt der *Terassenpalast* (oder *Nordpalast*) des Herodes dar, der in den nördlichen Hang der Festung hinein gebaut war. Dieser Palast – die Privatresidenz des Herrschers – bestand aus drei übereinander liegenden Villen, die jeweils einen anderen Grundriss aufwiesen und über in den Fels geschlagene Treppen miteinander verbunden waren: Die unterste Terrasse war versehen mit einer quadratischen Wandelhalle, in deren Mitte sich ein offener Innenhof befand; auf der mittleren Etage wurde in Form eines Rundbaus der Luxuspavillon errichtet; die obere Terrasse bot auf rechteckigem Grundriss Wohnraum. Insgesamt manifestiert sich in dieser Anlage einerseits die große architektonische Größe des Herodes, gleichermaßen jedoch auch sein Hang zum Verschwenderischen. Einen ähnlichen Eindruck erwecken auch einige andere Gebäude, wie etwa der *Westpalast*, der auf einer Fläche von 4000 m² mit unterschiedlichen Sälen, Wirtschafts-, Vorrats- und Verwaltungs-

eine der Scherben handeln, mit denen die zehn Männer auslosten, wer von ihnen der letzte sein sollte?"

[35] Ein übersichtlicher Plan der Anlage findet sich etwa bei KEEL/KÜCHLER (1992) 380.

[36] An einer anderen Stelle fand man hebräische Fragmente des Jubiläenbuches und mutmaßt aufgrund der Tatsache, dass weitere Fragmente dieses Buches nur in Qumran gefunden wurden, eine mögliche Verbindung zwischen den Zeloten auf Masada und den Mitgliedern der Qumrangemeinde.

räumen und nach allen Regeln internationaler Kunst die offizielle Residenz des Herrschers darstellte. Für seine Beamten ließ Herodes mehrere *Villen* errichten, die mit ähnlichem Luxus ausgestattet waren.

Neben dem Verwaltungsgebäude und den großen Lagerhallen, in denen Herodes einen so großen Bestand an Notwendigem horten ließ, dass die Zeloten während der oben beschriebenen Belagerung noch ausreichend davon partizipieren konnten, ist besonders der Fund unterschiedlicher *Wasseranlagen* interessant: So sind etwa die *Thermen* des Herodes zu nennen (ein typisch römisches Badehaus mit unterschiedlichen Badeanlagen) sowie mehrere Zisternen, die über den gesamten Bereich des Plateaus verteilt sind. Besonders erwähnenswert ist die große Zisterne am Südende der Anlage, die etwa 1000 m³ Wasser fasste. Wie schon im Falle von Qumran war auch hier ein besonderes Wasserversorgungssystem notwendig: Neben der bereits bekannten Herleitung des Wassers aus den umliegenden Tälern setzte man v.a. auf die wenigen aber starken Regenfälle, die die Zisternen stets auf einem für die Versorgung ausreichenden Level hielten. Für die Zeloten spielte das Wasser – parallel zur Qumrangemeinschaft – eine wichtige Rolle für die eigene Identität: So hat man etwa im Innenraum des Verwaltungsgebäudes ein Ritualbad gefunden. Die nahe der großen Zisterne gelegene Mikwe zählt zu den ältesten ihrer Art und besteht aus drei Teilbereichen, einem Becken, das zum Regenwasserauffang diente, einem Becken für die rituellen Reinigung der Hände und Füße und schließlich einem rituellen Tauchbecken.

Neben diesen Vorrichtungen für die rituelle Reinigung geben weitere kleinere Einzelheiten, wie etwa der Fund von Werkstätten, einer Bäckerei, einer Schusterei sowie Hausrat, Schriftrollen und Münzen ein durchaus aussagekräftiges Bild über die Lebensweise der Zeloten. Nicht zuletzt ist hinzuweisen auf die an der westlichen Mauer der Anlage befindliche *Synagoge*: Das unter Herodes entstandene Gottesdienstgebäude (fraglich ist, ob es sich zu dieser Zeit um eine Synagoge handelte) ist in die Kasemattenmauer integriert, nach Jerusalem ausgerichtet und wurde von den Zeloten umgestaltet; sie war geprägt durch einen Säulenumgang sowie von vier übereinander gestaffelten Bankreihen entlang der Wände. In einem Nebenraum fand man Fragmente aus dem Ezechielbuch sowie aus dem Buch Deuteronomium.

Fazit: Der Besuch auf Masada war eine der gelungensten Korrelationen zwischen der Arbeit an der Uni und der Erfahrung *vor Ort*; auf diese Weise entstand tatsächlich eine produktive Synthese von Texten und Steinen. Für einen möglichen nächsten Besuch nahm sich allerdings eine große Zahl der Teilnehmerinnen und Teilnehmer vor, Masada über den Schlangenpfad zu besteigen – übrigens eine erwägenswerte Alternative, gerade wenn man sich frühmorgens auf den Weg macht, um den einzigartigen Sonnenaufgang über Jordanien zu erleben...!

6. Noch einmal: Jerusalem

Neben einem weiteren Tagesausflug in den Negev, bei dem wir den Nabatäerstützpunkt Mamshit sowie die biblisch häufig genannte Stadt Be'er Sheva besuchten, konzentrierten wir die übrige Zeit in Jerusalem auf die wichtigsten Stätten innerhalb der Stadt bzw. in ihrer näheren Umgebung.

Der Besuch des *Israelmuseums* hatte für alle Teilnehmerinnen und Teilnehmer so etwas wie einen zusammenfassenden und in jeder Hinsicht vertiefenden Charakter. Denn sowohl die beeindruckende Ausstellung der Qumranrollen im *Schrein des Buches* als auch die museumspädagogisch höchst wertvoll inszenierte Dokumentation der Geschichte Israels bot eine optische wie inhaltliche Zuspitzung des bisher in den Ausgrabungen Gesehenen.

Wer in die *Grabeskirche* kommt, ist zunächst irritiert. Und das nicht etwa alleine aufgrund der möglichen Skepsis über die Information, dieses Hauptheiligtum der Christen umschließe den Golgotafelsen, die Kreuzigungsstätte sowie das leere Grab, sondern vielmehr durch die schockierende Erfahrung des massenhaften Durcheinanders der kreuz und quer durch diese Kirche strömenden Touristen sowie aufgrund der düsteren Unübersichtlichkeit, die das Auffinden der unterschiedlichen Highlights zu einem echten Abenteuer macht. Nichts desto weniger liegt aber gerade auch darin der Reiz der Erkundung.[37] Denn es ist schon bemerkenswert, mit welcher stoischen Ruhe und Konzentration die vielen verschiedenen christlichen Kon-

---

[37] Ausführliche Beschreibungen der einzelnen Details innerhalb der Grabeskirche (mit entsprechenden Plänen) finden sich bei GORYS (1986) 99–106 sowie bei RÖWEKAMP (1995) 188–195.

fessionen ihre Gottesdienste mitten in diesem Treiben feiern. Neben dem Studium der in sich verschachtelten Baustile bleibt in Erinnerung v.a. die kursorische Lektüre der neutestamentlichen Auferstehungstexte auf dem Dach der Kirche im Bereich der Äthiopier. Trotz der Fraglichkeit der faktischen Zuweisung der heutigen Verehrungsstätten zu den *Originalschauplätzen* erhielt die Frage, *wie das leere Grab zum leeren Grab wird* und die möglichen literarischen Antwortversuche durch die Wahl dieses Ortes eine durchaus authentische Dimension.

Yad Vashem – Ein Denkmal und ein Name. Auf dem Har HaZikkaron, dem Berg der Erinnerung, befindet sich die Hauptgedenkstätte des Jüdischen Volkes an die Ermordung von sechs Millionen Juden in der Zeit des Nationalsozialismus. So etwas wie eine Besichtigung kann dort nicht stattfinden, es ist eher die schweigende Begegnung mit der schrecklichen Vergangenheit. Die monumentalen Mahnmale – *Halle der Erinnerung* (Platten mit den 22 Vernichtungslagern); *Halle der Namen* (hier sind über drei Mill. Juden verzeichnet); *Tal der Gemeinden* (in einem Labyrinth sind die Gemeinden eingemeißelt, die von den Nazis ausgelöscht wurden); *Kindergedenkstätte* (unterirdische Halle mit mehreren Glaswänden; in deren Mitte fünf Kerzen, die unzählige Male widergespiegelt werden: Gedenken an die 1,5 Mill. ermordeten Kinder) sowie zahlreiche *Plastiken* und *Einzeldenkmäler* (wie etwa die trockenen Knochen oder der letzte Wagen) – werden ergänzt durch ein Museum, das die Geschichte der Verfolgung und Vernichtung dokumentiert und mit Hilfe von Bildern, Gemälden und Zeichnungen illustriert. *Ein Denkmal und ein Name* – diese Bedeutung von Yad Vashem ist angelehnt an Jes 56,5 („Ihnen alleine errichte in meinem Haus und in meinen Mauern ein Denkmal; ich gebe ihnen einen Namen, der mehr wert ist als Söhne und Töchter: Einen ewigen Namen gebe ich ihnen, der niemals ausgetilgt wird") und bringt die hoffnungsvolle Komponente eines solchen Mahnmals zum Ausdruck; es ist ein Zeichen gegen das Vergessen und somit für uns Heutige eine der wenigen Möglichkeiten, eine Wiederholung des Schrecklichen mit aller Kraft zu verhindern. Am Ende des Museumsrundgangs fasst ein Wort Martin Bubers dies zusammen: „Das Geheimnis der Erlösung heißt Erinnerung".

Der *Ölberg*, der den südlichsten Ausläufer einer Bergkette zwischen Mittelmeer und Jordangraben darstellt, übernimmt bereits in ersttestamentlichen Traditionen die Funktion des Ortes, an dem man Gott anbetet bzw. an dem die Gegenwart Gottes in besonderer Weise evident wird (vgl. z.B. 2 Sam 15,32; 1 Kön 11,7; Ez 11,23) und von dem aus der Überlieferung nach der Messias in Jerusalem einziehen wird (vgl. Sach 14,4).[38] Nicht von ungefähr erstreckt sich im Anschluss an ein solches Verständnis am Westhang dieses Berges der riesige jüdische Friedhof, auf dem Juden aus allen Teilen der Welt begraben sind. Die neutestamentlichen Texte übernehmen diese Traditionen und situieren v.a. die Himmelfahrt Jesu auf diesem Berg (Vgl. Lk 24,50f; Apg 1,19), was sich baulich v.a. in der so genannten Himmelfahrtskapelle bzw. -moschee manifestiert.[39] Auch die anderen Bauten auf dem Ölberg zeichnen sich einerseits durch eine christliche Motivation aus (Mariengrab; Garten Getsemani und Getsemanigrotte; Kirche der Nationen; Dominus Flevit; Pater-Noster-Kirche) und bieten andererseits Einblicke in jene vielfältige Architekturgeschichte, wie sie das Beispiel der Himmelfahrtskirche vorgibt. Die Erkundungen auf dem Ölberg bieten folgenden Gesamteindruck: Die *heiligen Stätten* bieten so etwas wie eine architektonische Wirkungsgeschichte der religiösen Grunddaten, und zwar sowohl innerhalb der Beziehung zwischen Judentum und Christentum, als auch hinsichtlich der Ergänzung durch den Islam. Dem Betrachter wird nach und nach deutlich, dass dabei gar nicht so sehr die Notwendigkeit der Faktizität der Ereignisse zu diskutieren ist; die Frage, wie heilige Stätten zu heiligen Stätten werden, wird vielmehr über die Stichworte *Erinnerung* und *Identität* bestimmbar. Wie die Anmerkungen zur Himmelfahrtskirche zeigen, spielt dabei die Symbiose von Texten und Steinen in diesem

---

[38] Vgl. zu d en Texten etwas ausführlicher RÖWEKAMP (1995) 199ff.

[39] Die Geschichte der Kirche bzw. Moschee können wir paradigmatisch für die anderen Bauwerke auf dem Ölberg andeuten: Im Jahre 383 stand an der Stelle der heutigen Himmelfahrtskirche eine oktogonale Portikusanlage mit einem Durchmesser von 41 m. Südlich davon stießen Franziskanerarchäologen auf ein Martyrion, das die Pilgerin Melanis im Jahre 438 erbauen ließ. Mehrere Klöster schlossen sich nach Süden und Westen an. 614 fielen die Bauten auf dem Ölberggipfel dem Persereinfall zum Opfer. Um 670 wurde das Oktogon wieder aufgebaut 1009 durch Sultan el-Hakim aber wieder zerstört. Die Kreuzfahrer errichteten die Himmelfahrtskapelle um das Jahr 1252 über dem Stein mit dem *Fußabdruck des Herrn*, der noch heute unter einer Glasplatte gezeigt wird. Ein stark befestigtes Augustinerkloster umgab zu dieser Zeit den Himmelfahrtsschrein. 1187 ließ Saladin das Kloster abreißen, den Schrein wandelte er in islamisches Heiligtum mit Moschee um. Die christlichen Konfessionen dürfen einmal im Jahr einen Gottesdienst (Christi Himmelfahrt) feiern, die östlichen Kirchen verrichten ihre Gottesdienste im Hof.

Fall im Blick auf die Wirkungsgeschichte eine nicht unerhebliche Rolle.

Schließlich ist auf die *St. Anna-Kirche* und die *Betesda-Teiche* hinzuweisen: Die Kirche, die der Geburt der Maria geweiht ist, zählt wohl zu den besterhaltenen Kreuzfahrerbauten im ganzen Land und zeichnet sich neben ihrer für den sakralen Kirchbau der Kreuzfahrer typischen Charakteristik durch eine atemberaubende Akustik aus, von der wir uns durch einige Gesangskostproben überzeugen durften. Nun war für unsere neutestamentliche Brille unter der Berücksichtigung der Erzählung von der Heilung eines Gelähmten in Joh 5 v.a. der Blick auf die Betesda-Teiche von großem Interesse, jene über 5000 m^2 große Doppelzisterne mit einer Länge von ca. 120 m und einer Breite von bis zu 60 m, die 7–8 m tief in den Felsen gehauen sowie mit fünf Säulenhallen[40] bestückt war. Diese riesige Zisterne – man sammelte darin offensichtlich Regenwasser aus den umliegenden Abhängen (vgl. Jes 7,3; 2 Kön 18,17; Sir 50,3) – trug auch den Namen *Schafteich*, was daher resultierte, dass sie in der Nähe des Schaftores lag (vgl. Joh 5,2) bzw. dass man in der Nähe des Teiches die Opfertiere zusammentrieb. Der Name *Betesda* lässt sich umschreiben mit *Haus der Barmherzigkeit* und spielt an auf die medizinisch-religiöse (und in diesem Sinne volkstümlich gedeutete) Funktion dieses Ortes, die offensichtlich darin bestand, dass in der mittleren Halle Kranke auf die reinigende Wirkung des Wassers warteten und barmherzige Mitbürger sie versorgten. Ohne die weiteren baulichen Entwicklungen aufzeigen zu wollen,[41] wenden wir uns direkt der Erzählung in Joh 5 zu, denn sie setzt genau an dieser Stelle ein:[42] Der Autor des Johannesevangeliums inszeniert eine seiner *Zeichengeschichten* eben an diesem Ort, den er für seine Verhältnisse außergewöhnlich genau beschreibt: „Es gibt aber in Jerusalem einen Teich, der auf Hebräisch Betesda genannt wird, der fünf Säulenhallen hat“ (5,2). Zusätzlich beschreibt er das Szenario, das der zum Fest der Juden vorbeikommende Jesus vorfindet: „In diesem lag eine Menge Kranker, Blinder, Lahmer, Ausgezehrter danieder“ (5,3) womit „der Teich Betesda mit seinen Gebäuden und seinem Milieu zu einem Symbol

---

[40] Der Bau der Säulenhallen steht im Zusammenhang des Tempelneubaus durch Herodes den Großen (37–4 v. Chr.). Dabei entstanden vier Säulenhallen, die die Anlage umgaben sowie eine fünfte, die quer über dem Teich die Trennmauer der beiden Zisternenteile trennte.

[41] Vgl. dazu etwa GORYS (1986) 73–75.

[42] Vgl. zum Folgenden LÖNING (1997) 119–134.

für eine ganze Welt, für eine kranke Welt"[43] wird. Innerhalb des Gesprächssequenzen zwischen dem Gelähmten und Jesus erfährt der Leser den eigentlichen Grund, warum der Kranke seine achtunddreißig Jahre andauernde Krankheit nicht los wird: Er hat keinen Menschen, der ihn rechtzeitig (d.h., wenn das Wasser steigt) zum Teich bringt (5,5–7). Gegenüber klassischen Heilungsverfahren (vgl. dazu z.B. die Vorgänge in Joh 9) entwickelt der Autor die Heilung direkt aus dem Dialog heraus, d.h. der Kranke wird lediglich aufgrund eines Wortes Jesu gesund (5,8f). Nun wäre es sicherlich angezeigt, die sich an die Heilung anschließenden Dialogrunden zwischen Jesus und ‚den Juden' weiter zu verfolgen, denn hier entwickelt der Autor eigentlich die theologischen Spitzen dieser Geschichte. Wir müssen uns allerdings auf unser Anliegen konzentrieren: Der Johannestext, der bereits innerhalb der Darstellung der Heilung das bisher gültige Prinzip (den Kranken wird geholfen, die heilende Kraft des Wassers in Anspruch zu nehmen) um eine echte Alternativlösung bereichert (dem Wort Jesu eignet heilende Kraft), steht von den situativen Bedingungen her in enger Verbindung zu den baulichen Vorgaben. Der archäologische Befund bietet gewissermaßen die Grundlage für das Verständnis der Verständigung der johanneischen Erzählgemeinschaft, denn wie Löning es formuliert, demonstriert die Geschichte „nicht nur die manifeste Erscheinung der Heilsbedürftigkeit eines Menschen, sondern ist symptomatisch für die Befindlichkeit des Menschen in seiner Welt"[44].

Die vier ausgewählten Beispiele zeigen, dass wir in und um Jerusalem eine ganze Reihe unterschiedlicher Erfahrungen in Bezug auf die Korrelation zwischen archäologischem Befund und textlicher Gestaltung machen konnten. Hinzuweisen ist an dieser Stelle noch darauf, dass wir uns in Gesprächen mit Menschen in der Stadt, Erkundungen auch jenseits archäologischer Provenienz, bei Synagogenbesuchen und natürlich bei individuellen Streifzügen durch das alte und neue Jerusalem auch ein Bild vom modernen Leben und Leiden, also von Jerusalem als schwerer, aber einzigartiger Adresse machen konnten.

[Fortsetzung folgt im nächsten Jahrbuch]

---

[43] LÖNING (1997) 127.
[44] LÖNING (1997) 127.

Literaturverzeichnis

ANGENENDT, Arnold (1990):
> *Das Frühmittelalter.* Die abendländische Christenheit von 400–900, Stuttgart/Berlin/Köln: Kohlhammer 1990, 401–419.

AYUCH, Daniel (1998):
> *Sozialgerechtes Handeln als Ausdruck einer eschatologischen Vision.* Zum Zusammenhang von Offenbarungswissen und Sozialethik in den lukanischen Schlüsselreden (MThA 54), Münster 1998.

BLECKER, Iris (1998):
> *Rituelle Reinheit vor und nach der Zerstörung des Zweiten Tempels.* Essenische, pharisäische und jesuanische Reinheitsvorstellungen im Vergleich, in: Leinhäupl-Wilke, Andreas / Lücking, Stefan: Fremde Zeichen. Die neutestamentlichen Texte in der Konfrontation der Kulturen (Theologie 15), Münster: Lit 1998, 25–40.

FRITZ, Volkmar (1985):
> *Einführung in die biblische Archäologie*, Darmstadt: Wissenschaftliche Buchgesellschaft 1985.

GORYS, Erhard (1984):
> *Das Heilige Land.* Historische und religiöse Stätten von Judentum, Christentum und Islam in dem 10 000 Jahre alten Kulturland zwischen Mittelmeer, Rotem Meer und Jordan, Köln: DuMont 1984.

HIDRIOGLOU, Patricia (1998):
> *Aquädukt, Becken und Zisternen.* Die Nutzung des Wassers, in: Welt und Umwelt der Bibel 3 (1998) 28f.

KEEL, Othmar / KÜCHLER, Max (1982):
> *Orte und Landschaften der Bibel.* Ein Handbuch und Studienreiseführer zum Heiligen Land. Band 2, Göttingen: Vandenhoeck & Ruprecht 1982, 348–378.

KRUPP, Michael (1992):
> *Zionismus und Staat Israel*, Gütersloh: Mohn 1992.

KUSCHEL, Karl-Josef (1994):
> *Streit um Abraham.* Was Juden, Christen und Muslime trennt – und was sie eint, München/Zürich: Piper 1994.

LÖNING, Karl (1993):
> *Die Tora als Weg zum ewigen Leben nach Lk 10,25–37*, in: Angenendt, Arnold / Vorgrimler, Herbert (Hrsg.): Sie wandern von Kraft zu Kraft. Aufbrüche – Wege – Begegnungen, FS Reinhard Lettmann, Kevelaer: Butzon und Bercker 1993, 49–71.

LÖNING, Karl / ZENGER, Erich (1997):
> Als Anfang schuf Gott. Biblische Schöpfungstheologien, Düsseldorf: Patmos 1997, 119–134.

MALINA, BRUCE J. (1993):
> *Die Welt des Neuen Testaments.* Kulturanthropologische Einsichten, Stuttgart/Berlin/Köln: Kohlhammer [2]1993.

OZ, Amos (1984):
> *Im Lande Israel*, Frankfurt: Suhrkamp 1984.

RAHEB, Mitri (1994):
> *Ich bin Christ und Palästinenser*, Gütersloh: Gütersoher Verlags-Haus 1994.

RÖWEKAMP, Georg (1995):
> *Israel*. Ein Reisebegleiter zu den heiligen Stätten von Judentum, Christentum und Islam, Freiburg u.a.: Herder [2]1995, 228–238.

SCHICK, Alexander (1998):
> *Faszination Qumran*. Wissenschaftskrimi, Forscherstreit und wahre Bedeutung der Schriftrollen vom Toten Meer, Berneck: Schwengeler 1998.

STEGEMANN, Ekkehard W. / STEGEMANN, Wolfgang (1995):
> *Urchristliche Sozialgeschichte*. Die Anfänge im Judentum und die Christusgemeinden in der mediterranen Welt, Stuttgart/Berlin/Köln: Kohlhammer 1995.

TALMON, Shemaryahu [Hrsg.] (1998):
> *Die Schriftrollen von Qumran*. Zur aufregenden Geschichte ihrer Erforschung und Deutung, Regensburg: Pustet 1998.

THOMA, Clemens:
> Art. *Abraham*, in Petuchowski, Jakob J. / Thoma, Clemens: Lexikon der jüdisch-christlichen Begegnung, Freiburg/Basel/Wien: Herder 1990, 3–8.

Leinhäupl-Wilke, Andreas
Dr. theol., geboren 1966, verheiratet, zwei Kinder, studierte Kath. Theologie und Germanistik in Münster. 1995–2000 Wissenschaftlicher Mitarbeiter bei den Katholisch-Theologischen Seminaren der Westfälischen Wilhelms-Universität Münster. Seit Sommer 2000 Theologischer Referent beim Caritas-Diözesanverband für das Erzbistum Köln. Dissertation: *Erzählen – Erinnern – Wissen.* Die Funktion des narrativen Rahmens (Joh 1,19–2,12 – 20,1–21,25) für die Kommunikationssituation des Johannesevangeliums, Diss. Univ. Münster 2000.

Online unter: *http://purl.org/bibfor/archiv/99-1.leinhaeupl.htm*

Manuel
Vogel

Bericht über eine archäologische Erkundung Galiläas auf den Spuren des Josephus

Im August 1998 fuhr ich auf Einladung von Jan Willem van Henten auf die SNTS-Jahrestagung nach Kopenhagen, um als Gast des Seminars *Early Jewish Writings* ein Referat über die Vita des Josephus zu halten, jene kleine Schrift, die Josephus als Anhang zu den 20 Bücher umfassenden Antiquitates verfasst hat. Unter den Teilnehmern des Seminars war auch der kanadische Josephus-Spezialist Steve Mason (Toronto), den ich schon vom Münsteraner Josephus-Colloqium 1997 her kannte. Er erzählte mir von seinem Plan, im Dezember nach Galiläa zu reisen, um die Stätten, die Josephus in der Vita beschrieben hat, einmal selber in Augenschein zu nehmen. Er lud mich ein, ihn zu begleiten, und ich zögerte nicht, diese Einladung anzunehmen – wenn ich auch keine Vorstellung vom Sinn und Zweck eines solchen Unternehmens hatte. Sind nicht die zum Teil sehr detaillierten Angaben des Josephus in Verbindung mit zuverlässigem Kartenmaterial ausreichend, um eine Vorstellung von den topographischen und geographischen Bedingungen zu gewinnen, unter denen sich die von Josephus berichteten Ereignisse während seines etwa sechsmonatigen Galiläa-Aufenthaltes bis zu seiner Gefangennahme in Jodfat abgespielt haben? Nun, da ich mit einer Fülle von Eindrücken aus Galiläa zurückgekehrt bin, bin ich froh, diese Frage nicht beantworten zu müssen. Mein Umgang mit dem josephischen Text hat sich, des bin ich sicher, entscheidend geändert. Über die stets interessanten und zum Teil höchst wichtigen archäologischen Sachinformationen hinaus habe ich nun das Bild der Landschaft vor Augen, in der die Handlung der Vita sich abgespielt hat.

Sepphoris

Sepphoris war unsere erste Station während der viertägigen Erkundung im Golan und in Galiläa. Während der ersten beiden Tage begleitete uns Haggai Amitzur, der an der Bar-Ilan-Universität *Land of Israel Studies* unterrichtet. Sepphoris war im ersten jüdischen Krieg romtreu und entging deshalb der Zerstörung durch die Truppen Vespasians. Bis in byzantinische Zeit lässt sich eine kontinuierliche Bebauung nachweisen. Zunächst besichtigten wir das von Herodes Antipas erbaute Theater. Erhalten sind außer Räumlichkeiten für die Schauspieler unter der Bühne die Sitzreihen, soweit sie nicht gemauert, sondern aus dem Felsen gehauen waren. Man schätzt die Größe des Theaters auf etwa 4500 Sitzplätze. Ein Schlaglicht zum Thema Judentum und Hellenismus ist der Umstand, dass das Theater in unmittelbarer Nachbarschaft zum jüdischen Viertel lag. Jedes jüdische Wohnhaus hatte eine eigene Mikve und eine Zisterne (zur Gewinnung von Regenwasser zur Verwendung für das rituelle Bad?). Auf der Akropolis wurden Reste einer hasmonäischen Zitadelle gefunden. Diese wurde um das Jahr 62 zerstört, und zwar wahrscheinlich von der jüdischen Bevölkerung selbst als Treuebeweis gegenüber Nero, der der Stadt zuvor den Namen Eirenopolis Neronias gegeben hatte. Bei den Grabungen fand man eine Mikve, die wahrscheinlich den Soldaten der hasmonäischen Anlage als Ritualbad gedient hatte. Die einige Meter breite Treppe und das entsprechende groß bemessene Bassin lassen auf gruppenweise Nutzung des Bades schließen, anders als die privaten Mikvaot der Wohnhäuser des Viertels etwa von der Größe einer Duschwanne. Würde man eine solche Mikve nicht auch in Qumran erwarten, wo die Gruppenidentität ungleich stärker ausgeprägt war? Über das Thema antiker Mikvaot wurde gerade von israelischen Forschern viel geschrieben. Überlegungen zu unserer Frage liegen also sicherlich längst irgendwo gedruckt vor. Es macht aber einen Unterschied, ob man fernab am Schreibtisch auf solche Fragen stößt, oder an den „Originalschauplätzen", die durch die Archäologie wenigstens andeutungsweise und nicht selten in frappierender Detailgenauigkeit wieder zugänglich gemacht wurden. Amitzur erzählte, dass mancher Galiläaspezialist aus Europa oder Amerika nach einigen Publikationen „aus der Ferne" erstmals diese Landschaft bereist und eine ganz neue Sicht der Dinge gewonnen hat.

In der recht gut erhaltenen Zitadelle aus der Kreuzfahrerzeit – als Baumaterial für die Außenmauern diente u.a. ein Sarkophag – ist ein

Museum eingerichtet, das einige Funde beherbergt, darunter eine Dionysosstatuette (gefunden im jüdischen Viertel…), und ebenso gibt es dort eine Multimediadarstellung der Geschichte von Sepphoris. Uns fiel auf, wie gut die Ergebnisse archäologischer Grabungen in Israel für den Tourismus aufbereitet sind.

Während das jüdische Viertel aus hellenistisch-römischer Zeit auf dem höchsten Punkt des Hügels liegt, bildet die spätrömisch-byzantinische Bebauung die Unterstadt. Wenngleich für unsere Josephusarbeit nicht von unmittelbarer Bedeutung, beeindruckte uns doch die besondere Anschaulichkeit der Grabungsfunde. Das Pflaster der breiten Einkaufsstraße zeigt die Radspuren der Lastkarren; einige Stellen enthalten in den Pflasterstein geritzte Umrisse von Spielbrettern, ähnlich unserem Mühle-Spiel. Beschäftigung von Kindern, während die Mütter in der Ladengalerie zu beiden Seiten der Straße ihre Einkäufe erledigten. Gegenüber dem Eingang einer byzantinischen Kirche ist eine Menorah in das Pflaster geritzt. Zeichen eines nicht spannungsfreien, aber offenbar doch möglichen Miteinanders von Juden und Christen in derselben Stadt. Zu den Schätzen von Sepphoris zählen die Mosaike der Villa eines reichen Bürgers, die u.a. Szenen aus dem Leben des Dionysos enthalten. Zur Konservierung wurden die Mosaike mittels einer flächendeckenden Klebefolie abgezogen, auf große Holztrommeln gespannt und nach Jerusalem transportiert, wo sie gereinigt und zu festen Platten zementiert wurden, um schließlich wieder an der originalen Fundstelle befestigt zu werden. Die Mosaike stammen aus der Zeit des Jehua ha-Nasi, der als Kompilator der Mischna zu den wichtigsten rabbinischen Gestalten der tannaitischen Epoche zählt. Es ist überliefert, dass er in fortgerücktem Alter aus gesundheitlichen Gründen von Bet-Shean in das klimatisch günstiger gelegene Sepphoris gezogen ist. Seit man ein Mikve-ähnliches Bassin ausgegraben hat, das zum gleichen Gebäude gehörte, schließt man nicht mehr aus, dass das Anwesen von Juden bewohnt wurde. Jedenfalls können den jüdischen Mitgliedern des Stadtrates und anderen einflussreichen jüdischen Bürgern die Mosaiken des Hauses, in dem zweifellos wichtige Entscheidungen des kommunalen Lebens fielen, nicht verborgen geblieben sein.

Der Wasserspeicher

Zum Schluss zeigte uns Amitzur das monumentale Wasserreservoir der Stadt, das etwa einen Kilometer außerhalb liegt. Von umliegenden und weiter entfernten Quellen wurde das Wasser in zahlreichen Aquaedukten in die Stadt geleitet und immer dann, wenn der Zufluss größer war als der aktuelle Verbrauch, in das Reservoir umgeleitet. Gegen diesen Wasserspeicher ist die turnhallengroße Zisterne auf Massada geradezu eine Miniatur. Zur ganzjährigen Versorgung von Sepphoris hat man den Kalkfelsen auf einer Länge von 216 Metern in einer Tiefe von ca. 10 Metern ausgehöhlt und damit die Bedingungen für einen immensen Wasservorrat während der trockenen Monate geschaffen. Man stelle sich vor: Springbrunnen und fließendes Wasser in Sepphoris, während die Vegetation der Umgebung unter der drückenden Hitze des Sommers verdorrte. Der Wasserspeicher verengt sich in Richtung der Stadt, bis nur noch eine kleine Öffnung an der Verbindungsstelle zum Aquaedukt übrigbleibt. Der an dieser Öffnung angebrachte Schieber zur Regulierung des Wasserzuflusses aus dem Reservoir wurde bei den aufwendigen Grabungsarbeiten gefunden. Da der Wasserdruck nicht ausreichte, um die Oberstadt mit Wasser zu versorgen, hat man nach römischem Vorbild Schöpfräder eingesetzt, deren Reste ausgegraben wurden. Von Sepphoris fuhren wir Richtung Küste auf eine Anhöhe, die im letzten Tageslicht zur Linken den Blick auf Sepphoris und zur Rechten den Anblick des Mittelmeeres bot. Auch dies war ein wichtiger Eindruck, um sich die Größenverhältnisse des Gebietes klarzumachen, in dem Josephus agiert hat.

Tiberias

Am zweiten Tag führte uns Amitzur zunächst auf einen Hügel oberhalb von Tiberias, dem mutmaßlichen Standort des Herodespalasts, dessen Zerstörung Josephus zu Beginn des jüdischen Krieges befohlen hatte (Vita 66). Die Stelle bietet einen hervorragenden Rundblick über den See: Gegenüber liegt Hippos, die nächste Station dieses Tages. Am Fuße des Hügels das moderne Tiberias im Norden und südlich Hamath mit seinen heißen Quellen, die auch heute noch viel Fremdenverkehr anziehen, weshalb das heutige Hamath hauptsächlich aus wuchtigen Hotelbauten besteht. Dazwischen lag das im Vergleich zur heutigen Stadt recht kleine antike Tiberias, dessen südliche Stadtmauer ausgegraben wurde. Das heutige Stadtgebiet war zur Zeit des Josephus hauptsächlich landwirtschaftlich genutzt.

Hippos

Von Tiberias aus umfuhren wir den See in südlicher Richtung und verließen die Uferstraße am Kibbuz En-Gev. Über geschotterte Serpentinen gelangten wir auf den Hügel, auf dem das antike Hippos lag. Ähnlich wie in Gamla fällt der Hang nach drei Seiten steil ab, so dass die auf dem Bergrücken gelegene Stadt nur an einer Seite mit einer Mauer geschützt werden musste, um damals praktisch uneinnehmbar zu sein. Reste des antiken Stadttors und der Stadtmauer wurden ausgegraben, so dass wir uns, den Hügel von Osten ersteigend, eine gute Vorstellung von der sicheren Lage der Stadt machen konnten. Anders als in Gamla ist der Bergrücken allerdings plateauartig abgeflacht. Als Tiberias gegen Ende des 2. Jh. n. Chr. Sitz des jüdischen Patriarchen und bedeutendes rabbinisches Zentrum wurde, entwickelte sich Hippos gewissermaßen zum christlichen Gegenstück. Man hat insgesamt sechs byzantinische Kirchen gefunden. Die Säulen einer dieser Kirchen liegen alle in einer Richtung, was zu der Vermutung Anlass gibt, dass die Kirche bei dem großen Erdbeben des 8. Jh. n. Chr. zerstört wurde, das in der gesamten Region große Schäden angerichtet hatte. So wie die Säulen einst durch die Erdstöße umgefallen sind, liegen sie heute noch da.

Die einzige moderne Bebauung ist ein israelischer Bunker aus der Zeit vor dem Sechstagekrieg, vom Kibbuz En-Gev aus in unterirdischen Stollen zugänglich, bis 1967 nordöstlichster israelischer Vorposten. Auf dem nächsten Hügel, einen Steinwurf entfernt, sieht man noch die syrischen Befestigungsanlagen. Das Gelände ist noch weitgehend vermint, so dass man gut daran tut, die mit Stacheldraht flankierten Wege zum Grabungsgelände nicht zu verlassen.

Der Handel zwischen West- und Ostufer florierte trotz der religiösen Gegensätze zu allen Zeiten. Josephus erwähnt in Vita 66 unter den Tiberiensern die „Partei der Schiffer"; vor dem Altar einer byzantinischen Kirche oberhalb von Tiberias ist ein Anker in den Boden eingelassen, offenbar Wahrzeichen der Gemeinde, die vom Schiffsverkehr lebte. Manche mischnisch-talmudische Halachah über den

Umgang mit Waren nichtjüdischer Provenienz mag in den Handels-beziehungen zwischen Tiberias und Hippos ihren Ursprung haben.

Von Hippos aus bot sich ein ebenso guter Ausblick auf die Umgebung wie vom gegenüberliegenden Hügel oberhalb von Tiberias aus. In der Ferne deutlich sichtbar die runde Kuppe des Tabor. Markanter Blickfang von Tiberias aus in nördlicher Richtung ist der Berg Arbel mit seinen Höhlen, die galiläischen Räuberbanden und Aufständischen so oft als Versteck gedient hatten. Josephus hat sie in Erwartung der römischen Truppen befestigt. Auch lässt sich vom Ostufer aus die für die Vita wichtige Entfernung zwischen Tiberias und dem antiken Tarichea gut abschätzen. Man kann sich die Distanzen in Galiläa zum Teil gar nicht kleinräumig genug vorstellen. Unbewusst legt man doch immer wieder europäische oder nordamerikanische Verhältnisse zugrunde, trotz des vorhandenen Kartenmaterials.

Gamla

Von Hippos fuhren wir über die Golan-Höhenstraße entlang der syrischen Grenze nach Gamla. Gamla wurde erst 1968 entdeckt; zuvor hatte man das auf einem ähnlich geformten Bergrücken erbaute antike Hippos für das im Jahre 68 zerstörte Gamla gehalten. Die Entdeckung der Stadt verdankt sich dem aufmerksamen Blick und dem guten Gedächtnis eines israelischen Soldaten, der zu seiner Bar-Mitzva das Bellum des Josephus geschenkt bekommen und offenbar auch gründlich studiert hatte. Bei einem Erkundungsflug fielen ihm die Übereinstimmungen mit dem von Josephus beschriebenen Gelände auf. Seither wurden erst etwa 5% der Stadt ausgegraben, deren Häuser in Terrassenbauweise auf dem weniger steilen Nordosthang des Hügels errichtet waren. Der Bergrücken selbst ist anders als in Hippos ein schmaler Kamm, dessen steiles und felsiges Südende an die Form eines Kamelhöckers erinnert – woher der Ort seinen Namen hat. In Gamla wurden uns die Ereignisse des Jüdischen Krieges wohl am lebendigsten. Der josephische Bericht über die Eroberung Gamlas durch Vespasian zeigt die eindrücklichsten Übereinstimmungen mit dem Grabungsbefund. Um die Belagerungsmaschinen in größtmögliche Nähe zur Stadtmauer zu bringen, haben die Römer die Talsohle am breiten Nordhang teilweise zugeschüttet.

Die zu Hunderten ausgegrabenen Wurfgeschosse – einige hat man zu Anschauungszwecken liegen gelassen – reichten wegen der Hanglage jedoch kaum hundert Meter hinter die Stadtmauer, so dass sich die Einwohner nur etwas in die hinteren Stadtviertel zurückziehen mussten, um für die Geschosssteine unerreichbar zu sein. Also begannen die Römer mit einer Ramme an drei Stellen (Bellum 4,20) die Mauer zu durchbrechen. An zwei Stellen ist die restliche Mauer so gut erhalten, dass der Durchbruch noch im „Originalzustand" erhalten ist – als sei es gestern gewesen, dass römische Soldaten in die Stadt stürmten. Auch dieser Versuch, die aufständische Stadt zu besiegen, scheiterte jedoch. Die eindringenden Soldaten postierten sich nämlich so zahlreich auf den Dächern der Häuser, dass die (wie wir mit Händen betasten konnten) unzementierten Mauern einstürzten und auf das jeweils darunter gelegene Haus niederbrachen. Dadurch ergab sich ein Dominoeffekt und viele römische Soldaten fanden den Tod unter den Trümmern der einstürzenden Mauern. Unglücklicherweise drängten weitere Soldaten von außen durch die Bresche, so dass es für die bereits in der Stadt Befindlichen kein Entkommen gab. Die Belagerung wurde also fortgesetzt, bis einige Soldaten den an der höchsten Stelle der Mauer errichteten Wachtturm unterhöhlten, zum Einsturz brachten und die Bewohner überrumpelten. Dies ist ein Detail des josephischen Berichts, das von jeher beargwöhnt wurde: Wie kann in einigen wenigen Nachtstunden per Handarbeit das Fundament eines Wachtturms von ca. vier Metern Durchmesser unterhöhlt werden? Sieht man sich die erhaltenen Mauerreste an, so stellt man fest, dass die Mauern ohne Verputz lose aufgemauert worden sind. Wenn es gelang, mit Hebeln einige Fundamentsteine des Turms herauszulösen, konnte durchaus das ganze Bauwerk zum Einsturz gebracht werden (Bellum 4,63–69).

Als der Turm gefallen war, brach unter den Bewohnern eine Panik aus und man flüchtete in Richtung Südhang auf den Kamelhöcker, von dem aus es kein Entkommen geben konnte. Von den Römern immer dichter zusammengedrängt, stürzten Männer, Frauen und Kinder zu Tausenden den steilen Südhang hinunter und fanden den Tod, wenn sie nicht schon vorher durch römische Pfeile gefallen waren. Josephus beziffert 9000 Tote – praktisch die gesamte Bevölkerung von Gamla. Amitzur hatte am Abend zuvor Auszüge des josephischen Berichts in Englisch aus dem Internet ausgedruckt und mitgebracht. Wir lasen die einschlägigen Passagen an Ort und Stelle, nicht wenig beeindruckt davon, wie sich Ort und Text zu einem lebendigen Eindruck der berichteten Ereignisse zusammenschlossen.

Die Synagoge

Zu den Grabungsfunden, die nicht unmittelbar mit der Rolle Gamlas im Krieg gegen Rom eine Rolle spielen, gehören die Synagoge und eine Produktionsstätte für Olivenöl. Die Synagoge gehört zu den wenigen archäologischen Belegen für die Existenz palästinischer Synagogen im 1. Jh. n. Chr. Die Grabungen haben hier wie überall keine Hinweise auf eine räumliche Trennung von Männern und Frauen freigelegt, weder Hinweise auf ein Obergeschoss mit Empore, noch eine Mauer oder sonstige Absperrung, die eine Unterteilung des Synagogenraumes nahelegen würde. Amitzur hielt es jedoch für undenkbar, dass die strikt geregelte Trennung der Geschlechter, die sich sogar auf den Bereich des Privathauses erstreckte, gerade für den Synagogengottesdienst nicht bestanden haben soll. Also Geschlechtertrennung. Aber Beteiligung der Frauen an den profanen und religiösen Dingen synagogaler Veranstaltungen? Hier schweigen die Steine. Einen kleinen Raum, der mit dem Versammlungssaal durch eine Tür verbunden war, hat man als Schulraum identifiziert. Dieser grenzt direkt an die Stadtmauer und war mit Sand und Geröll zugeschüttet worden, um die Mauer auf diese Weise künstlich zu verstärken (Dieser Maßnahme verdanken auch die Fresken der Synagoge von Dura Europos ihren guten Erhaltungszustand, die, ebenfalls an die Stadtmauer angebaut, zu Verteidigungszwecken zugeschüttet worden war).

Ein Mauerstück aus der Zeit des Aufstandes gegen Rom

Amitzur wies uns noch auf eine zweite offenkundig nachträgliche Befestigungsmaßnahme hin: Eine der zur Stadtmauer führenden Straßen endet sackgassenartig an einem Mauerstück, das bei genauem Hinsehen an das angrenzende Mauerstück angemauert, d.h. aber nachträglich aufgeschichtet ist. Die Straße führte ursprünglich zu einem Stadttor, das zu Beginn des Jüdischen Krieges behelfsmäßig geschlossen wurde. Josephus erwähnt in Vita 185 unter den Städten, die er befestigt hat, auch Gamla. Man hat stets angezweifelt, dass Josephus in nur einem halben Jahr über ein Dutzend Städte mit Befestigungsmauern umgeben haben soll. Liest man die Angaben aber vor dem Hintergrund solcher sekundärer Befestigungsarbeiten, dann werden die josephischen Angaben anschaulich und nachvollziehbar. Kein anderer als Josephus mag die Zuschüttung des Synagogennebenraumes und das Zumauern jenes Stadttors in die Wege geleitet haben… An der Stelle des ehemaligen Stadttors findet sich noch eine weitere Besonderheit in Form eines monolithischen Vorsprungs an beiden Seiten der Mauer, dessen Sinn uns ohne Amitzurs Erklärung verborgen geblieben wäre: Es handelt sich um eine künstliche Verengung der Straße, wie sie die Mischna zur Begrenzung eines Eruvs vorschreibt. Die Archäologie ermöglicht aufgrund solcher Funde die Datierung mischnischer Gesetze in eine Zeit, als die Mischna noch nicht in ihrer heutigen Form schriftlich vorlag.

Die Ölpresse

Einige hundert Meter von der Stadtmauer entfernt und etwas hangabwärts hat man eine Ölpresse gefunden. Der Produktionsvorgang lässt sich aufgrund der ausgegrabenen Reste mühelos nachvollziehen: In einem ersten Arbeitsgang wurden die Oliven auf einen runden Basaltsockel von ca. 1,5 m Durchmesser geschüttet und durch ein Steinrad, das durch Körperkraft angetrieben um eine vertikale, auf dem Sockel befestigte Achse lief, zerquetscht (dieselbe Konstruktion wird auch heute noch verwendet). Die Maische wurde dann in einen Korb gegeben, der in eine passgenaue, in den Boden eingelassene Steinöffnung eingesetzt wurde. Ein in den mit Maische gefüllten Korb gepresster Zylinder ließ das Öl in ein unter dem Korb befindliches Sammelbecken fließen. Ein enormer Pressdruck wurde durch Steingewichte von der Größe eines Mehlsacks erreicht, die ihre Kraft durch einen waagerechten Balken, der auf einer Seite in der Mauer eingelassen war, auf den Presszylinder ausübten. In Gamla hat man gleich drei solcher Pressen in einem Raum gefunden, was auf eine Olivenölproduktion industriellen Zuschnitts schließen läßt. Sensationell war jedoch ein weiterer Fund unmittelbar neben den Ölpressen: Man hat nämlich eine Mikve ausgegraben, die in aller Deutlichkeit die religionsgesetzlichen Vorgaben für die Produktion kultisch reinen Olivenöls demonstriert. Die unmittelbare Nachbarschaft von Ölpresse und Mikve ist der archäologische Kommentar zum Bericht der Vita, dass Johanan von Gush-Halab schwunghaften Handel mit kultisch reinem Öl betrieben habe (Vita 74–76): Offenbar war galiläisches Olivenöl bekannt nicht nur für seine Qualität, sondern auch für seine kultische Verwendbarkeit. Amitzur nimmt an, dass Gamla Öllieferant für den Jerusalemer Tempel war.

Josephus: pro- oder antirömisch?

Unter den etwa sechstausend Münzen, die bisher in Gamla ausgegraben wurden, hat man fünf Münzen gefunden, die in den Tagen der Belagerung geprägt wurden. In althebräischen Lettern ist zu lesen: „Zur Erlösung des heiligen Jerusalem". Die national-religiösen Erwartungen, die man auch in der Provinz mit dem Aufstand gegen Rom verband, werden angesichts dieses Fundes schlagartig deutlich: Man verstand sich im fernen Gamla als Teil eines Kampfes, der mit göttlicher Hilfe in der Befreiung der Hauptstadt (und damit auch des Landes) von der Fremdherrschaft der Römer enden würde. Mason und ich fragten uns immer wieder, ob dies wohl auch die Erwartung des Josephus war, als er im Winter 66 nach Galiläa aufbrach und schließlich in Jodfat von den Römern belagert wurde. Hat Josephus das Kommando über Galiläa in der Erwartung übernommen, den Krieg gegen Rom zu gewinnen oder gehörte er, wie er im Bellum und noch deutlicher in der Vita behauptet, zu den wenigen, die, vom Sieg über Cestius Gallus unbeeindruckt, zum Frieden mahnten? Von dieser Frage hängt für das Verständnis der Vita insgesamt viel ab. Amitzur meinte auf unsere Nachfrage hin, Josephus sei wohl eher planlos nach Galiläa gekommen, guten Willens, „irgend etwas" zu tun, um so die Bevölkerung der Fürsorge Jerusalems zu versichern. Diese Hypothese lässt beide Möglichkeiten offen. Aviam, zum selben Thema befragt, äußerte dagegen die Meinung, daß Josephus sehr wohl mit einem Sieg rechnete, und zwar selbst dann noch, als er bereits in Jodfat von den Römern belagert war. Denn hatte bereits die Belagerung Jodfats die Römer wochenlang in Atem gehalten, wie lange musste dann angesichts der übrigen befestigten Städte allein schon die Unterwerfung ganz Galiläas dauern? In dieser Zeit, so mag Josephus kalkuliert haben, kann viel pasieren: Die Parther könnten den Juden zur Hilfe eilen, ein neuer Kaiser vielleicht, der seine außenpolitischen Akzente anders setzt... Tatsächlich bescherten ja die Wirrnisse des römischen Vierkaiserjahres den Aufständischen einen beträchtlichen Zeitgewinn, der nur eben wegen interner Feindseligkeiten in Jerusalem ungenutzt blieb. War Josephus also für den Krieg oder heimlich dagegen, auf eine Verhandlungslösung hoffend? Mit den Münzen aus Gamla sind wir schon sehr nahe an den Erwartungen und Hoffnungen der Menschen. Ob Josephus diese Hoffnungen teilte? Auch hierzu schweigen die Steine.

Qazrin

Auf die vierstündige Begehung Gamlas folgte ein Besuch im Museum von Qazrin, das die wichtigsten Funde aus Gamla ausstellt, außer jenen Münzen auch Dinge des täglichen Gebrauchs, die dem Betrachter das Leben dieser Menschen und ihr gewaltsames Ende nochmals sehr nahe bringen: Haarspangen, Schmuck, Geschirr… Eine Multimediapräsentation, ähnlich professionell wie die in Massada und Sepphoris, tat ein übriges, die Lebendigkeit der gewonnenen Eindrücke noch zu verstärken, wobei Gamla als nationales Symbol dargestellt wurde, das hinter Massada nicht zurücksteht. „Gamla will never fall again" war der Schlusssatz – auf dem Hintergrund der Rückgabepläne des Golan an Syrien von einiger politischer Brisanz. Amitzur schenkte Mason und mir zum Abschied je eine Videokassette, die die Geschichte Gamlas dokumentiert. Die zwei Tage unter seiner sachkundigen Führung waren für uns außerordentlich wertvoll. Ohne ihn wären uns die wichtigen Einzelheiten zum großen Teil entgangen. Man sieht eben nur, was man weiß.

Jodfat / Jotapata

Am Morgen des dritten Tages waren wir mit Mordechai Aviam von der Israel Antiquities Authority verabredet. Aviam ist der für Galiläa zuständige Archäologe und in dieser Eigenschaft, wie er uns erzählte, etwa 5 000 km pro Monat in Galiläa mit dem Geländejeep unterwegs, häufig jenseits der asphaltierten Straßen über Stock und Stein. Keiner kennt wohl die Gegend besser als er. Auch Aviam hatte großzügigerweise zwei volle Tage für uns reserviert. Er führte uns zuerst nach Jodfat. Wie die bisherigen Grabungen ergeben haben, war die Stadt seit der hasmonäischen Eroberung Galiläas jüdisch besiedelt. Die hasmonäische Stadtmauer wurde auf den Fundamenten der älteren paganen Befestigungsanlage errichtet, wie man an einer Grabungsstelle in aller Deutlichkeit sehen kann. Die Angaben des Josephus über Befestigungsarbeiten in Jodfat lassen sich archäologisch insofern verifizieren, als ein Ausbau der hasmonäischen Stadtbefestigung in frührömischer Zeit nachweisbar ist, der in Teilen durchaus auf die von Josephus erwähnten Befestigungsarbeiten in den Monaten vor der Belagerung der Stadt zurückgehen kann. Bei der Feststellung der bis ins Detail gehenden Übereinstimmungen des josephischen Berichts mit den Grabungsergebnissen hat man es sich, wie Aviam erzählte, übrigens nicht leicht gemacht. Statt der älteren Methode, „mit dem aufgeschlagenen Josephus in der Hand" auszugraben, hat man die Texte zunächst ganz außen vor gelassen und erst nach Ende der Grabungen die eigenen Beobachtungen mit den Angaben des Josephus verglichen. Von der Eroberung Jodfats durch die Römer in 67 zeugen zahllose Wurfgeschosse und Pfeilspitzen. Fragmente von Steingefäßen weisen auf die hohe Geltung jüdischer Halachah in Jodfat. Steingefäße waren teurer als Keramik, galten aber als unanfällig für rituelle Verunreinigung. Dazu passt auch, dass keine Reste figürlicher Kunst gefunden wurden, und dass man in Jodfat offenbar keine importierte, d.h. von nichtjüdischer Hand hergestellte Keramik verwendet hat. In einer der auch von Josephus erwähnten Höhlen hat man eine Ölpresse gefunden, baugleich mit denen in Gamla. Einige dieser „Höhlen", meinte Aviam, waren vielleicht Zisternen oder wurden als solche genutzt. Im Spätsommer nach der Olivenernte waren die Zisternen leer und konnten für die Ölproduktion verwendet werden.

Auf einem der angelegten Wege hat man eimerweise Scherben hingeschüttet, die nicht zu ganzen Gefäßen oder größeren Gefäßteilen zusammengesetzt werden konnten. Wir hatten uns bisher die Frage verkniffen, ob es möglich wäre, eine der zahllosen herumliegenden Keramikscherben mitzunehmen. Als wir aber unser Bedauern darüber äußerten, dass die zum Teil handtellergroßen Stücke nun als Bodenbelag den Füßen der Besucher schutzlos preisgegeben waren, meinte Aviam, wir könnten ruhig die eine oder andere Scherbe mitnehmen. So gelangte ich in den Besitz des Henkels eines Keramikgefäßes, das vielleicht bei der Eroberung Jodfats durch die Römer zu Bruch gegangen war... Wie in Gamla, so liegt auch in Jodfat die antike und moderne Geschichte Israels im Bewusstsein der Israelis nahe beieinander. Auf einem planierten Platz innerhalb des Grabungsgeländes soll, wie Aviam erzählte, in naher Zukunft eine Gedenkstätte für die im Jahre 1967 umgekommenen Juden errichtet werden.

Weitere Orte, die Josephus
im jüdischen Krieg befestigt hat

Von Jodfat aus fuhren wir an einige weitere Orte, die Josephus in der Liste der von ihm befestigten Städte und Dörfer erwähnt (Vita 187f). Kaum einer dieser Orte ist bisher ausgegraben, so dass diese Erkundung vor allem dazu diente, uns ein Bild von der Landschaft zu machen. Aufschlussreich war etwa die Besichtigung von Selame (heute arab. Hirbat as-Sallama): Die umliegenden Hügel sind in der Mehrzahl höher als die Lage des antiken Ortes. Die in der Literatur früher gelegentlich vertretene These, Josephus habe die Orte so ausgewählt, dass ein Sichtkontakt zwischen benachbarten Festungen möglich war, scheitert an den topographischen Gegebenheiten. Zu der Notiz des Josephus in Vita 235, die die Zahl von 204 galiläischen Städten und Dörfern nennt, meinte Aviam, dass Josephus sich hierfür möglicherweise auf eine Liste stützte, die er in Jerusalem zu Beginn seiner Galiläamission für seine eigene Orientierung erhalten hatte. Aviam hat die Angabe des Josephus mit den heute bekannten antiken Orten in Galiläa verglichen und hält sie für zuverlässig.

An der Grenze von Ober- und Untergaliläa

An Ort und Stelle wurde uns die aus Josephus vertraute Unterscheidung von Ober- und Untergaliläa anschaulich: Während die höchste Erhebung Untergaliläas keine 600 m erreicht, ist das gebirgige Obergaliläa bis zu über 1 200 m hoch. Der Übergang entlang der alten Römerstraße von Bethsaida nach Ptolemais, die entlang der Grenze zwischen Unter- und Obergaliläa verläuft, ist recht unvermittelt. Wir fuhren bei Rama von der Staatsstraße 85 ab und sahen zur Linken den 598 m hohen Hügel in der Nähe des untergaliläischen Karmiel und zur Rechen den 1 208 m aufragenden Har Meron, der bereits zu Obergaliläa gehört. Ein wichtiger und letzter Eindruck dieses Tages war schließlich das untergaliläische Chabolo (Kabul), das an der Grenze zum flachen Umland von Ptolemais (heute Akko) liegt. Josephus berichtet in Vita 213–215 von Gefechten mit dem von Ptolemais kommenden Placidus. Deutlich ist der Übergang vom galiläischen Hügelland, in dem Josephus strategisch im Vorteil war, und der Küstenebene, die der römischen Reiterei bessere Aktionsmöglichkeiten bot, wie Josephus in Vita 166 erwähnt.

Baneas, Giskala, Bar-Am

Am folgenden Tag, dem letzten Tag unserer Reise, trafen wir uns mit
Aviam, der nun in Begleitung seiner Frau und zwei seiner Kinder
war, an einer vereinbarten Stelle an der Straße nach Qiryat Shemona.
Wir fuhren zunächst nach Baneas und besichtigten das berühmte
Paneion. Von dort aus ging es zur Synagoge von BarAm, die zu den
am besten erhaltenen palästinischen Synagogen zählt. Die Synagoge
wurde, wie Aviam erzählte, in das 2. oder 3. Jh. n. Chr. datiert, bis
man bei einer weiteren Grabung unter seiner Leitung unter den Bo-
denplatten Münzen aus dem 4. Jh. n. Chr. fand, die dort als Grün-
dungsdepositum platziert worden waren. Danach besichtigten wir
eine noch nicht identifizierte Festung aus dem 2. Jh. v. Chr. Den
Stand der Grabungen hat Aviam jüngst in einem Aufsatz dokumentiert. Am frühen Nachmittag fuhren wir schließlich nach Gus-Halab
„to have lunch with John" (Aviam). Nach einem guten Essen und
einem herzlichen Abschied von Aviam und seiner Familie machten
wir uns auf den Weg nach Tel Aviv, ohne nochmals nach Tiberias
zurückzukehren, wo wir während unseres Galiläaaufenthaltes über-
nachtet hatten. In Tel Aviv gaben wir den Mietwagen zurück und
beschlossen unsere gemeinsame Reise in einem Café am Strand. Ich
fuhr am späten Abend mit dem Bus zum Flughafen und checkte am
Sonntag (20. Dezember) morgens um drei Uhr ein. Meine Scherbe
aus Jodfat wurde bei der Kontrolle des Gepäcks nicht beanstandet
und hat den Transport nach Münster unversehrt überstanden. Sie
liegt nun in meinem Bücherregal zwischen zwei dicken Büchern, die
bestimmt nicht umfallen.

Vogel, Manuel
Dr. theol., geboren 1964, verheiratet, 2 Kinder, 1995 Promotion,
Wissenschaftlicher Mitarbeiter am Institutum Judaicum Delitzschia-
num der Evangelisch-Theologischen Fakultät der WWU Münster.

Dissertation:
- *Das Heil des Bundes.* Bundestheologie im Frühjudentum und im
  frühen Christentum (TANZ 18), Tübingen: Francke 1996.
  [ISBN 3-7720-1869-6]

Online unter: *http://purl.org/bibfor/archiv/99-1.vogel.htm*

Anja E.
Harzke

Talk auf dem Nil

*Interreligiöser Dialog in Ägypten –
Eindrücke einer Reise*

Was passiert, wenn der interreligiöse Dialog wirklich praktiziert wird? Ist es möglich, in einem islamisch geprägten Land einen Dialog zwischen deutschen protestantischen Theologinnen und Theologen, koptisch-evangelischen, koptisch-katholischen und muslimischen Gelehrten zu führen? Und was ist der Ertrag eines solchen Versuches?

Das waren in etwa die Fragen, die sich wohl manch eine/r der 16-köpfigen Gruppe aus Deutschland vor der Reise stellte.

Vom ersten bis zum dritten März 1999 trafen sich auf einem kleinen Nilschiff 16 deutsche und 16 ägyptische Wissenschaftlerinnen und Wissenschaftler zu einem Dialog-Forum mit dem Titel „Der Islam und der Westen". Auf einem kleinen Schiff unterwegs zu sein von Luxor nach Assuan bedeutet, sehr viel voneinander zu erfahren – trotz der Fremdheit.

Der Ausgangspunkt:
Die Angst vor kultureller Überformung

Die Idee zu dieser Dialogreise entwickelte sich aus den Beobachtungen, dass nicht nur viele Menschen in Deutschland Ängste bezüglich „des Islam" hegen und so manches Feindbild gepflegt wird. Auch in den muslimischen Ländern werden Ängste vor „dem Westen" laut: drohender Werteverfall durch eine Verwestlichung, das Klima ist durch die koloniale Geschichte angespannt.

So wurde der Versuch unternommen, Wissenschaftlerinnen und Wissenschaftler zu einem Austausch über Ängste und Vorurteile, über Trennendes, Unterschiede und Gemeinsamkeiten zusammenzubringen.

Eingeladen hatte die Dialog-Abteilung der Coptic Evangelical Organization for Social Services (CEOSS), die in Deutschland etwa den Organisationen Caritas bzw. Diakonisches Werk entspricht, in Zusammenarbeit mit dem Islam-Arbeitskreis der Evangelischen Kirche in Hessen und Nassau (EKHN).

Die Kontakte waren durch meinen Kollegen Pfarrer Dr. Tharwat Kades entstanden, der in Ägypten geboren und aufgewachsen ist. Er hat dort Evangelische Theologie studiert und wurde ins Pfarramt ordiniert. Nach Studium und Promotion in Islamwissenschaften in Heidelberg ist er nun seit 23 Jahren Pfarrer im hessischen Langen. So ist es nicht verwunderlich, dass der Dialog zwischen den Ländern und Kulturen von Ägypten und Deutschland, besonders aber der Dialog zwischen Islam und Christentum sein Schwerpunkt ist.

Der Ort: Interreligiöser Dialog in Ägypten

Ägypten bietet sich als Ort für einen solchen Dialog zwischen den Religionen und Kulturen durch die besondere Geschichte des Landes an. Ein ägyptischer Teilnehmer formulierte selbstbewusst: „Ägypten ist die Wiege der Zivilisation. Was kommt ihr aus dem Westen mit eurer vergleichsweise jungen Geschichte? Ägypten schaut auf 5 000 Jahre zurück. Kulturgeschichtlich ist euer Besuch eine Visite der Enkel bei den Großeltern.“

Vor Jahrtausenden prägte der Pharaonenkult mit seinen unglaublichen kulturellen, wissenschaftlichen und architektonischen Leistungen das Land. Während der Zeit des Hellenismus war Alexandria ein Mittelpunkt der damals bekannten Welt. Dann unter römischer Herrschaft breitete sich bis etwa 390 n. Chr. das Christentum aus – trotz grausamer Verfolgung. Die ägyptische Kirche trennte sich schließlich von der oströmischen Kirche und wurde nun koptische Kirche genannt – was schlicht das Wort für „ägyptisch“ ist.

Als ab 641 Amr Ibn el As Ägypten eroberte und das spätere Kairo gründete, wurde das Land von den arabischen Herrschern islamisiert. Bis heute ist der Islam die Staatsreligion und ca. 90 % der Ägypterinnen und Ägypter sind Muslime (die Zahlenangaben differieren je nachdem, ob die Zahlen von muslimischer Seite oder koptischer Seite kommen).

Die restlichen ungefähr 10 bis 15 % der Bevölkerung sind Christen, also Kopten, die sich jedoch unterteilen in orthodoxe Kopten (zahlenmäßig die größte Gruppe), römisch-katholische und protestantische Kopten. Eine verschwindende Minderheit stellen Juden und Beduinen dar.

Das Verhältnis zwischen koptischen Christen und arabischen Muslimen ist angespannt, hat sich jedoch in den letzten Jahren etwas entspannt. Den Christen wurde z.B. der Bau von Kirchen sehr erschwert. So gibt es ein Gesetz, das für jede bauliche Tätigkeit an oder für eine Kirche die Genehmigung und persönliche Unterschrift des ägyptischen Staatspräsidenten verlangt!

Ein weiterer Aspekt, der für Spannungen sorgt, ist, dass viele Kopten als sehr gut ausgebildet gelten und herausragende Positionen und Berufe innehaben. So kam es immer wieder zu Ausschreitungen gegen Christinnen und Christen. Ehen zwischen Kopten und Muslimen kommen äußerst selten vor.

Zum Selbstverständnis der koptischen Christinnen und Christen gehört es, dass sie sich als direkte Nachfahren der Pharaonen sehen und sozusagen die „wahren Ägypter" sind, während die Muslime von den Arabern stammen und demnach eine andere Volkszugehörigkeit haben. Beiden Gruppen ist jedoch der Stolz auf ihr Land und auf seine große Geschichte gemeinsam, was immer wieder zu spüren ist.

Die Begegnung: Nicht nur touristische Eindrücke

Begegnungen auch außerhalb des Forums waren unvermeidlich und erwünscht, sie waren sozusagen „Programm": So teilten sich je ein deutscher und ägyptischer Teilnehmer eine der kleinen Kabinen. Es ergab sich genug Zeit und Gelegenheit zu „inoffiziellen" Gesprächen, die oft mehr zum gegenseitigen Verständnis und zur Annäherung beitrugen als manche Arbeitsphase. Dialog lebt von persönlicher Begegnung, das war hier einmal mehr zu spüren.

Unser Reiseführer Chalil war für das touristische Programm verantwortlich. Bei den Landgängen während der dreitägigen Schiffsfahrt war die Zeit knapp bemessen, da die Tage den Diskussionen und Vorträgen vorbehalten waren.

Chalil – ein Kopte, aber sehr um Neutralität bemüht – begleitete uns die ganze Woche. Nach dem Studium für den Lehrerberuf ging er nach Deutschland, um Germanistik zu studieren. Durch seine Kenntnisse deutscher und ägyptischer Geschichte hochgebildet, ist auch er ein Opfer der schlechten wirtschaftlichen Lage und hält sich mit

Fremdenführerjobs über Wasser. Durch seinen langen Deutschland-Aufenthalt ist er mit einer großen Kenntnis der deutschen Mentalität aus der Sicht eines Orientalen und einem wunderschönen bayerischen Akzent gesegnet.

Für uns war Chalil ein Glücksfall, da er, wie jeder gute Reiseführer, keineswegs nur Sehenswürdigkeiten, Bauten und alte Kulturen erklären konnte, sondern auch viele Eigentümlichkeiten des heutigen Ägyptens und dessen Alltag. So erklärte und übersetzte er „nebenbei" etliche Bräuche (z.B. das der Brautwerbung und das immer noch übliche „Verheiratet-Werden" durch die Eltern) und das Alltagsleben seiner Landsleute für uns.

Chalil brachte uns mit großem Einsatz und vielen Geschichten die Bauwerke aus der Pharaonenzeit, wie etwa die Tempelanlagen von Edfu und Esna näher. Er schaffte es, zu diesem Landgang auch die ägyptischen Teilnehmerinnen und Teilnehmer zu animieren, die sich ansonsten von den touristischen Ausflügen fern hielten.

So ging es morgens um 5:00 Uhr an Land. In Edfu fuhren wir dann per Pferdekutsche durch den winzigen und sehr von ländlicher Armut geprägten Ort, was manchen der ägyptischen Teilnehmer zu entsetzen Blicken und Äußerungen veranlasste: Wieso man denn nun ins ärmste Nest von ganz Ägypten müsse, wo es so viel Schönes hier zu sehen gäbe. – Die Armut auf dem Lande ist sicherlich kein gutes Aushängeschild für Touristen. Doch war es für uns interessant zu sehen, mit welchen Problemen das heutige Ägypten zu kämpfen hat, wie für viele Ägypter heute der Alltag aussieht – im Schatten der prächtigen Vergangenheit.

Die Anlage in Edfu ist deshalb etwas Besonderes, da der grandiose Horus-Tempel wirklich noch ganz erhalten ist: das monumentale Bauwerk ähnelt einem riesigen Quader. Auf einem älteren ersten Horustempel unter König Djosres bauten spätere Pharaonen der 18. und 19. Dynastie ebenfalls an dem Tempel weiter (ein häufiges Phänomen). Den Griechen war das Ganze jedoch nicht repräsentativ genug als Sitz für ihren Gott Apollo, der die Entsprechung Horus darstellte. So begann Ptolemäus III. im Jahre 237 v. Chr. mit den Arbeiten an einem monumentalen Sandsteintempel, dessen Bauzeit 180 Jahre dauern sollte. Genutzt wurde die Anlage von den Griechen nur 27 Jahre, dann löste der römische Kaiser Augustus die Griechen ab. Entstanden war jedoch der am besten erhaltenen Tempel Ägyptens. Ungewiss sind die Ausmaße der Tempel und Anlagen, die unterirdisch vorhanden sind, da das neue Edfu darüber gebaut ist.

Im Gegensatz zu anderen Tempelanlagen, bei denen das „Dach" nicht mehr vorhanden ist, kann man hier das beklemmende Gefühl gut nachempfinden, in das Dunkle immer weiter zum Allerheiligsten vorzudringen. Vom Eingang her verengt sich der Zugang hin zum Mittelpunkt, dem Allerheiligsten, immer mehr, bis man in einem kleinen dunklen Raum steht. Zu der Pharaonischen Religion gehörte, dass hier natürlich nur ausgewählte Personen Zugang hatten und keineswegs die normalen Gläubigen. Eindrücklich war auch die Feststellung, dass die kunstvollen Götterdarstellungen, die die Steinwände von oben bis unten zierten, alle zerstört waren: Christen hatten sehr sorgfältig allen Figuren – es müssen Tausende sein – die Gesichter und Gliedmaßen unkenntlich gemacht. Auch das ein Kapitel des Umgangs mit anderen Kulturen.

Es war deutlich, dass unsere ägyptischen Dialogpartner ebenso wie wir, das erste Mal den Tempel von Edfu besuchten und von der Geschichte ähnlich wenig wussten wie die deutsche Delegation. Der Stolz über diese beeindruckende Baukunst, über die Geschichte ihres Landes war ihnen anzumerken, oder kam in späteren Bemerkungen in den Diskussionen über das Verhältnis von Islam und dem Westen immer wieder vor.

Das Gespräch: Interreligiöse Tagung auf dem Nil

An Chalil lernten wir als erstes einige Eigenarten kennen, die uns dann auch bei unseren Gesprächspartnern begegneten: Humor ist eine Eigenschaft, die den Ägyptern auch von ihren arabischen Nachbarn zugeschrieben wird. Gespräche zeichnen sich durch humorvolle Anekdoten, Geschichten oder Witze aus.

Grundsätzlich macht man – auch im wissenschaftlichen Dialog – erst einmal eine längere „Aufwärmphase", mit längerer Einleitung voller höflicher und freundlicher Worte. In der Diskussion kommt es dann schon einmal zu temperamentvollen Ausbrüchen, bald darauf aber wieder zu Humoreinlagen, selbst zwischen den Vertretern von römisch-koptischer Kirche und den muslimischen Vertretern. Dadurch wird viel von der vorhandenen Spannung genommen. M. E. eine sehr sympathische Art mit der schwierigen Situation, die zwischen Staatsreligion und Minderheitenreligion besteht, umzugehen.

Manches grundlegende Problem wird jedoch auch gerne in Freundlichkeiten „erstickt" oder schöngeredet, da wo mancher deut-

sche Vertreter gerne auf Unterschieden beharrt hätte oder die Kritik-
punkte an der anderen Seite gerne sehr viel schärfer formuliert hätte.
Das sehr deutsche, ernste Ringen um die Wahrheit, die Suche nach
der wissenschaftlichen Definition eines Konsenses schien unseren
Partnerinnen und Partnern doch eher fremd.

Gespräch ist erst möglich, wenn die gleiche „Sprache" gesprochen
wird. Auf wieviel verschiedenen Ebenen Verständnis und Missver-
ständnis erzeugt werden kann, zeigte sich bei der Entscheidung,
Englisch als Verkehrssprache zu wählen. Es zeigte sich, dass nur
wenige der ägyptischen Delegation Englisch sprachen. Letztlich wurden drei Sprachen benutzt – ein Zeichen, wie mühsam Dialog sein
kann.

Doch um was ging es auf dem Podium?

Das sehr dichte Programm enthielt mindestens je ein Referat von
ägyptischer und deutscher Seite zu drei Themenblöcken, die jeweils
in Unterthemen unterteilt waren.

So wurden unter der Überschrift „Religion und Verstehen" (religion and reason) die Bereiche „Religion und Wissenschaft", „Glaube
und Vernunft" und „Pluralismus und wechselseitiges Verstehen"
näher betrachtet. Im zweiten Block „Religion und Ethik" wurden die
Themen „Menschenrechte", „Freiheit und Gerechtigkeit" sowie
„Erziehung zu Frieden und Toleranz" diskutiert. Die letzte Einheit
betrachtete das Verhältnis von Religion und Gesellschaft. Dabei ging
es konkret um das „Zusammenleben von Christen und Muslimen"
und um die Frage nach einer möglichen „gemeinsamen Zukunft".

1. Dialog ist die Möglichkeit, Pauschalurteile zu hinterfragen

Das Bild „des Westens", der dem Pluralismus verfallen und damit
ohne Werte sei, zog sich durch zahlreiche Äußerungen der muslimischen GesprächspartnerInnen. Das Pendant auf westlicher Seite
sind die Auffassungen vom Islam als einer unbeweglichen, traditionellen und aggressiven Religion.

Dies manifestierte sich in Themen wie Menschenrechte oder Rechte der Frauen. Auch hier zeigte sich der unterschiedliche Zugang.
Sind Menschenrechte allein individuell zu verstehen oder sind sie ein
Gruppenrecht? Und beinhalten Menschenrechte auch die Fragen
einer gerechten Weltwirtschaftsordnung für die vom Westen abhängi-
gen muslimischen Länder?

Die Teilnehmer der ägyptischen Seite waren wohlinformiert über
die jüngsten Entwicklungen in der Bundesrepublik: Islamischer Reli-

gionsunterricht oder auch die Entscheidung der Kultusministerin in Baden-Württemberg, die eine Referendarin nicht in den Schuldienst übernahm, weil sie als Muslima nicht ohne Kopftuch unterrichten wollte.

2. Frauenrechte – eine Frage der Perspektive?

Ist eine Frau an ihren Rechten beschnitten, weil sie ein Kopftuch trägt? Der latent vorhandene Vorwurf, der in manchen Äußerungen mitschwang und vielen von uns aus Deutschland bekannt ist, dass Frauen generell in islamischen Ländern unterdrückt würden und benachteiligt seien, ist natürlich so nicht haltbar.

Nachdenklich stimmte dann auch die Tatsache, dass von ägyptischer Seite drei hochrangige Professorinnen teilnahmen, die uns das positive Ergebnis des nach Geschlechtern getrennten Bildungssystems vor Augen führten. Durch eigene Mädchenschulen und Universitäten für Frauen ist z.B. der Anteil von Professorinnen in Ägypten wesentlich höher als in Deutschland.

Ein schönes Beispiel ist Frau Prof. Dr. Abla El-Kahlawi, eine streng gläubige, traditionelle Muslima, die an der Al-Azhar Universität Scharia lehrt. Sie tritt sehr glaubwürdig für den christlich-muslimischen Dialog ein – ganz im Islam verwurzelt. Sie problematisierte den schillernden Begriff der „Toleranz" und trat für eine aktive Toleranz ein, die den Anderen positiv akzeptiere, und plädierte für ein „Konzept der Gastfreundschaft".

3. Bildungspolitik – ein gemeinsamer Anknüpfungspunkt?

Frau Prof. Dr. Kawthar Kojak hingegen ist, schon rein äußerlich, die eher säkulare, „moderne" Ägypterin, der die Erziehung zum Frieden in allen Fächern in den Schulen sehr am Herzen liegt. Sie ist für das religiöse Curriculum an den ägyptischen Schulen landesweit zuständig und geht diesen schwierigen Weg nun seit Jahren kontinuierlich weiter.

Dieser „*Erziehung zu Frieden und Toleranz*" stimmte Prof. Johannes Lähnemann, Religionspädagoge aus Nürnberg, zu. Hier zeigten sich die Gemeinsamkeiten der Religionen am deutlichsten: Beide Seiten unterstrichen die Bedeutung der Religion als „verantwortungsfähiges Sinnsystem" für die Erziehung der Kinder. Das Vertrautwerden mit der eigenen Religion *und* gleichzeitig die Befähigung zur

Begegnung mit Andersgläubigen sahen alle Beteiligten als wichtig an, damit die Kinder Toleranz und Dialogbereitschaft lernen.

Die Stadt: Besuche beim Großimam und beim Patriarchen von Kairo

Der Dialog zwischen Christen und Muslimen braucht Geduld, ein Klima des Vertrauens und Kontinuität. Diese Erfahrung der deutschen Delegation, die wir in verschiedenen Orten und Ämtern schon in Deutschland gemacht hatten, gilt natürlich erst recht für ein Land wie Ägypten.

Für viele Christinnen und Christen ist die gegenwärtige Stimmung im Land, die Begegnungen wie unsere unterstützt und für ein toleranteres Miteinander eintritt, sehr wichtig, betreffen sie doch ihren Alltag und fast alle Lebensbereiche. Dass auch die offizielle politische Linie gerade recht offen ist, verkörpert Scheich Tantawi, Großimam von Ägypten. Seine Äußerungen dazu, wie wichtig der interreligiöse Dialog sei, läßt viele Menschen hoffen. So sprach er auch von seiner Freundschaft mit Papst Shenouda III, dem Patriarchen der koptisch-orthodoxen Kirche, was dieser bei unserem Besuch bei ihm im St.-Bischoi-Kloster im Wadi Latrun bestätigte. Eine Entwicklung, die viele noch vor kurzer Zeit für unmöglich hielten. Solchen ausgleichenden und toleranten Schritten einiger einflussreicher Vertreter der beiden Religionen weht auf der anderen Seite ein scharfer Wind von Seiten der radikal islamistischen Kräfte entgegen. Dies ist allen Beteiligten sehr wohl bewusst.

Eindrucksvoll war die koptische Frömmigkeit, die wir im St.-Bischoi-Kloster miterleben konnten. Wo vor 30 Jahren nur 14 Mönche lebten, sind es nun 140. Diese Entwicklung ist landesweit ähnlich. Die Mönche kommen zum großen Teil aus akademischen Berufen. Die Gottesdienste folgen der alten, traditionellen Liturgie, schließen aber mittlerweile Predigten mit ein. Papst Shenouda III. schilderte uns die sehr lebendige Sonntagsschularbeit, die mit derzeit ca. 3 000 Sonntagsschullehrerinnen und -lehrern allein in Kairo Garanten für eine neue christliche Jugendarbeit sind.

Dass in der Erziehung der Kinder die Zukunft für ein friedliches Miteinander der Religionen liegt, war Konsens auf unserem Gesprächsforum und in den Begegnungen. So gibt es in Ägypten muslimischen und christlichen Religionsunterricht. Wie die Frage des islamischen Religionsunterrichtes in Deutschland gehandhabt wird, ist von großem Interesse und wird sehr genau verfolgt. Hier zeigt sich für manche unserer Dialogpartner, wie ernst es die deutschen Partner mit dem Dialog in der Praxis ihres Landes nehmen.

Dialog braucht Vertrauen, Kontinuität und einen langen Atem. Das zeigte sich auf dieser Reise, die nur ein kleiner Schritt auf dem Weg zu einem Gespräch zwischen Christen und Muslimen ist. Aber einer in die richtige Richtung.

Harzke, Anja E.
Seit 1998 evangelische Pfarrerin in Langen/Hessen.
Davor 15 Monate in New York tätig am Büro des Lutherischen Weltbundes, Church Center der UN. Ausbildungsvikariat in Frankfurt (1995–1997). 1994–1995 Mitarbeiterin beim Ausländerbeauftragten der Badischen Landeskirche in Karlsruhe. 1993 Examen Evangelische Theologie (Examensarbeit über den Interreligiösen Dialog).
1993–1995 Asylreferentin des BDKJ Heidelberg. Mitarbeit beim Asylarbeitskreis Heidelberg, Durchführung von zwei „Kirchenasylen". 1986 Freiwilliges Soziales Jahr beim Ökumenischen Flughafen Sozialdienst, anschließend dort 6 Jahre Honorarkraft in der Flüchtlingsarbeit.

Online unter: *http://purl.org/bibfor/archiv/99-1.harzke.htm*

Stichproben

Jutta
Bickmann

Der endzeitliche Notfall der Trennung als Glücksfall eines Briefes

Die kommunikative Handlungsstruktur in 1 Thess 2,17–3,10

Für Karl Löning zum 60. Geburtstag

Vom Notfall der Trennung zum Glücksfall der Briefe

Für heutige ChristInnen und ExegetInnen ist es ein Glücksfall und nicht ein Problem, dass der Apostel Paulus von den Gemeinschaften Christusgläubiger, die er gegründet hatte, getrennt worden ist. Hätte es diese Trennung des wandernden Charismatikers von den neu gewonnenen AnhängerInnen des Glaubens an Jesus, den Christus, nicht gegeben, besäßen wir wohl keine Paulusbriefe. Für uns scheint damit die Trennung nicht mehr zu sein als die glückliche Bedingung, die das Entstehen der Paulusbriefe erst ermöglichte. Und auf diese Weise – durch das Vehikel der Briefe – meinen wir Zugang zur Theologie des Apostels zu haben.

Entsprechend lesen ExegetInnen meist darüber hinweg, wenn in den Briefen des Paulus das Getrenntsein thematisiert wird – es sei denn, es ist Anlass, in kritischem Vergleich mit den Erzählungen der Apostelgeschichte Reisewege historisch zu rekonstruieren. Ansonsten gilt es in der Regel als konventionelles Beiwerk – Briefffloskeln des hellenistisch-römischen Kulturraums eben –, von dem bei der systematischen Rekonstruktion der paulinischen Theologie abzusehen ist.[1]

---

[1] Auch die Gegenstimmen sind inzwischen zahlreich. Vgl. aus jüngerer Zeit z.B. BOSENIUS (1994); KLAUCK (1998); SCHNIDER/STENGER (1987); STIREWALT (1993); STOWERS (1986); TAATZ (1991); VOUGA (1992); WHITE (1986).

Der Briefschreiber Paulus jedoch präsentiert seine Theologie nicht als Denksystem – er betreibt sie vielmehr, indem er mit den AdressatInnen seiner Briefe kommuniziert. In der Kommunikation, das heißt beim Lesen und Verstehen der Briefe kommt Gott zur Sprache, geschieht Theologie. Die Beziehung des Autors zu den AdressatInnen – und damit die Frage von Anwesenheit und Trennung – ist in solcher Theologie nicht Voraussetzung, sondern Bestandteil der Rede von Gott. Die Trennung des Apostels von ‚seinen‘ Gemeinden gefährdet jedoch die Beziehung und damit die Möglichkeit, Gott zur Sprache zu bringen.

Was also für heutige ChristInnen ein Glücksfall ist, war für Paulus und seine AdressatInnen ein Notfall, der ihre Glaubensgemeinschaft fundamental gefährdete. Briefkonventionen, die Beziehung kommunizieren und auf diese Weise aufrecht erhalten,[2] werden so zur Überlebenshilfe für die Gemeinschaft – und ihre Lektüre wird zum Ort der Theologie.

Trennung – ein durchgehendes Thema der Paulusbriefe

Der Notfall der Trennung wird in allen sieben Paulusbriefen thematisiert.[3] Der genuine Ort sind die einleitenden und abschließenden Briefabschnitte, also die Passagen, in denen die Briefbeziehung aufgebaut beziehungsweise die briefliche Kommunikation ans Ende gebracht wird. Dabei umschreiben die Begriffe *apousia* und *parousia* zunächst den Sachverhalt, mit dem meist das vergangene Beisammensein oder das erhoffte Kommen des Paulus und das Wiedersehen kontrastiert werden: 2 Kor 13,2.10; Gal 4,20; Phil 1,26; 2,12. Im Brief an die Christusgläubigen in Rom kann nicht im engeren Sinne von einer Trennung die Rede sein, da der Apostel und die Gemeinde einander bisher unbekannt sind. Statt dessen liegt eine besondere Betonung auf dem Wunsch, „zu euch zu kommen" und „euch zu sehen" (Röm 1,10.11; 15,22.24.28): Hier ist der Brief das wichtigste Mittel, eine Beziehung durch Kommunikation anzuknüpfen.[4] Ein

---

[2] Vgl. grundlegend KOSKENNIEMI (1956); THRAEDE (1970).

[3] Vgl. FUNK (1967); MULLINS (1973); SCHNIDER/STENGER (1987) 54–59 und 92–102.

[4] Vgl. SCHNIDER/STENGER (1987) 100–102; BICKMANN (1993) 97–100; KLAUCK (1998) 228f.

Besuch des Paulus in Rom nämlich – so legt der Brief seinen AdressatInnen nahe – setzt eine bestehende Beziehung voraus.

Die Trennung wird in der Regel negativ gewertet. Sie kann sogar als „Verwaistsein" bezeichnet werden (1 Thess 2,17). Eine Ausnahme bildet hier die Korrespondenz mit der Gemeinde in Korinth, vor allem 2 Kor:[5] Der Brief stellt das aktuelle Verhältnis zwischen Apostel und Gemeinde als problematisch dar, so dass ein Wiedersehen zum gegenwärtigen Zeitpunkt den endgültigen Bruch heraufbeschwören könnte: 2 Kor 1,23–2,2. Um dieses für beide Seiten äußerst negative Ereignis zu vermeiden, verkehrt der Apostel lieber brieflich mit ihr: 2 Kor 2,3f; 13,1f.10. Die LeserInnen sollen hier die Trennung also positiv verstehen, als Chance, in ein gutes Verhältnis mit Paulus zurückzukehren.[6] Eine ähnliche Wirkung steckt in der Ankündigung des Kommens in 1 Kor 4,19–21.[7] In solchem problematischen Zusammenhang bietet der Brief die Möglichkeit, aus der sonst als schmerzhaft empfundenen räumlichen Distanz heraus die innere Distanz in der Beziehung zu bearbeiten und so durch briefliche Kommunikation die Beziehung zu restituieren.

In der Regel jedoch bewirkt die Trennung „Sehnsucht"[8]; Sehnsucht des Briefschreibers nach den AdressatInnen – Phil 1,8; 2,26; 4,1; Röm 1,11; 15,23; Gal 4,20; 1 Thess 2,17 – und Sehnsucht der AdressatInnen nach dem Apostel – 2 Kor 7,7.11; 1 Thess 3,6. Besonders deutlich tritt das Motiv der Sehnsucht im Brief an die Gemeinde in Philippi hervor (Phil 1,3–8).[9] Die Trennung von Apostel und Gemeinde ist hier verschärft aufgrund der Gefangenschaft des Paulus (Phil 1,7) und der Gefahr für sein Leben (Phil 1,20f). Damit jedoch ist die Beziehung zwischen den Briefpartnern von außen her grundlegend bedroht. Doch auch hier nutzt der Briefschreiber den Text zugunsten des aktuellen Verhältnisses: Seine Sehnsucht, „aufzubrechen und bei Christus zu sein" (Phil 1,23), konkurriert mit seiner Sehnsucht nach den AdressatInnen, die letztlich überwiegt (Phil 1,24–26). Im Prozess der Lektüre entsteht bei den AdressatInnen dadurch der Wunsch, selbst alles daranzusetzen, dass die Beziehung zum Apostel Bestand hat und sich bewährt (Phil 1,27f; 2,12).

---

[5] Vgl. SCHNIDER/STENGER (1987) 97f; BOSENIUS (1994).
[6] Vgl. BOSENIUS (1994) 41–43 und 115.
[7] Vgl. SCHNIDER/STENGER (1987) 99f.
[8] Vgl. BICKMANN (1998) 87.
[9] Vgl. KLAUCK (1998) 241.

Mehrfach ist in den Briefen von Boten die Rede, die Paulus als Ersatz für seine Anwesenheit schickt.[10] Da sie mit Nachrichten aus den Gemeinden zu Paulus zurückkehren, ersetzen sie und die von den Gemeinden selbst geschickten Boten auch dem Apostel die Anwesenheit der Gemeinde. Die Rekapitulation des Botenerfolgs durch Paulus stützt dabei das aktuelle briefliche Beziehungsangebot: Phil 2,19–30; 1 Thess 2,17–3,10. Im Brief an Philemon, der deutliche Züge eines Empfehlungsschreibens aufweist,[11] verstärkt das Motiv des Anwesenheitsersatzes die Bitte des Paulus: Der Adressat soll den entlaufenen Onesimus als Ersatz für den Apostel und als Ausdruck der Verbundenheit mit diesem wieder aufnehmen (Phlm 17).

Das Motiv des Boten spielt auch in der Auseinandersetzung mit den Glaubenden in Korinth eine Rolle, da hierdurch die aktuelle Beziehung stabilisiert werden soll (1 Kor 4,17–21; 16,10.17f; 2 Kor 7,5–16). In 2 Kor 7,5–16 erinnert Paulus an die erfolgreiche Vermittlung des Titus zwischen Gemeinde und Apostel, durch die in der Vergangenheit die Beziehung wiederhergestellt wurde – den AdressatInnen des Briefes wird so der Wunsch nahe gelegt, dass der aktuelle Brief Ähnliches im Kontext der erneuten Probleme leisten möge.

Der Brief – bedingte Aufhebung der Trennung

Das eigentliche Medium nämlich, das es ermöglicht, trotz der Trennung die Beziehung aufrecht zu erhalten, ist die aktuelle Kommunikation: der jeweils vorliegende Brief.[12] Er ist die Vergegenwärtigung, die παρουσία, des Apostels bei den AdressatInnen (1 Kor 5,3). Er ist das Beziehungsangebot, das den AdressatInnen im Prozess der Lektüre auf der Basis der bisherigen Beziehung unterbreitet wird (2 Kor 13,10; Gal 6,11). Dabei bietet der Brief die Möglichkeit, mit der Vorstellung der brieflichen Anwesenheit gedanklich zu spielen, da sie letztlich die Trennung nur überwindet, aber nicht beendet (Gal 4,20). Auch ein problematisierender Umgang ist möglich, wie 2 Kor 10,1–11 zeigt.

---

[10] Vgl. SCHNIDER/STENGER (1987) 95.
[11] Vgl. KIM (1972) 123–128.
[12] Vgl. KOSKENNIEMI (1956) 175–178; FUNK (1967) 266f; SCHNIDER/STENGER (1987) 95–97; BICKMANN (1998) 66–88, v. a. 85–88.

Im Prozess der Lektüre rezipieren die AdressatInnen das Beziehungsangebot, wobei der Text darauf zielt, dass sie es im je angestrebten Sinn annehmen und verwirklichen. So intendiert der Galaterbrief, dass die AdressatInnen sich im Verlauf der Lektüre von den „falschen Freunden" ab- und erneut dem Apostel Paulus zuwenden. Gegen Ende des Briefes setzt der Text voraus, dass die gute Beziehung wiederhergestellt ist, so dass nun das freundschaftliche Sehnsuchtsmotiv den Wunsch wecken kann, das gute Verhältnis aufrecht zu erhalten: Gal 4,12–20; 6,11.[13]

Ein Trostbrief an die Gemeinde in Thessalonich

Eine besondere Rolle spielt der konstruktive und für die AdressatInnen hilfreiche Umgang mit der Trennungserfahrung im ersten Brief an die Gemeinde in Thessalonich.[14] Die Trennung von ihrem Gemeindegründer ist nicht die einzige, die die Christusgläubigen dort zu verkraften hatten. Schwerer wiegt die Trennung von Gemeindegliedern, die gestorben sind (1 Thess 4,13), eventuell aufgrund äußerer Gewalteinwirkung auf die Gemeinde (1 Thess 2,14). Und schwer wiegt angesichts dieser Erfahrung die andauernde Trennung von Christus, das Warten auf die παρουσία τοῦ κυρίου.

Der gesamte Brief zielt darauf, die Gemeinde in Bezug auf ihre Trennungserfahrungen zu trösten beziehungsweise die AdressatInnen dazu zu befähigen, dass sie selbst einander trösten (1 Thess 4,18; 5,11). Denn damit das tröstende Handeln des Paulus für die AdressatInnen annehmbar ist und gelingen kann, bedarf es mehr als der im engeren Sinne konsolatorischen Briefpassage 1 Thess 4,13–5,11:[15] Die Beziehung zwischen Briefschreiber und AdressatInnen muss aus Sicht der AdressatInnen stimmig sein – dies stellt der erste Teil des Briefes sicher, der die Beziehung zwischen Apostel und Gemeinde in der Vergangenheit als gelungenes, freundschaftliches Lehr-Lern-Verhältnis nachzeichnet (1 Thess 1,2–2,16). Die Briefpartner müssen sich außerdem über ihr Wirklichkeitsverständnis einig sein, das eine Deutung der Leiderfahrung und einen nachfolgenden sinnvollen Umgang mit ihr erst ermöglicht. Schließlich muss der Briefschreiber

---

[13] Vgl. LÖNING (1994) 134 und 137f.
[14] Vgl. BICKMANN (1998) 89–97 (dort weitere Lit.); KLAUCK (1998) 291; SMITH (1995) 53f; MALHERBE (1987) 73–77; MALBON (1983) 57.
[15] Gegen den Ansatz bei CHAPA (1990).

mit den AdressatInnen empathisch sein, und diese müssen ihm Kompetenz als Tröster zutrauen.[16] Die Einhaltung dieser letztgenannten Bedingungen führt 1 Thess 2,17–3,10 den AdressatInnen vor Augen.

Widerstand gegen die Trennung – 1 Thess 2,17–3,10 als Erzählung

Auf den ersten Blick hat die Textpassage 1 Thess 2,17–3,10 narrativen Charakter und erzählt von Erlebnissen des Paulus nach seinem Weggang.[17] Der Briefschreiber wertet die räumliche Trennung von der Gemeinde mit dem Ausdruck ἀπορφανισθέντες als äußerst bedrohlich und schildert seinen Wunsch, die Trennung aufzuheben. Die ideale familiäre Gemeinschaft, die in 1,2–2,16 geschildert wird, droht umzuschlagen in ein „Verwaistsein" des Apostels, was in „heftiges Verlangen" nach einem Wiedersehen mündet (2,17).

Bedrohung und Sehnsucht rufen zunächst einen zweifachen Rückkehrversuch hervor, der jedoch von anderer Seite, vom „Satan", behindert wird (2,18). Der Apostel kann deshalb das angesteuerte Ziel nicht verwirklichen, „zu euch zu kommen" und „euer Angesicht zu sehen", eine Überwindung der räumlichen Distanz ist ihm nicht möglich.

Die briefkonventionelle Beschreibung der Trennung als eine Trennung „dem Angesicht, nicht dem Herzen nach" (2,17) trägt jedoch den Ansatz einer andersartigen Lösung schon in sich. Deren Verwirklichung schildert der Briefschreiber in einem zweiten Erzählschritt (3,1–2. 5–8): Statt sich selbst im Raum zu bewegen, verschärft er sein eigenes Getrenntsein, indem er „allein in Athen" zurückbleibt. Das ermöglicht es ihm, den Boten Timotheus zu schicken, der als „Bruder" des Paulus und „Mitarbeiter Gottes in der Frohbotschaft Christi" qualifiziert wird: Er ist nun Träger des „Wortes Gottes", dessen Kommunikation Basis der Paulus- und der Gottesbeziehung der Gemeinde war (2,13). Auftrag des Boten ist es, mit der Gemeinde die Kommunikation über den Glauben fortzuführen, sie „zu stärken und zu ermuntern" (3,2). Damit ist er die unter den gegebenen Um-

---

[16] Vgl. STOWERS (1986) 144f; BICKMANN (1998) 101.

[17] Für eine ausführliche Analyse vgl. BICKMANN (1998) 225–233. Vgl. auch MARXSEN (1979) 52–56; WANAMAKER (1990) 119–139; SMITH (1995) 54.80–83; KLAUCK (1998) 276f.

ständen mögliche παρουσία des Paulus bei der Gemeinde und hält die Kommunikation zwischen den Getrennten aufrecht.

Die weiteren Verse zeigen, dass die Kommunikation wechselseitig verläuft: Der Briefschreiber benennt die Absicht, „euren Glauben zu erfahren" (3,5); die Rückkehr des Boten löst die Hoffnung ein, dass auch die Gemeinde die Fortführung der Beziehung wünscht. Der Bote stellt nun Paulus gegenüber die παρουσία der Gemeinde dar, indem er von ihrem Gedenken und ihrer Sehnsucht berichtet (3,6). Damit erreicht die Erzählung ihr Äquilibrium (3,7f), das allerdings immer noch unter dem Vorbehalt eines tatsächlichen Wiedersehens steht. Erst dieses kann alle „Mängel" der Glaubensgemeinschaft ausgleichen (3,10).

Trennung als endzeitliche Todeserfahrung

Die theologische Bedeutung des Textabschnitts zeigt sich erst auf den zweiten Blick und vor allem aufgrund der drei in die Erzählung eingeschobenen Reflexionspassagen 2,19f; 3,3b–4 und 3,9f.[18] Es geht um mehr als das Getrenntsein freundschaftlich miteinander verbundener Menschen. Der Weggang des Paulus gefährdet vielmehr eine weisheitlich-apokalyptisch ausgerichtete Lehr-Lern-Gemeinschaft, die um das bevorstehende Ende der Zeiten weiß. Er gefährdet eine Gemeinschaft, deren Lerngegenstand das Wissen darum ist, wie die Menschen am Ende der Zeiten vor dem Zorngericht Gottes gerettet werden können. Als rettend wird sich der Glaube an Jesus, den Christus, erweisen, den der lebendige Gott bereits aus den Toten gerettet hat.[19] Dieses von Gott geschenkte Wissen hat Paulus in Thessalonich als Wort Gottes verkündet – und es gilt auch für die aktuelle Briefkommunikation (1,9–10).

Die endzeitliche Rettung der Christusgläubigen wird bei der erwarteten Rückkehr des „Herrn Jesus" die letzte Bestätigung für den Wissensträger Paulus und seine Botschaft sein. Bei der παρουσία des Herrn werden die Gemeindemitglieder Gegenstand und Ursache für Freude und Ruhm des Apostels sein – so reflektiert der Brief dessen

---

[18] Vgl. ausführlich BICKMANN (1998) 233–246.
[19] Vgl. SÖDING (1992) 95f.

Sehnsucht in 2,19–20 und macht seinen AdressatInnen durch das Kompliment die Beziehung zu Paulus erstrebenswert.[20]

Die ἀπουσία des Apostels gerät damit in ein neues Licht:[21] Sie ist eine Erfahrung in der von Leid und „Bedrängnissen" gekennzeichneten Endzeit. Der „Satan", der Widersacher Gottes schlechthin, hinderte den Apostel an der angestrebten Rückkehr (2,18). Er könnte die Glaubenden mittels Leiderfahrungen „wankend machen" (3,3); er könnte sie „in Versuchung führen" und so die „Mühe" des Apostels „zunichte" machen (3,5).

Die Trennung von Apostel und Gemeinde ist also selbst eine lebensbedrohliche Erfahrung der Endzeit. Sie wird deutbar und verstehbar als endzeitliche „Bedrängnis": Das verkündete Wort Gottes könnte in Thessalonich nicht mehr kommuniziert werden und dann für die dortigen Christusgläubigen nicht mehr gelten. Ihre Rettung steht auf dem Spiel.

„Bedrängnisse" jedoch, das entfaltet die zweite Reflexion, gehören zwangsläufig zu den Erfahrungen einer kognitiven Minderheit in der Endzeit. Sie standen bereits am Anfang der Beziehung zwischen Paulus und der Lerngemeinschaft (1,6) und kennzeichneten als Bedrohungen der Gruppe von außen deren weitere Erfahrung (2,14–16; 3,4). Sie wurden den AdressatInnen „vorausgesagt" und gehören somit zu ihrem Wissensbestand (3,3b.4). Die AdressatInnen dürfen sich also bereits selbst als kundig in der Deutung ihrer Leiderfahrung verstehen.[22]

Widerstand gegen die Todeserfahrung – Paulus als kognitives Modell

Die Todeserfahrung der Trennung braucht deshalb bei allem mit ihr verbundenem Leid nicht als Einwand gegen das von Paulus verkündete rettende Wort Gottes verstanden werden. Sie kann vielmehr, so legt der Brief es seinen AdressatInnen nahe, im Rahmen des Verkündeten gedeutet werden. Die Deutung ermöglicht dann auch eine

---

[20] Vgl. KLAUCK (1998) 276; WANAMAKER (1990) 119.
[21] Vgl. SMITH (1995) 72f.
[22] Vgl. SMITH (1995) 55f.

Bewältigung, denn die Zwangsläufigkeit der Bedrängnisse impliziert nicht ihre passive Hinnahme.[23]

Das Modell dafür bietet das widerständige Verhalten des Apostels: Trotz aller Widrigkeiten nimmt er die Unterbrechung der Kommunikation nicht hin, sondern sucht nach einem alternativen Weg. Indem ein Bote die Kommunikation vermittelt, bleibt das kommunizierte Wissen für die AdressatInnen in Geltung und wird ihr Glaube zur Frohbotschaft für den Apostel (3,6–7). Nicht die Überwindung der räumlichen Trennung steht damit im Vordergrund, sondern die fortlaufende Verständigung der Glaubensgemeinschaft über ihr Glaubenswissen. Die soteriologische Relevanz formuliert Paulus als Abschluss der Erzählung: „so dass wir leben, wenn ihr fest steht im Herrn" (3,8). Wenn das Glaubenswissen durch Kommunikation in Geltung gehalten wird, dann ist auch unter den Bedingungen der Jetztzeit eschatologische Freude zu erfahren (3,9).[24] Das ermutigt und verpflichtet die AdressatInnen des Briefs.

Briefliche Kommunikation als Widerstand gegen den Tod

Auf der Ebene der aktuellen Briefbeziehung ermöglicht der Apostel seinen AdressatInnen zunächst in zweifacher Weise, seinen Trost anzunehmen.

Zum einen verständigt er sich mit ihnen über das gemeinsame Wirklichkeitsverständnis, das eine analoge Deutung der Leiderfahrung ermöglicht: Trennung – von Paulus, von den Verstorbenen, von Christus – ist eine Todeserfahrung der gegenwärtigen Endzeit, ein Zeichen der noch andauernden Herrschaft der gottwidrigen Mächte. Sie gefährdet die Kommunikationsgemeinschaft, aber sie ist keine Erfahrung, die per se dem von Gott geschenkten und von Paulus verkündeten Wissen widerspräche.

Zum anderen zeigt Paulus seine Empathie mit den Trennungen, die die AdressatInnen erleiden, sowie seine Kompetenz in Deutung und Bewältigung. Er schildert emotional sein Leiden aufgrund der Trennung und des befürchteten Kommunikationsabbruchs wie seine Freude über die fortdauernde Beziehung. Und er entwirft ein Modell

---

[23] Vgl. BICKMANN (1998) 246–252.
[24] Vgl. MARXSEN (1979) 52.

des Widerstands: Kommunikation des rettenden Wortes Gottes über räumliche Distanz hinweg hält dieses in Geltung, denn Hoffnung auf Gott bedarf der Versprachlichung und der Verständigung, um ansatzhaft schon jetzt als Freude erfahrbar zu werden.

Dieser letztgenannte Punkt hat jedoch über die Ebene der Darstellung hinaus Konsequenzen für den im Text angelegten Lektüreprozess:[25] In der aktuellen Kommunikation zwischen den BriefpartnerInnen hat der Brief die Rolle inne, die in der geschilderten Vergangenheit Timotheus ausgefüllt hat. Nun vermittelt der Brief die παρουσία des Apostels bei der Gemeinde. Er ist das Angebot, sich auch angesichts der Leiderfahrungen über die gemeinsame Hoffnung auf Rettung zu verständigen, daraus Kraft zu schöpfen und das Erhoffte so in Geltung zu halten.

Der Brief setzt dabei auf einen in seinem Sinne ‚kompetenten‘ Leser, der die ihm in der Kommunikation zugedachte Rolle akzeptiert und ausfüllt: Er hält mittels des Briefs an der Kommunikation mit Paulus fest und entwickelt so selbst Widerstand gegen die erlittene Todeserfahrung.

Somit enthält 1 Thess 2,17–3,10 nicht einfach briefkonventionelle Elemente, die für eine Rekonstruktion der Theologie des Paulus zu vernachlässigen wären. Vielmehr zeigt eine Analyse der kommunikativen Handlungsstruktur des Textes, dass der Brief in 2,17–3,10 eine kommunikative Dynamik entwickelt, die das Gelingen des Tröstens in 4,13–5,11 wahrscheinlich macht.

Benutzte Literatur:

BICKMANN, Jutta (1993):
> *„Wie ich unablässig euer gedenke“.* Ein Versuch zur paulinischen Briefpragmatik am Beispiel von Röm 1,8–15, in: Peters, Tiemo R. / Pröpper, Thomas / Steinkamp, Hermann [Hrsg.] (1993): Erinnern und Erkennen. Denkanstöße aus der Theologie von Johann B. Metz, Patmos: Düsseldorf 1993, 95–103.

BICKMANN, Jutta (1998):
> *Kommunikation gegen den Tod.* Studien zur paulinischen Briefpragmatik am Beispiel des Ersten Thessalonicherbriefes (fzb 86), Würzburg: Echter 1998.

---

[25] Vgl. BICKMANN (1998) 250–252. Vgl. auch MARXSEN (1979) 55; WANAMAKER (1990) 133.

BOSENIUS, Bärbel (1994):
> *Die Abwesenheit des Apostels als theologisches Programm.* Der zweite Korintherbrief als Beispiel für die Brieflichkeit der paulinischen Theologie (TANZ 11), Tübingen / Basel 1994.

CHAPA, Juan (1990):
> *Consolatory Patterns?* 1 Thess 4,13.18; 5,11, in: Collins, Raymond F. [Hrsg.] (1990): The Thessalonian Correspondence (BEThL 87), Leuven: Peeters 1990, 220–228.

FUNK, Robert (1967):
> *The Apostolic Parousia: Form and Significance*, in: Farmer, William R. / Moule, Charles F. D. / Niehbur, Richard R. [Hrsg.] (1967): Christian History and Interpretation [FS John Knox], Cambridge: Cambridge University Press 1967, 249–268.

KIM, Chan-Hie (1972):
> *Form and Structure of the Familiar Greek Letter of Recommendation* (SBLDS 4), Missoula, Mont.: Scholars Press 1972, 123–128.

KLAUCK, Hans-Josef (1998):
> *Die antike Briefliteratur und das neue Testament* (UTB2022), Paderborn u.a.: Schöningh 1998.

KOSKENNIEMI, Heikki (1956):
> *Studien zur Idee und Phraseologie des griechischen Briefes bis 400 n. Chr.*, Helsinki: Suomalaisen Kirjallisuuden Kirj. Oy 1956.

LÖNING, Karl (1994):
> *Der Galaterbrief und die Anfänge des Christentums in Galatien*, in: Schwertheim, Elmar [Hrsg.] (1994): Forschungen in Galatien (Asia Minor Studien 12), Bonn: Rudolf Habelt 1994, 131–156.

MALBON, Elizabeth Struthers (1983):
> *"No Need to Have Any One Write"?* A Structural Exegesis of 1 Thessalonians, in: Semeia 26 (1983) 57–84.

MALHERBE, Abraham J. (1987):
> *Paul and the Thessalonians.* The Philosophic Tradition of Pastoral Care, Philadelphia 1987.

MARXSEN, Willi (1979):
> *Der erste Brief an die Thessalonicher* (ZBK.NT 11,1), Zürich: Theologischer Verlag 1979.

MULLINS, Terence Y. (1973):
> *Visit Talk in New Testament Letters*, in: CBQ 35 (1973), 350–358.

SCHNIDER, Franz / STENGER, Werner (1987):
> *Studien zum neutestamentlichen Briefformular* (NTTS 11), Leiden: Brill 1987.

SMITH, Abraham (1995):
> *Comfort One Another.* Reconstructing the Rhetoric and Audience of 1 Thessalonians (Literary Currents in Biblical Interpretation), Louisville, Ky.: Westminster John Knox Press Louisville 1995.

SÖDING, Thomas (1992):
> *Die Trias Glaube, Hoffnung, Liebe bei Paulus.* Eine exegetische Studie (SBS 150), Stuttgart: Verlag Katholisches Bibelwerk 1992.

STIREWALT, Martin Luther (1993):
> *Studies in Ancient Greek Epistolography* (SBL.RBS 27), Atlanta, Ga.: Scholars Press 1993.

STOWERS, Stanley K. (1986):
> *Letter Writing in Greco-Roman Antiquity* (Library of Early Christianity 5), Philadelphia: Westminster Press 1986.

TAATZ, Irene (1991):
> *Frühjüdische Briefe.* Die paulinischen Briefe im Rahmen der offiziellen religiösen Briefe des Frühjudentums (NTOA 16), Göttingen: Vandenhoeck & Ruprecht 1991.

THRAEDE, Klaus (1970):
> *Grundzüge griechisch-römischer Brieftopik* (Zetemata 48), München: Beck 1970.

VOUGA, François (1992):
> *Der Brief als Form der apostolischen Autorität*, in: Berger, Klaus / Vouga, François / Wolter, Michael (1992): Studien und Texte zur Formgeschichte (TANZ 7), Tübingen: Francke 1992, 7–58.

WANAMAKER, Charles A. (1990):
> *The Epistles to the Thessalonians.* A Commentary on the Greek Text (New International Greek Testament Commentary), Grand Rapids, Mich.: Eerdmans 1990.

WHITE, John L. (1986):
> *Light from Ancient Letters* (Foundations and Facets), Philadelphia: Fortress 1986.

Bickmann, Jutta
Dr. theol., geboren 1964; studierte Katholische Theologie und Lateinische Philologie in Münster; 1997 Promotion: „Kommunikation gegen den Tod. Studien zur paulinischen Briefpragmatik am Beispiel des Ersten Thessalonicherbriefes"; Gymnasiallehrerin in Lingen/Ems.

Dissertation:
- *Kommunikation gegen den Tod.* Studien zur paulinischen Briefpragmatik am Beispiel des Ersten Thessalonicherbriefes (fzb 86), Würzburg: Echter 1998.

Online unter: *http://purl.org/bibfor/archiv/98-1.bickmann.htm*

Bogusław
Bławat

Archäologie der Gliederung

*Kann uns die handschriftliche
Überlieferung der neutestamentlichen
Schriften die Gliederungsarbeit
erleichtern?*

Vorbemerkung

Wollte man rasch die so gestellte Frage beantworten, dann müsste man nicht ohne Enttäuschung bekennen, dass man alle gängigen Gliederungsmuster, die sich in dem langen Überlieferungsprozess der neutestamentlichen Schriften etabliert haben, aus der Perspektive moderner Literaturwissenschaft sicherlich als mangelhaft qualifizieren muss. Das bedeutet allerdings nicht, dass wir sie aus unseren hermeneutischen Horizonten streichen sollten. Die spätantiken Theologen scheinen lediglich anderen als heutigen pragmatischen Zielen gefolgt zu sein: Erstens beabsichtigten sie die Harmonisierung der Evangelien, um das ‚Geschichtliche‘ zu retten, dass heißt, synoptisch zu schauen, um die Widersprüchlichkeiten in Einklang bringen zu können, und zweitens dem Leser eine Inhaltsangabe zu geben, um das Herausfinden der wichtigsten Stellen und den Zugang zu ihnen zu erleichtern. Deswegen, auch wenn für heutige Bedürfnisse solche Gesichtspunkte nicht ausreichend wären, möchte ich hoffen, mit ein einer kleinen ‚Archäologie der Gliederung‘ die synchrone exegetische Methodenlehre mit einer kleinen, aber guten Dosis diachronischer Skepsis betrachten zu helfen.

Das Gefühl der Einsamkeit, das unausweichlich zu spüren bekommt, wer zu dem Text nur durch den Text allein kommt, wird man vielleicht dadurch leichter ertragen, wenn man weiß, dass jegliche von der theologischen Pragmatik bedingte Fundierung der hermeneutischen Prinzipien falsche Resultate produzieren wird – und gerade das können wir aus der Überlieferungsgeschichte der neutesta-

Biblisches Forum Jahrbuch 1999, S. 185–192

mentlichen Schriften lernen. Im Folgenden werde ich daher zuerst kurz die gängigsten Gliederungssysteme schildern, die in den griechischen Handschriften vorkommen. Auf dieser Basis werde ich ein alternatives Beispiel beschränkt auf das Johannesevangelium geben, mit einer sehr alten Gliederungsarbeit, die eine interessante und zutreffende Aufteilung des Redestoffes liefert.

In den griechischen Evangelien-Handschriften trifft man zumeist auf zwei Gliederungssysteme: die so genannten eusebianischen Sektionen und die Kephalaia-Aufteilung.

1. Eusebianische Sektionen

Die pragmatischen Grundlagen dieser Aufteilung schilderte der Bischof von Cäsarea in seinem Brief an Karpian. Er berücksichtigte nicht den Inhalt oder den Umfang des Textes, sondern versuchte die jeweilige Sektion so weit auszudehnen, bis noch das Verwandtschaftsverhältnis zu den übrigen Evangelien leicht erkennbar blieb. Manchmal, wenn er zu einem Abschnitt keine Parallele hatte finden können, dehnte er die Sektion über mehrere der heutigen Kapitel hin aus, wie z.B. auf den ganzen Komplex von Johannes 8,21–10,14, den er unter der Nummer $\overline{\Pi\Theta}$ komprimierte. Die Abschnitte, zu denen er keine Parallele gefunden hat, nummerierte er ebenfalls. Insgesamt teilte er Matthäus auf 355, Markus auf 236, Lukas auf 342 und Johannes auf 232 Abschnitte auf. Die Sektionszahlen wurden überwiegend am äußeren Rande gesetzt (im Nestle-Aland sind sie samt der Kephalaia-Zahlen am inneren Rande zu finden). Unter der jeweiligen Ziffer wurde noch die entsprechende Nummer (nach seiner eigenen Empfehlung zinnoberrot) von einem der Zehner-Kanones hinzu gefügt, denen die Parallelsektionen aus den übrigen Evangelien zu entnehmen waren.

Die 10 Kanones, graphisch vorzugsweise in Form eines Säulenportals dargestellt, geben 13 von den 15 möglichen Kombinationen von Mt – Mk – Lk – Joh. Warum Euseb auf die Kombinationen Mk – Lk – Joh und Mk – Joh verzichtet hat, lässt sich aus heutiger Perspektive nicht beantworten. Es lässt sich nur eine Tendenz beobachten, dass er schon nach dem älteren Vorbild (Ammonios Sakkas, s. u.) dem Mt gegenüber den anderen Evangelisten den Vorzug gegeben hat. Ich vermute, dass die beiden letzten Kombinationen sich dadurch erübrigt haben. Sein System wäre also für moderne Gliederungsverfahren eher von sekundärer Bedeutung. Es bleibt aber immer noch, wegen seiner durchgängigen Verbreitung in den Handschriften, ein bewährtes Hilfsmittel für die Textkritiker, weil die Sektionszahlen eine gute Orientierungshilfe während der Kollationsarbeit bieten.

Die synoptische Arbeit von Euseb war allerdings nicht originell. In dem Brief an Karpian schreibt er, dass er sich an die Aufteilung von Ammonios anlehne. Dieser berühmte alexandrinische Neuplatoniker, Lehrer von Plotin, war eng mit Origenes befreundet. Es ist nicht auszuschließen, dass er unter dessen Einfluss für exegetisch oder schulisch bedingte Zwecke eine ‚Evangelien-Harmonie‘ erstellt hat. Dieses Werk mag nach dem Exil des Origenes in Cäsarea/Palästina zu der dortigen Bibliothek gelangt sein und dann über Pamfil, den Schüler des Origenes, zu Euseb. Eine andere Evangelien-Harmonie aus dem 2. Jahrhundert, das so genannte Diatessaron (von dem griechischen τὸ διὰ τῶν τεσσαρῶν / ‚nach den vier [Evangelisten]‘) von Tatian, obwohl auch von großer Bedeutung für die Überlieferungsgeschichte der neutestamentlichen Schriften, muss außerhalb dieser Untersuchung bleiben, weil die editorischen Prinzipien dieses syrischen Apologeten ihn zur Kontamination vierer Evangelien zu einem fortlaufenden Text zwangen.

2. Die Einteilung der Evangelien in Kephalaia

Während die Aufteilung in Sektionen für synoptische Arbeit konzipiert wurde, kann man in der Kephalaia-Aufteilung (von dem griechischen κεφαλαίον ‚Kopf‘ → übertragen für ‚Zusammenfassung‘, auch ‚These‘ – vgl. dazu ‚Briefkopf‘) ein mehr oder weniger am Inhalt des Evangeliums sich orientierendes System sehen. Die einzelnen Abschnitte sind nicht nur nummeriert, sondern auch mit Titeln (τίτλοι) versehen. Die Titel stehen meistens am oberen Rande, zusätzlich sind sie noch am Anfang der Handschrift in Form einer Liste zusammengestellt. Obwohl die Abgrenzung einzelner Abschnitte an einigen Stellen variiert, hat sich die Zahl der Kephalaia bei Mt auf 68, bei Mk auf 48, bei Lk auf 83 und bei Joh auf 18 etabliert. Manche Handschriften fügen noch zusätzlich die Ehebrecherin-Perikope (Joh 7,53–8,11) – eine sonst schon im Mittelalter für textkritisch unsicher erklärte Stelle – hinzu; noch wenige anderen machen einen zusätzlichen Schnitt nach Joh 20,1, was sicherlich besser ist als die übliche Abgrenzung nach Joh 19,38. Diese beiden Handschriften-Gruppen kommen dadurch auf 19 Kephalaia.

Da es in der Antike editorischer Usus war, den ersten Abschnitt nicht zu nummerieren, fängt diese Nummerierung auch nicht mit den ersten Versen an:

$\overline{\text{A}}$ Mt bei 2,1; $\overline{\text{A}}$ Mk bei 1,23; $\overline{\text{A}}$ bei Lk 2,1; $\overline{\text{A}}$ bei Joh 2,1.

Dass ein Schnitt nach Mk 1,22 äußerst ungeschickt ist, müsste schon dem Autor unserer heutigen Kapitelaufteilung aufgefallen sein. Stephan Langton, Erzbischof von Canterbury, der diese Einteilung während seines Aufenthalts in Paris vor dem Jahr 1206 ausgearbeitet hatte, dehnte das erste Kapitel noch weiter aus und band die vier ersten Kephalaia zusammen (eigentlich fängt $\overline{\text{E}}$ erst nach Mk 2,3 an). Die Titel versuchen mehr oder weniger präzise den Inhalt der Kephalaia wiederzugeben. Zum Beispiel heißt es bei Lk 2,1–7 περὶ τῆς ἀπογραφῆς – ‚über die Eintragung in die Steuerliste‘. Warum heißt diese Perikope nicht z. B. περὶ τοῦ τεκεῖν – ‚über die Entbindung‘ lässt sich vielleicht erklären, wenn wir ihre Struktur ansehen. Sie hat zwei starke Gliederungsmerkmale: Ἐγένετο δὲ ἐν ταῖς ἡμέραις ἐκείναις – ‚Es geschah in jenen Tagen‘ Lk 2,1 und Ἐγένετο δὲ ἐν τῷ εἶναι αὐτοὺς ἐκεῖ – ‚Es geschah als sie da waren‘ Lk 2,6, die diese Ganzheit im Verhältnis ⅔ zu ⅓ teilen. Der erste Teil ist deutlich durch vier verschiedene Formen des Stammes απο-γραπ gekennzeichnet (v. 1, 2, 3, 5). Der Terminus technicus für die Entbindung, mit seiner Wurzel τεκ-, erscheint lediglich zweimal (in den Versen 6 und 7) und kennzeichnet den Inhalt der letzten zwei Verse. Also, auch wenn wir die Gedankenwege des antiken Redaktors nur sehr bedingt nachvollziehen können, seine Entscheidungen zeigen, dass – vielleicht – der durch eigene Lektüre oder liturgische Anagnosis eingeprägte ‚Wörterkolorit und Klang‘ der einzelnen Perikopen, was wir ‚Sinnlinien sehen‘ nennen möchten, in seinen sprachlichen Formulierungen des jeweiligen Titels reflektiert wird und seine Gliederung konstituiert. Es gibt auch oft die Situation, dass nur der erste Abschnitt des Kephalaions durch den Titel zutreffend wiedergegeben ist, wie z. B. Lk Keph. $\overline{\text{MA}}$ – περὶ τῶν αἰτούντων σημεῖον ‚über die ein Zeichen fordernden‘ – umfasst sowohl die Jonas-Perikope (Lk 11,29–32) als auch das darauf folgende Gleichnis vom Licht und vom Auge (Lk 11,33–36). Zweifelsohne besteht hier doch ein thematischer Zusammenhang beider Teile, auch wenn er nur durch die Motive ‚Zeichen geben‘ (v. 29–32) und ‚Licht[zeichen] sehen‘ (v. 33–36) zu begründen wäre. Doch solche Stellen scheinen mir zu erlauben, diese redaktionelle

Arbeit noch anders zu betrachten. Zunächst glaube ich nicht, dass der Autor die vier Evangelien mit lediglich 217 Überschriften zusammenfassen wollte (insbesondere den Joh mit nur 18). Zweitens ist er an vielen Stellen in seiner Aufteilung sehr unabhängig von den synoptischen Zusammenhängen. Die größeren Kephalaiazahlen in den drei ersten Evangelien können gewisse Harmonisierungsversuche verraten, aber seine bescheidenen 18 Johannes-Kephalaia im Vergleich zu 232 eusebianischen Sektionen bedürfen einer anderen Erklärung. Wenn man sich die Überschriften ansieht, kann man einem Vergleich zu den Zeitungsschlagzeilen nicht entgehen. Diese Titel, wenn wir die Anfangsformel περί mit darauf folgendem Genitiv zuerst an die Seite legen, werfen ein Spotlight: entweder auf eine Person oder auf ein Geschehen. Eine Person und eine Tat ziehen die Aufmerksamkeit an sich, das ist wohlbekannte Regel des Journalismus. Hätte der anonyme Autor diese Regel seiner Gliederung zu Grunde legen können? Interessant ist, dass der Name Jesus (auch Kyrios oder Christos) nur wenige Male vorkommt. Das Interesse des Redaktors hat sich also mehr auf die erzählerische ‚Umwelt' des Helden konzentriert. Die langen theologischen Ausführungen des Johannesevangeliums passen nicht zu diesem Schema – deswegen finden wir dort auch weniger Überschriften.

3. Die Gliederung nach Sinnabschnitten

Diese beiden Systeme erschöpfen nicht das ganze Spektrum der Gliederungsschemata, die man in den Handschriften findet. Wir besitzen einige ebenso alte und dazu durch die zwei wichtigen Handschriften der alexandrinischen Textfamilie bezeugte Gliederungen, die wahrscheinlich die Spuren einer exegetischen Arbeit aus dem 4. Jh. tragen. Im Codex Vaticanus (B, 03, 4. Jh., Faksimile-Ausgabe durch C. M. Martini, Rom 1968) findet man auf dem Interkolumnium, links des Textes, Zahlen, die jeweils einen neuen Sinnabschnitt markieren. Diese Nummerierung, im Gegensatz zu dem Kephalaia-System, fängt bereits mit dem ersten Vers an. Jedes Evangelium wird auf diese Weise in kleine Abschnitte zerlegt: Mt in 170, Mk in 62, Lk in 152, Joh in 80. Die Kephalaia-Zahlen und eusebianische Sektionen fehlen. Auch der Codex Sinaiticus (ℵ, 01, 4. Jh., Faksimile-Ausgabe durch K. Lake, Oxford 1911) weist ein eigenes System auf, allerdings erfolgt die Markierung der jeweiligen Sinnabschnitte nicht durch die Zahlen, sondern lediglich durch eine Ausrückung nach links der ersten Zeile im Absatz. Da die Gliederung im Sinaiticus viel detaillierter ist als im Vaticanus, darf man nur sehr vorsichtig über eine mögliche Verwandtschaft dieser Systeme reden.[1] Die Zahlen sind im Johannesevangelium an folgenden Stellen zu finden:

1,1; 1,6; 1,18; 1,29; 1,35; 1,44; 2,1*; 2,12*; 2,23; 3,1; 3,22*; 4,1*; 4,31; 4,46*; 5,1*; 6,1*; 6,15*; 6,22; 6,41; 6,52; 7,1*; 7,10*; 7,14*; 7,31; 7,37*; 7,45*; 8,12; 8,21; 8,31; 9,1*; 10,1; 10,7; 10,11; 10,22*; 11,1; 11,19*; 11,47; 11,53; 12,1*; 12,12*; 12,20; 12,26; 12,37; 12,44; 13,1; 13,12; 13,21; 13,31; 14,1; 14,12; 14,22; 14,27; 15,1; 15,11; 15,17; 15,26; 16,12; 16,19; 16,25; 16,29; 17,1; 18,1*; 18,12*; 18,16*; 18,24*; 18,28*; 18,33*; 19,1; 19,16*; 19,23; 19,24; 19,31; 19,38; 20,1*; 20,11*; 20,19*; 20,24; 20,26; 21,1*; 21,15.

Auffallend ist nicht nur, dass die Nummerierung schon ab dem ersten Vers anfängt, sondern auch bis auf zwei Ausnahmen sich mit der heutigen Kapitelaufteilung deckt. Darüber hinaus sieht man, dass die Ehebrecherin-Perikope in seiner handschriftlichen Vorlage fehlen müsste. Schließlich, so wird man feststellen können, bleibt Langton mit seiner Platzierung des 16. Kapitels sehr einsam: die $\overline{\text{IZ}}$ Zahl des Kephalaia-Systems liegt ebenfalls bei Joh 15,26, die eusebianische Sektion fängt erst in der Mitte von Joh 16,2 an. Diese Aufteilung ist schon nicht weit von den heutigen entfernt.

Seine Gliederung fundiert oft an den ‚Ortswechselangaben' – diese Stellen habe ich mit einem Stern markiert – und versucht sich an der natürlichen Rededisposition des Johannesevangeliums fest zu halten. In der langen Abschiedsrede Jesu setzte er die Zäsuren nicht nur nach dem Themenwechsel, sondern auch nach den Reaktionen der Jünger, z.B. $\overline{\text{NH}}$ Joh 16,19. Dadurch erreichte er, dass die monologische Struktur der Abendmahlsrede die besseren Kommunikationsmerkmale gewinnt.

---

[1] Vgl. die Gegenmeinung: SODEN, Hermann Freiherr von (1911): *Die Schriften des Neuen Testaments in ihrer ältesten erreichbaren Textgestalt.* Teil 1,1, Vandenhoeck und Ruprecht: Göttingen ²1911, S. 432; die von ihm vorgenommene Rekonstruktion dieses Systems kann in der Tat nur auf den Vaticanus bezogen werden.

4. Liturgische Gliederungen

Für die Evangelien besitzen wir noch eine andere Gliederungstradition, die bereits in die ersten Jahrhunderten wurzelt – die liturgische. Obwohl sie in der Mehrheit der Handschriften bezeugt ist, muss sie zunächst außerhalb dieser Artikel bleiben. Es sollte allerdings erwähnt werden, dass die Rezitation der biblischen Texte zur Einführung der Interpunktionszeichen beigetragen hat. Anfänglich hat man die Stichoi, Kola und Kommata durch ein Spatium gekennzeichnet oder sogar mit einer neuen Zeile angefangen (vgl. die Majuskel Hp, 015). Doch später, des Platzmangels wegen (Pergament war einfach zu teuer), hat man sich der Interpunktionszeichen des Aristophanes von Byzanz bedient. Man setzte sie allerdings sehr frei, oft gegen die antiken Regeln. In spätbyzantinischen Handschriften finden wir ab und zu einige Zeichen, die auf musikalische Ausführung des Textes hinweisen. Man sieht dabei, dass die theologische Reflexion manchmal über die grammatischen oder rhetorischen Gliederungsregeln dominiert. Außerdem haben wir für das Corpus Paulinum und die Katholischen Briefe noch eine sehr interessante editorische Arbeit von Eutalius; die Apokalypse hat Andreas von Caesarea in einer symbolischen Weise in 72 Abschnitte geteilt. Diese Systeme haben auch einen festen Platz im Überlieferungsprozess gefunden und bedürfen sicherlich eigener Untersuchungen.

5. Schlussbemerkung

Wenn ich noch einmal zu der Anfangsfrage zurückkommen darf, dann möchte ich hinzufügen, dass ein Dialog mit der Tradition wahrscheinlich nicht die gegenwärtigen exegetischen Probleme lösen kann, er wird aber an die Geschichtlichkeit der Resultate erinnern. Ich lade zu eigenen Untersuchungen der Tradition ein; besonders hier in Münster lässt sich vieles sehr leicht an Hand der Mikrofilme nachprüfen oder sogar neu entdecken.

Bławat, Bogusław
M.A., geboren 1964, studierte von 1989–1994 Klassische Philologie in Danzig, seit 1995 theologisches Promotionsstudium in Münster: „Die Zitate aus dem Neuen Testament in den griechisch erhaltenen Werken Origenes"

Online unter: *http://purl.org/bibfor/archiv/98-1.blawat.html*

Benedikt
Jürgens

Fremdes Feuer
Das Scheitern eines Übergangsritus
(Lev 10)

Unmittelbar nach dem komplizierten, acht Tage dauernden Ritus der Priesterweihe Aarons und seiner vier Söhne Nadab, Abihu, Eleasar und Itamar (Lev 8–9) kommt es zu einem tragischen Zwischenfall: Nadab und Abihu, die beiden ältesten Söhne, kommen zu Tode, nachdem sie einen Ritus ausgeführt haben, den „JHWH nicht befohlen" hatte (Lev 10,1). Wie konnte das geschehen? Die Priesterweihe ist doch am achten Tag (Lev 9) zu einem erfolgreichen Abschluss gelangt: JHWH ist „dem ganzen Volk" in seiner Herrlichkeit (Lev 9,23) erschienen und ein Feuer, das „von JHWH" ausging, hat die auf dem Altar liegenden Opfer verzehrt und dadurch die Annahme der Gaben signalisiert (Lev 9,24). Die Drastik des Vorfalls erschreckt. Ist sie nicht ein Indiz für die „Gewalttätigkeit gegen normabweichende, ‚sündige' Menschen und deren exzessiv-inhumane Bestrafung auf Wunsch und Befehl des biblischen Gottes"[1]?

Dem Text Lev 10 liegt die Logik der im Buch Levitikus beschriebenen Rituale zu Grunde, die einem heutigen Leser nicht unmittelbar einsichtig sind. Außerdem ist die Erzählung vom Tod Nadabs und Abihus in einen kunstvoll komponierten Text integriert. Beides, die rituelle Logik wie die sprachliche Gestalt des ganzen Texts Lev 10, müssen berücksichtigt werden, wenn man den Tod Nadabs und Abihus angemessen verstehen will.

I.

Bei den in Lev 8–9 erzählten Ritualen handelt es sich um Übergangs-riten (*rites de passage*).[2] Diese haben den Zweck, Initianden die (immer mit Risiken verbundene) Übernahme eines neuen Status zu er-

---

[1] BUGGLE (1992) 68.
[2] VAN GENNEP (1909); deutsche Ausgabe: VAN GENNEP (1986).

möglichen. Durch Trennungsriten (*rites de séparation*) werden die Initianden aus dem profanen Lebenszusammenhang herausgenommen. Diese erste Phase „grenzt klar den sakralen Raum und die sakrale Zeit vom profanen oder säkularen Raum und der profanen Zeit ab. [...] Sie schließt symbolisches Verhalten – vor allem solche Symbole, die profane Dinge, Beziehungen und Prozesse umkehren – ein, das die Loslösung der rituellen Subjekte (Novizen, Kandidaten, Neophyten oder ‚Initianden‘) von ihrem früheren sozialen Status zum Ausdruck bringt."[3] Im Falle Aarons und seiner Söhne wird dies vor allem durch Waschungen und die Bekleidung mit besonderen Kleidern symbolisiert und realisiert (Lev 8,6–9.13).

Durch diese Trennungsriten gelangen die Initianden in eine liminale Phase, in der sie vom normalen Leben isoliert sind und keine religiöse oder soziale Rolle innehaben. Während dieser Phase „durchläuft das rituelle Subjekt eine Zeit oder einen Bereich der Ambiguität, eine Art sozialen Zwischenstadiums, das wenige der Merkmale (wenn auch manchmal außerordentlich bedeutsame) der vorangegangenen oder der folgenden Daseinsformen aufweist"[4]. Aaron und seine Söhne befinden sich sieben Tage lang in diesem Zustand: Sie dürfen den Eingang des Begegnungszelts nicht verlassen (Lev 8,33), befinden sich also außerhalb ihres bisherigen Lebenszusammenhangs und schon im Bereich ihrer künftigen Tätigkeit als Priester. Ihre neue Rolle wird in dieser Phase noch von Mose übernommen, der die Opfer darbringt. Allerdings nehmen Aaron und seine Söhne schon eine für die Priester typische Handlung vorweg, indem sie die von den Opfern übrig gebliebenen Reste essen (Lev 8,31–32.36). Nach ihrer theoretischen Unterweisung (Lev 1–7) werden sie so sukzessiv in ihre neue Rolle eingeführt, bevor sie am achten Tag (Lev 9,1) ihre neue Rolle zum ersten Mal ausfüllen und damit in eine neue Normalität gelangen. Dieser Übergang wird in Aggregationsriten (*rites d'agrégation*) zum Ausdruck gebracht und realisiert. Diese dritte Phase „umfaßt symbolische Phänomene und Handlungen, die die Rückkehr der rituellen Subjekte in die Gesellschaft und zu ihren neuen, relativ stabilen und genau definierten Positionen darstellen"[5]. Aaron und seine Söhne vollziehen die Riten, indem sie zum ersten Mal selbständig Opfer darbringen (Lev 9).

---

[3] TURNER (1995) 34–35.
[4] TURNER (1995) 35.
[5] TURNER (1995) 35; vgl. zum Ganzen auch LEACH (1978) 100.

Zunächst sieht es nach einem erfolgreichen Abschluss des Rituals aus, indem der *kᵉbôd* JHWH erscheint und die auf dem Altar liegenden Gaben verzehrt werden (Lev 9,23–24). Der Tod Nadabs und Abihus stellt den Erfolg jedoch nachdrücklich in Frage.

II.

In welchem Kontext steht die Erzählung vom Tod der beiden Aaron-Söhne? Stimmt es, dass dem Kapitel „thematisch wie stilistisch jede Einheitlichkeit"[6] fehlt? Gibt der Text also doch keine Hinweise darauf, wie der Tod zu verstehen sein soll?

Auf der synchronen Ebene läßt sich m. E. eine planvolle Struktur des Textes erkennen, auf deren Hintergrund auch der Tod Nadabs und Abihus zu verstehen ist.[7] Der Text ist durch den Wechsel von Erzählung und Rede gekennzeichnet, wobei der Schwerpunkt der Erzählung am Beginn des Texts liegt. In diesem Abschnitt entsteht auf der narrativen Ebene das Disäquilibrium mit dem Bericht über den Tod der beiden Aaron-Söhne. Die Reden lassen sich insgesamt fünf Abschnitten zuordnen. Im ersten und im letzten Abschnitt sind die Redeanteile mit narrativen Elementen verflochten, in den mittleren Abschnitten hingegen handelt es sich ausschließlich um Reden. Insgesamt läßt sich eine Struktur erkennen:

Disäquilibrium	Lev 10,1–2	Der Tod Nadabs und Abihus
A	Lev 10,3–5	Problemlösung durch Mose: Entfernung der Leichen
B	Lev 10,6–7	Erste Mose-Rede: Trauerverbot für Aaron und seine Söhne
C	Lev 10,8–11	JHWH-Rede: Aufgabe der Priester
B′	Lev 10,12–15	Zweite Mose-Rede: Verzehr der Überreste von *minḥāh* und *zæbaḥ šᵉlāmîm*
A′	Lev 10,16–20	Problemlösung durch Aaron: Verzehr der Überreste des *ḥaṭṭāʾt*-Bocks

---

[6] GERSTENBERGER (1993) 105.
[7] Vgl. STAUBLI (1996) 85.

Der narrative Abschnitt Lev 10,1–2 schafft mit dem Tod der beiden Aaron-Söhne das *Disäquilibrium*, das die folgenden Redehandlungen auslöst.

Teil A (Lev 10,3–5) thematisiert das Problem, das durch die beiden Leichen, die vor dem Begegnungszelt liegen, entstanden ist. Dieses Problem besteht darin, dass Aaron als Gesalbter Priester nicht an Trauerriten teilnehmen kann (vgl. Lev 21). Indem Aaron schweigt, reagiert er als Gesalbter Priester (vgl. Lev 8,12) angemessen auf die Situation (s.u.). Da es ihm verboten ist, sich an Leichen zu verunreinigen, kann er sich nicht um die sterblichen Überreste seiner Söhne kümmern. Mose löst das Problem, indem er Aarons Verwandte Mischael und Elzafan beauftragt, die sterblichen Überreste zu entfernen.

Teil B (Lev 10,6–7) gibt die erste große Rede des Mose wieder, in der Aaron und über diesen auch Eleasar und Itamar nun auch ausdrücklich die Trauer über den Tod Nadabs und Abihus untersagt wird (Lev 10,6–7).

Es folgt mit *Teil C* das Zentrum der Komposition mit der JHWH-Rede an Aaron (Lev 10,8–11), die das Alkoholverbot, die Aufforderung zur Unterscheidung von „heilig“ und „profan“ sowie „unrein“ und „rein“ und den Auftrag, die Israeliten die Satzungen JHWHs zu unterrichten, enthält. Um diesen Teil C legen sich die Teile B und B' wie ein innerer und die Teile A und A' wie ein äußerer Rahmen.

Der sich anschließende *Teil B'* (Lev 10,12–15) bringt die zweite große Rede des Mose mit Anweisungen an Aaron, Eleasar und Itamar. Diesmal geht es um den Verzehr der aus dem Ritual des achten Tages (Lev 9) übriggebliebenen Teile der *minḥāh* und des *zæbaḥ šᵉlāmîm* des Volks.

Der Text wird durch das Streitgespräch zwischen Mose und Aaron (*Teil A'*; Lev 10,16–20) abgeschlossen. Hier geht es um das Problem, was mit den Überresten des *ḥaṭṭāʾt*-Bocks zu geschehen hat. Mose fragt erzürnt, warum Eleasar und Itamar die Überreste nicht gegessen haben. Aaron kann mit seiner rhetorischen Frage Mose von der Richtigkeit des Handelns überzeugen (Lev 10,19) und so das Problem lösen. Wie in Teil A entwickelt sich hier eine Handlungssequenz mit den Akteuren Mose und Aaron.

Die Erzählung vom Tod Nadabs und Abihus ist also Bestandteil einer Komposition, in deren Zentrum eine JHWH-Rede steht. Es ist zu vermuten, dass der ganze Text im Horizont dieser Rede gelesen werden soll.

III.

Die zentrale Jhwh-Rede an Aaron (Lev 10,8–11) enthält zwei Teile, deren Zusammenhang nicht unmittelbar einsichtig ist. Zunächst verbietet Jhwh den Genuss von Wein und Bier für Aaron und seine Söhne, wenn sie ins Begegnungszelt hineingehen (Lev 10,9). Anschließend werden Aaron und seine Söhne aufgefordert, die Unterschiede zwischen „heilig" und „profan" sowie zwischen „unrein" und „rein" zu beachten und die Israeliten die Satzungen zu lehren, die Jhwh dem Mose geoffenbart hat (Lev 10,10–11).

Neben der in Lev 10,9 geforderten Nüchternheit werden folgende Kriterien genannt, die Priester erfüllen müssen, um mit dem Heiligen in Kontakt treten zu können: Waschungen (Ex 30,20; 40,32), körperliche Unversehrtheit (Lev 21,16–24) und angemessene Kleidung (Ex 28,31–35.39–43). Die Abstinenz von Bier und Wein ist das einzige der hier aufgezählten Gebote, das nicht nur von Priestern, sondern auch von Laien gefordert wird, wenn sie in einem Zustand besonderer Heiligkeit leben (vgl. Num 6,3; Dtn 29,5; Ri 13,4.7.14; 1 Sam 1,15). Ist es ein Zufall, dass ausgerechnet dieses Kriterium an dieser Stelle genannt wird? Schließlich sollen diese Vorschrift alle erfüllen, die in einem besonderen Zustand der Heiligkeit leben, gleich ob es sich um Priester oder Laien handelt.

Nach Lev 10,10–11 ist die Unterscheidung (*hibdîl*) zwischen „heilig" und „profan" sowie zwischen „unrein" und „rein" eine der beiden Hauptaufgaben der Priester. Vor allem die Gegensätze „unrein" und „rein" sind immer wieder Gegenstand christlicher Kritik gewesen. Dabei sollte man sich vor Augen halten, dass auch im Christentum die Unterscheidung von „unrein" und „rein" eine lange Geschichte hat.[8] Auch die These, dass im NT die jüdischen Reinheitsvorschriften in Frage gestellt würden, beispielsweise von der „blutflüssigen" Frau unter Zustimmung Jesu (Mk 5,25–34; vgl. Mt 9,20–22; Lk 8,43–48), ist nicht haltbar: „Die Frau wird von ihrer Krankheit geheilt, nicht vom Gesetz."[9] Hinter der Kritik verbergen sich in der Regel antijüdische Vorurteile und Unkenntnis.

---

[8] Vgl. dazu Lutterbach (1998).
[9] Metternich 194–195, hier: 195. Zur Problematik der Reinheitsgesetze im NT vgl. auch Bauckham (1998) 475–489.

Die Bedeutung der Unterscheidung (*hibdîl*) wird bei einem Blick in den ersten Schöpfungsbericht des Buches Genesis deutlich. Dort unterscheidet JHWH zwischen Licht und Finsternis, Himmel und Erde sowie Tag und Nacht (Gen 1,4.6.7.14.18). Dadurch wird die Schöpfung in eine Ordnung gebracht, wodurch ihre Vollkommenheit zum Ausdruck kommt. Mit der Unterscheidung von reinen und unreinen Tieren (Lev 11,47; 20,25) wird diese von JHWH gesetzte Schöpfungsordnung im alltäglichen Leben Israels symbolisch verinnerlicht. „[…] die Speisegesetze [waren] wie Zeichen, die in jedem Moment zum Nachdenken über die Einheit, Reinheit und Vollkommenheit Gottes anregten. Die Meidungsvorschriften verliehen der Heiligkeit bei jeder Begegnung mit dem Tierreich und bei jeder Mahlzeit einen physischen Ausdruck."[10]

Die zweite wichtige Aufgabe der Priester ist es, die Israeliten die „Satzungen" (Lev 10,11) zu lehren, die JHWH dem Mose auf dem Sinai offenbart, und die Mose an Aaron und seine Söhne weitergegeben hat. Das Wissen der Priester soll aus der Sicht von Lev 10,9–10 kein esoterisches Wissen von kultischen Experten bleiben. Das Volk soll *alle* Einzelheiten von den Priestern erfahren. Auch wenn die Laien an den meisten konkreten kultischen Vollzügen beim Opfer nicht beteiligt sind, so sollen sie doch im Wissensstand den Priestern gleichgestellt sein.

Es ist also kein Zufall, dass JHWH zu Beginn seiner Rede Aaron und seinen Söhnen den Genuss von Wein und Bier verbietet. Dieses Verbot trifft auch die Laien, die sich JHWH weihen bzw. ihm in besonderer Weise nahe sind. In diesem Punkt sind Priester und Laien in ihrem kultischen Verhalten vor JHWH gleichgestellt. Die JHWH-Rede will als Ganze klarstellen, dass die Weisungen des Buches Levitikus, selbst die, die ganz speziell die Priester betreffen, das *ganze* Volk Israel angehen. Es gibt im Buch Levitikus keine esoterischen, einer exklusiven Gruppe von Spezialisten vorbehaltenen Lehren. Das Volk als Ganzes soll JHWH nahe sein und „ein Königtum von Priestern und ein heiliges Volk" (Ex 19,6) werden.[11]

Diese zentrale JHWH-Rede wird von den Mose-Reden gerahmt. Beide beschäftigen sich mit rituellen Anweisungen für Aaron und seine Söhne.

---

[10] DOUGLAS (1966) 78.

[11] Im Judentum hat diese Forderung nach der Heiligkeit im Begriff des Kiddusch HaSchem eine zentrale Bedeutung erlangt. Vgl. dazu LENZEN (1995).

In seiner ersten großen Rede (Lev 10,6–7) verbietet Mose dem Aaron und seinen Söhnen Eleasar und Itamar die Teilnahme an Trauerritualen. Stattdessen sollen die Israeliten diese Aufgabe übernehmen. Allerdings sollen sie nicht Nadab und Abihu beweinen, sondern den Brand, „den JHWH entfacht hat" (Lev 10,6f). Das eigentliche Unglück besteht nicht im Tod der beiden Aaron-Söhne, sondern in der für das Heiligtum entstandenen gefährlichen Situation der Verunreinigung durch die beiden Leichen.[12]

Neben der Verunreinigung des Heiligtums führte der Zwischenfall auch zur Unterbrechung des rituellen Geschehens des achten Tags. Nadab und Abihu verhinderten mit der Darbringung des „fremden Feuers", dass das Ritual des achten Tages ordnungsgemäß zu Ende geführt werden konnte und die Überreste des *qŏrbān* des Volks (vgl. Lev 9,15–21) noch nicht versorgt worden sind. Mose fordert Aaron und seine Söhne in seiner zweiten Rede (Lev 10,12–15) auf, die übrige *minḥāh* (Lev 10,12; vgl. Lev 6,9) neben dem Altar, innerhalb des heiligen Bezirks (an einem „heiligen Ort"; Lev 10,13) zu verzehren. Die Anteile Aarons und seiner Familie am *zæbaḥ šᵉlāmîm* des Volks sollen „an einem reinen Ort" (Lev 10,14) verzehrt werden.

Den äußeren Rahmen um die drei Reden bilden Abschnitte, in denen Redeanteile mit narrativen Elementen verbunden sind. Unmittelbar nach dem Bericht vom Tod Nadabs und Abihus wird die Reaktion auf diesen Vorfall erzählt (Lev 10,3–5). Nach dem Ritual des achten Tages der Priesterweihe jubelte das Volk (Lev 9,24). Auch hier zeigt sich – wie das von Mose zitierte JHWH-Wort sagt – die Heiligkeit JHWHs (Lev 10,3), nun allerdings als *tremendum*. Deshalb fällt die Reaktion nun ganz anders aus: Vom Volk ist hier nicht die Rede, während Aaron in Schweigen verfällt (Lev 10,3). Die Septuaginta interpretiert Aarons Reaktion als Ausdruck seiner Trauer: „Und Aaron war tief betrübt." Erhard S. Gerstenberger sieht im Schweigen Aarons dessen Ratlosigkeit: „Der Schlußsatz: ‚Aaron schwieg dazu' (Lev 10,3) will darauf hinweisen, daß der Ahnherr der Priesterschaft in diesem Fall keine plausible Erklärung für das Fehlverhalten der Söhne hat […] und somit ebenfalls kompromittiert ist, auch wenn er der Strafe entgeht."[13]

Vielleicht kann der Text auch anders verstanden werden. Normalerweise reagierte man auf den Tod eines Angehörigen mit dem Zer-

---

[12] Vgl. dazu MILGROM (1991) 610.
[13] GERSTENBERGER (1993) 108.

reißen des Gewandes (z.B. Gen 37,34; 2 Sam 1,11; 3,31; 13,31; Ijob 1,20), dem Ausstoßen von Seufzern und Schreien (z.B. 2 Sam 19,1.5; 1 Kön 13,30; Jer 22,18; 34,5; Am 5,16; Mi 1,8) und dem Anstimmen von Klagegesängen (z.B. 2 Sam 1,17–27; 3,33–34; 2 Chr 35,25; 1 Makk 9,20–21; Jer 9,16–21; Ez 19,1–14; 26,17–18; 27,2–10.25–36, 28,12–19; 32,2–16; Am 5,1–17).[14] Das Schweigen ist also aus biblischer Sicht eine äußerst ungewöhnliche Reaktion auf den Tod eines Angehörigen. Aaron beginnt nicht mit den zu erwartenden Trauerriten. Er erfüllt hier allerdings das für den Gesalbten Priester geltende Verbot, an Trauerriten teilzunehmen, das Mose wenig später offiziell anordnet (Lev 10,6–7; vgl. Lev 21). Aaron handelt sozusagen in vorauseilendem Gehorsam und verhält sich in dieser Situation vorbildlich. Er erweist sich als vorbildlicher Priester, indem er in dieser unvorhergesehenen Situation auf der Grundlage der ihm bereits bekannten und während der liminalen Phase der Übergangsriten internalisierten kultischen Bestimmungen (Lev 1–7; 8–9) die richtige Entscheidung trifft.

Die nicht eingeplante Situation besteht darin, dass durch den Tod Nadabs und Abihus der eigentlich unbedingt zu vermeidende Fall eingetreten ist: Die beiden vor dem Eingang des Begegnungszelts liegenden Leichen verunreinigen den Bereich des Heiligen. Die dringlichste Aufgabe besteht deshalb darin, diese Unreinheit zunächst einmal zu beseitigen. Die dazu notwendigen Anweisungen trifft Mose in Lev 10,4–5. Da Aaron aufgrund seiner Eigenschaft als Gesalbter Priester diese Aufgabe nicht wahrnehmen kann (Lev 21), beauftragt Mose zwei Verwandte des Aaron, nämlich Mischael und Elzafan (vgl. Ex 6,18–20), die Leichen aus dem Lager heraus zu schaffen.

Der den Text abschließende Teil (Lev 10,16–20) berichtet von einem Streit zwischen Mose und Aaron. Bisher waren im rituellen Ablauf trotz des massiven Zwischenfalls keine Abweichungen von den präskriptiven Texten (Lev 1–7) zu beobachten. Ein Streit entzündet sich erst in der Frage der Behandlung des Ziegenbocks der *ḥaṭṭaʾt* des Volks. Bei dieser *ḥaṭṭaʾt* war offen geblieben, was mit den Überresten zu geschehen hat. Da das Blut nicht in das Innere des Heiligtums gelangt ist, geht Mose davon aus, dass Aaron und seine Söhne die Überreste nach der Vorschrift von Lev 6,17–23 verzehrt haben (Lev 10,18). Deshalb ist er erzürnt, dass er den *ḥaṭṭaʾt*-Bock ver-

---

[14] Zu den Trauerriten im biblischen Israel vgl. JAHNOW (1923) bes. S. 1–90; DE VAUX (1964) 99–107; WENNING/ZENGER (1990) 285–303; LEWIS (1989).

brannt vorfindet und die Vorschrift JHWHs damit missachtet ist (Lev 10,16).

Warum haben Aaron und seine Söhne die Reste der *ḥaṭṭaʾt* nicht verzehrt, sondern außerhalb des Lagers verbrannt? Die Antwort des Aaron in der Form einer rhetorischen Frage ist sehr schwer zu verstehen. Ihr ist allerdings zu entnehmen, dass sich durch den Tod Nadabs und Abihus eine besondere Situation ergeben hat, durch die diese Abweichungen nicht nur gerechtfertigt, sondern sogar notwendig geworden sind. Die Entfernung der Überreste einer *ḥaṭṭaʾt* ist deshalb notwendig, weil die Unreinheit durch den Blutapplikationsritus (vgl. Lev 4) auf den Kadaver des Opfertiers übergegangen ist. Die Unreinheit wird entweder durch Verbrennen oder durch Verzehr entfernt. In der Bibel sind außer den *ḥaṭṭaʾt*-Riten während der Übergangsriten von Lev 8–9 nur drei Fälle belegt, in denen die Überreste einer *ḥaṭṭaʾt* verbrannt werden: im Fall der Sünde eines Gesalbten Priesters (Lev 4,11–12), im Fall der Sünde der ganzen Gemeinde (Lev 4,20–21) und am Jom Hakkippurim mit beiden *ḥaṭṭaʾt*-Tieren (Lev 16,27–28). Bei allen drei Beispielen handelt es sich um besonders schwere Arten der Verunreinigung, so dass ein Verzehr der mit der Unreinheit kontaminierten Tiere als zu gefährlich erscheint. In den allermeisten Fällen jedoch beseitigt der Priester die Überreste, indem er sie „an einem heiligen Ort" isst, also innerhalb des Heiligtums (Lev 6,19). Unter normalen Umständen hätten Aaron und seine Söhne die Überreste der *ḥaṭṭaʾt* des Volks gegessen. Da das Blut dieser *ḥaṭṭaʾt* nicht ins Heiligtum gebracht wurde, war die Verunreinigung nicht so stark, als dass ein Verzehr zu gefährlich gewesen wäre. Die Situation hat sich jedoch durch den Tod Nadabs und Abihus grundsätzlich geändert. Ihre im Vorhof des Begegnungszelts liegenden Leichen haben das ganze Heiligtum verunreinigt. Davon sind auch in besonderem Maße die Überreste der *ḥaṭṭaʾt* des Volks betroffen, so dass sich für Aaron der Status dieser *ḥaṭṭaʾt* verändert hat.[15] Mose lässt sich nach dem Text von der (rhetorischen) Frage des Aaron überzeugen.

Wie schon zu Beginn des Texts stellt Aaron ein weiteres Mal unter Beweis, dass er das priesterliche Wissen beherrscht und sich in unvorhergesehenen Situationen auch ohne explizite Anweisungen durch JHWH oder Mose richtig verhält. Aaron hat seine neue Rolle als

---

[15] Vgl. dazu MILGROM (1991) 635–640.

Gesalbter Priester zu Recht übernommen und zeigt, dass er in der Lage ist, diese Rolle auch kompetent auszufüllen.

IV.

Es bleibt also die Frage nach dem Grund für den Tod Nadabs und Abihus. Das Ritual, das die beiden ausführen, ist merkwürdig. Es wird zuvor nirgendwo erwähnt. Erst später wird erzählt, dass Aaron am Jom Hakkippurim einen vergleichbaren Ritus vollziehen soll, wenn er das Allerheiligste betritt (Lev 16,12–13). Auch im Zusammenhang mit der Erzählung vom Frevel Korachs und seines Anhangs (Num 16–17) wird geräuchert. An dieser Stelle dient es dazu, in einer Art Probe die Legitimität der Führungsrolle von Mose und Aaron zu zeigen. Die Aufrührer werden vom Erdboden verschluckt (Num 16,33) und vom Feuer verzehrt (Num 16,35). In der Hand Aarons hingegen hat das Räuchern sühnende Funktion: Durch dessen Räuchern wird das murrende Volk vor einer tödlichen Plage bewahrt (Num 17,6–15). Wie kommen Nadab und Abihu nach der Erscheinung des *kᵉbôd* JHWH dazu, ein Rauchopfer darzubringen? Warum handelt es sich hier um eine Darbringung, die – im Unterschied zu denen von Lev 16,12–13 und Num 17,6–15 – tödlich endet, obwohl Nadab und Abihu doch wie ihr Vater Aaron durch ihre Heiligung zu kultischen Handlungen befähigte Personen sind?

Aufgrund der negativen Übereinstimmungsformel[16] und damit aufgrund der Textbasis (Lev 10,1) liegt es nahe, den Tod Nadabs und Abihus als Strafe zu interpretieren. Zwar zeigt sich auch hier – wie in Lev 9,24 – die Heiligkeit und Herrlichkeit JHWHs, allerdings in der gefährlichen, tödlichen Variante: „[...] when men, such as Nadab and Abihu and the rebellious men under Korah, committed *cultic sins*, God's anger could strike out as a consuming fire. It is the same fire which under right circumstances indicated God's pleasure in the sacrifice".[17]

---

[16] Unter „Übereinstimmungsformel" verstehe ich Wendungen in der Form „wie JHWH dem X befohlen hat". Diese Formel hat in Texten der Bücher Exodus und Levitikus oft eine wichtige strukturierende Funktion. Vgl. dazu LEVINE (1963); LEVINE (1965)306–319; BLENKINSOPP (1976) 275–292; KLINGBEIL (1996) 509–519; KLINGBEIL (1997) 500–513; MILGROM (1991) 556–569.

[17] LAUGHLIN (1976)559–565, hier 562. Zur rabbinischen und philonischen Interpretation vgl. KIRSCHNER (1983) 375–393 und MILGROM (1991) 633–635.

Worin besteht nun das Problem des Räucherns in Lev 10? Bei den legitimen Räucherritualen wird ausdrücklich gesagt, dass das Feuer zur Entzündung des Räucherwerks vom (Brandopfer-)Altar genommen werden muss (Lev 16,12; Num 17,11) – es stammt also von einer „heiligen" Quelle. Nadab und Abihu hingegen verwenden „fremdes Feuer", (Lev 10,1), eben Feuer, das nicht vom Brandopferaltar und damit von einer profanen Quelle stammt. Es ist „illegitimes, von Menschenhand entfachtes Feuer".[18] Dieses Räuchern empfindet JHWH nicht als „beruhigenden Duft" (vgl. Lev 1,13.17; 2,2.9; 3,5; 6,14; 23,18). Im Gegenteil: Die Darbringung Nadabs und Abihus „stinkt" ihm.

Archäologische Untersuchungen[19] haben gezeigt, dass der Räucherkult in Israel und Juda nicht nur im offiziellen Kult beheimatet war, sondern darüber hinaus besonders in der privaten Frömmigkeit, also im – aus der Sicht der Texte des Buches Levitikus – profanen Bereich, sehr beliebt war. Lev 10 richtet sich allerdings nicht grundsätzlich gegen das Räuchern in profanen Kontexten. Der Fehler Nadabs und Abihus scheint eher darin zu bestehen, dass sie die besondere Situation „vor JHWH" nicht berücksichtigt haben. „Vor JHWH", d.h. im Bereich des Heiligen, gelten besondere Gesetzmäßigkeiten für das Räuchern: Das Räucherwerk darf nicht mit irgendwelchem beliebigen Feuer entzündet werden, sondern nur mit Feuer von einem heiligen Gegenstand wie dem Altar. Was außerhalb des Heiligtums legitim sein mag (Räuchern mit „irgendwelcher" Kohle), ist innerhalb des Heiligtums strengstens verboten, im wahrsten Sinne des Wortes „brandgefährlich" (vgl. auch Ex 30,37–38).

Nadab und Abihu waren also nicht in der Lage, zwischen „heilig" und „profan" zu unterscheiden. Das ist allerdings eine der Hauptaufgaben der Priester (Lev 10,9–11; s.o.)! Ein Verstoß gegen das Unterscheidungsgebot ist alles andere als eine Kleinigkeit. Nadab und Abihu haben mit ihrer Darbringung sozusagen ihre berufliche Unfähigkeit unter Beweis gestellt – trotz des großen pädagogischen (Lev 1–7) und rituellen Aufwandes (Lev 8–9), dem sie unterzogen werden.

Der Tod Nadabs und Abihus ist im Kontext von Lev 10 und des rituellen Systems des Buches Levitikus als Folge eines im Fall der beiden ältesten Aaron-Söhne gescheiterten Übergangsritus zu sehen. Die beiden mussten sterben, weil sie ihr berufliches Wissen nicht

---

[18] GRADWOHL (1963) 288–296, hier 291; vgl. auch LAUGHLIN (1976) 561 und MORGENSTERN (1963) 6.
[19] Vgl. dazu die Arbeit von ZWICKEL (1990).

beherrschten. Das Unbehagen angesichts der Drastik der Strafe bleibt. Allerdings dürfte deutlich geworden sein, dass die Strafe einen Grund hatte und nicht willkürlich verhängt wurde. Natürlich müsste auch der Frage nachgegangen werden, ob sich hinter dem Vorfall nicht Auseinandersetzungen rivalisierender Priestergruppen verbergen. Dazu fehlt hier leider der Platz.[20]

Benutzte Literatur:

BAUCKHAM, Richard (1998):
> *The Scrupulous Priest and the Good Samaritan: Jesus' Parabolic Interpretation of the Law of Moses,* in: NTS 44 (1998), 475–489.

BLENKINSOPP, Joseph (1976):
> *The Structure of P,* in: CBQ 38 (1976), 275–292.

BLENKINSOPP, Joseph (1998),
> *The Judean Priesthood during the Neo-Babylonian and Achaemenid Periods:* A Hypothetical Reconstruction, in: CBQ 60 (1998), 25–43.

BUGGLE, Franz (1992):
> *Denn sie wissen nicht, was sie glauben.* Oder warum man redlicherweise nicht mehr Christ sein kann, Reinbek bei Hamburg: Rowohlt 1992.

DOUGLAS, Mary (1966):
> *Purity and Danger.* An Analysis of Concepts of Pollution and Taboo, London: Routledge & Kegan Paul 1966.

DOUGLAS, Mary (1985):
> *Reinheit und Gefährdung.* Eine Studie zu Vorstellungen von Verunreinigungen und Tabu, Berlin: Reimer 1985.

GENNEP, Arnold van (1909):
> *Les rites de passage,* Paris: E. Nourry 1909 [Neudruck: Paris: Éditions A. et J. Picard 1981].

GENNEP, Arnold van (1986):
> *Übergangsriten,* Frankfurt a. M./New York: Campus-Verlag 1986.

GERSTENBERGER, Erhard S. (1993):
> *Das dritte Buch Mose.* Leviticus (ATD 6), Göttingen: Vandenhoeck & Ruprecht 1993.

GRADWOHL, Roland (1963):
> *Das „fremde Feuer" von Nadab und Abihu,* in: ZAW 75 (1963), 288–296.

JAHNOW, Hedwig (1923):
> *Das hebräische Leichenlied* (BZAW 36), Gießen: Verlag Alfred Töpelmann 1923, bes. S. 1–90.

---

[20] Vgl. dazu aber BLENKINSOPP (1998) 25–43.

KIRSCHNER, Robert (1983):
> The Rabbinic and Philonic Exegesis of the Nadab and Abihu Incident (Lev 10:1–6), in: JQR 73 (1983), 375–393.

KLINGBEIL, Gerald A. (1996):
> The Syntactic Structure of the Ritual of Ordination (Lev 8), in: Biblica 7 (1996), 509–519.

KLINGBEIL, Gerald A. (1997):
> Ritual time in Leviticus 8 with special reference to the seven day period in the Old Testament, in: ZAW 109 (1997), 500–513.

LAUGHLIN, John (1976):
> The Strange Fire of Nadab and Abihu, in: JBL 96 (1976), 559–565.

LEACH, Edmund (1978):
> Kultur und Kommunikation. Zur Logik symbolischer Zusammenhänge, Frankfurt a. M.: Suhrkamp 1978.

LENZEN, Verena (1995):
> Jüdisches Leben und Sterben im Namen Gottes. Studien über die Heiligung des göttlichen Namens (Kiddusch HaSchem), München/ Zürich: Piper 1995.

LEVINE, B. A. (1963):
> Ugaritic Descriptive Rituals, in: JCS 17 (1963), 105–111.

LEVINE, B. A. (1965):
> The Descriptive Tabernacle Texts of the Pentateuch, in: JAOS 85 (1965), 306–319.

LEWIS, T. J. (1989):
> Cults of the Dead in Ancient Israel and Ugarit, Atlanta, Ga.: Scholars Press 1989.

LUTTERBACH, Hubertus (1998):
> Die Speisegesetzgebung in den mittelalterlichen Bußbüchern (600–1200). Religionsgeschichtliche Perspektiven, in: Archiv für Kulturgeschichte 80 (1998), 1–37.

METTERNICH, Ulrike 1998):
> „Sie berührte sein Gewand." Reinheit und Unreinheit in Galiläa, in: Bibel heute 135 (1998), 194–195.

MILGROM, Jacob (1991),
> Leviticus 1–16. A New Translation with Introduction and Commentary (AB 3), New York/London/Toronto/Sydney/Auckland: Doubleday 1991.

MORGENSTERN, J. (1963):
> The Fire Upon the Altar, Chicago: Quadrangle Books 1963.

STAUBLI, Thomas (1996):
> Die Bücher Leviticus, Numeri (NSKAT 3), Stuttgart: Verlag Katholisches Bibelwerk 1996.

TURNER, Victor (1995):
> Vom Ritual zum Theater. Der Ernst des menschlichen Spiels, Frankfurt a. M.: Fischer 1995.

VAUX, Roland de (1964):
>   *Das Alte Testament und seine Lebensordnungen I*, Freiburg/Basel/
>   Wien: Herder 1964.

WENNING, Robert / ZENGER, Erich (1990):
>   *Tod und Bestattung im biblischen Israel.* Eine archäologische und
>   religionsgeschichtliche Skizze, in: Hagemann, Ludwig [Hrsg.]
>   (1990): „Ihr alle aber seid Brüder". FS für A. Th. Khoury, (Würz-
>   burger Forschungen zur Missions- und Religionswissenschaft. Reli-
>   gionswissenschaftliche Studien 14), Würzburg: Echter 1990,
>   285–303.

ZWICKEL, Wolfgang (1990):
>   *Räucherkult und Räuchergeräte.* Exegetische und archäologische
>   Studien zum Räucheropfer im Alten Testament (OBO 97), Göttin-
>   gen: Vandenhoeck & Ruprecht 1990.

Jürgens, Benedikt
Dr. theol., geboren 1968; studierte Katholische Theologie in Münster
und Jerusalem; Wissenschaftliche Hilfskraft am Seminar für Zeit- und
Religionsgeschichte des AT, WWU Münster.
Dissertation zum Thema: „Heiligkeit und Versöhnung. Lev 16 in sei-
nem literarischen Kontext". Diese Arbeit wird demnächst in der Reihe
„Herders biblische Studien" veröffentlicht.

Online unter: *http://purl.org/bibfor/archiv/98-1.juergens.htm*

Dagmar
Stoltmann

Gottes Tattoo: Jerusalem
Die Jerusalem-Verheißung

… im Ersten Testament

Gott hat ein Tattoo, er ist tätowiert!

Diese Aussage mag durchaus verwundern, aber sie folgt Jes 49,14ff.: „Und Zion sagt: JHWH hat mich verlassen, mein Herr hat mich vergessen." JHWH antwortet: „Vergisst etwa eine Frau ihren Säugling, erbarmt sich nicht dem Sohn des Leibes? Wenn auch diese vergessen, ich aber vergesse dich nicht. Siehe: Auf die Handflächen habe ich dich gezeichnet, deine Mauern sind mir beständig gegenwärtig." JHWH hat sich seine Stadt in die Hände tätowiert. Die Metapher des in die Hand gezeichneten Abbildes deutet auf eine innige Liebe JHWHs zu Zion-Jerusalem hin, da man sich wohl nur etwas sehr Wertvolles eintätowieren lässt, besonders, wenn es sich beim Ort der Tätowierung um die Hand handelt.

Als noch eindrucksvoller erscheint dieses Bild, berücksichtigt man die Tätowierungspraktiken einiger Nachbarvölker Israels: Diese schrieben sich den Namen ihres Gottes in die Hand. Deuterojesaja schildert eine genau entgegengesetzte Situation: Nicht die Menschen drücken ihre Zuneigung zu ihrem Gott aus, JHWH lässt sich Zion unter die Haut gehen. Dieses Bild ist nur eines von vielen, die die Hl. Schrift für das besondere Verhältnis Gottes zu seiner erwählten Stadt bietet. Das kleine jebusitische Jerusalem und die darin befindliche Wehrburg Zion avancieren im Laufe der Theologiegeschichte des Volkes Israels zu JHWHs Wohnsitz auf Erden. Besonders Deuterojesaja aber wendet die Ehrenbekundungen, die Jerusalem und Zion zugesprochen werden, in die Sphäre des Persönlichen: Zu dem Bild vom tätowierten Gott gehört auch die Rede von einer einzigartigen Liebesbeziehung zwischen der Frau Zion und ihrem Gemahl JHWH. Dieser weist Zion, so Jes 54,6, darauf hin, dass sie seine erste und ewige Liebe ist und bleibt. Auch die Tochter Zion wird in Jes 52,2 genannt, eine Tochter, die sich der Liebe des Vaters, der Erlösung Gottes, gewiss sein darf.

Alle Zion-Jerusalem Bilder wollen auf die besondere Beziehung zwischen Gott und seinem erwählten Volk hinweisen. Sie geben Israel, dem Volk Gottes, das sich verlassen, niedergeschlagen und schuldig fühlt, die Zuversicht, dass es sich auf die Zuwendung, die JHWH schenkt, vorbehaltlos verlassen kann. Die menschliche Zerknirschung und das mütterliche Erbarmen (*Rechamim*) Gottes fließen in Zion und Jerusalem zusammen. Zion und Jerusalem behalten aber diese Gottesvergebung und Gottesnähe nicht für sich, sondern fungieren als Vermittlerinnen des Heils, als Verbreiterinnen der Frohen Botschaft, indem an ihnen Gottes Licht für die Welt sichtbar wird. Um auf das Bild von Gottes Tattoo zurückzukommen, kann man vielleicht sagen, dass in dieser Tätowierung nicht nur Zion-Jerusalem zu sehen ist, sondern besonders auch Gottes Liebe zu seinem erwählten Volk.

In nachexilischer Zeit treten stark universalistische Züge zur Zionsbotschaft hinzu: Der Heilswille Gottes wird mit Hilfe der Zionsmetaphorik allen Völkern zugesprochen: In Psalm 87,5 heißt es, dass in Zion alle Menschen geboren sind. Die Septuaginta spricht hier sogar von Zion als Mutter aller. Zion kann mit Psalm 87 als das eine Woher der Menschheit bezeichnet werden. Dieses eine Woher wird im Bild der Völkerwallfahrt zum Zion in Mi 4 und Jes 2 ausgeweitet als das eine Woraufhin aller Menschen. Das eschatologische Volk aus den Völkern, das den einen JHWH als seinen Gott verherrlicht, entsteht so am Ende der Tage als und mit Zion als Ort und Volk Gottes.

Zion-Jerusalem in ersttestamentlicher Perspektive ist trotz dieser stark metaphorischen Konzeptionen keine entrückte Größe. Das Jerusalem der Propheten existierte in Stein und Staub der Hauptstadt Judäas wie in Fleisch und Blut seiner Bewohnerinnen und Bewohner. Man erwartete das Kommen der Heilszeit in dieser Zeit, nicht in der Ewigkeit. Für Jerusalem, die Stadt und Wohnung Gottes, stand die Renovierung unmittelbar vor der Tür.

Diese Diesseitsperspektive wurde erst im spätapokalyptischen Zeitalter verlassen. Die politischen Gegebenheiten ließen es immer unwahrscheinlicher erscheinen, noch an eine Zukunft eines nur irdischen Jerusalems zu glauben. Heidnische Herrscher, die das Heiligtum mit heidnischen Göttern entweihten, Hohepriester, die keine waren, ließen den Glanz der Heiligen Stadt verblassen. Die Vorstellung, der irdische Zion sei der Ort der Gottesbegegnung und der endzeitlichen Geschehnisse, wurde aufgegeben, denn hier sahen viele nur noch Frevel und Lästerung. Statt dessen hielten Bilder vom himmlischen Jerusalem, von der Stadt, die vom Anbeginn der Zeiten bei Gott weilt, die mit oder durch den ersehnten Messias auf die Erde kommen würde, die Hoffnung auf ein zukünftiges Leben wach (vgl. z. B. 4 Esra 7,26–28). Zwischen dem irdischen und dem himmlischen Jerusalem besteht dennoch ein untrennbares Band, da das himmlische Jerusalem die entscheidenden Attribute vom irdischen ererbt hat. Das irdische wie später das himmlische Jerusalem implizieren die Ursehnsucht des Volkes Gottes: Für immer und ewig in der Nähe Gottes wohnen zu können. Diese Nähe bedeutet das Ende von Krankheit und Trauer, von Hunger und Ungerechtigkeit, bedeutet das Ende des Todes. Dieses Jerusalem hat Gott in seinem Tattoo immer vor Augen.

… im Neuen Testament

Ist diese Jerusalem-Verheißung aber auch für uns Christen und Christinnen gültig? Um dieser Frage nachgehen zu können, möchte ich ganz kurz einen Blick auf das Neue Testament werfen. Die Jerusalemthematik ist in den einzelnen Schriften des NT sehr unterschiedlich behandelt. Bei Mk und Mt tritt die Stadt Jerusalem – als Ort der Ablehnung Jesu – hinter Galiläa zurück. Joh beschreibt Jerusalem eher ambivalent als Ort der Lehre, aber auch als Schauplatz der Nichtannahme Jesu. Allein Lk wie die Apg operieren mit einem fast durchgängig positiven Jerusalembegriff. Für beide Schriften kann gezeigt werden, dass Geschehnisse, die für das Leben und Wirken Jesu Christi entscheidend sind, in Jerusalem verortet wurden. Besonders der Anfang von Lk macht deutlich, dass der Verfasser sehr bewusst die Verheißungen, die traditionell mit Jerusalem als dem Ort des vollkommenen Heils assoziiert werden, aufgreift, um diese Verheißungen mit der Person Jesu zu verknüpfen. So erscheint Jesus in Lk 19,11 meines Erachtens als der in Jes 52,7 verheißene Freudenbote, der Jerusalem Friede, Rettung und das Gute schlechthin bringt. Im Laufe von Lk stellt sich dann heraus, dass Jesus diese Freudenbotschaft nicht nur verkündet, sondern sie selber ist. Lk macht deutlich, dass das, was für und von Jerusalem erhofft wurde, sich in Jesus Christus erfüllt hat. Gleichzeitig geht Jerusalem in Jesus Christus nicht auf, sondern bleibt eigenständige Größe, die Heil empfängt und weitergibt. Bei Lk ist in Jesus Christus das eschatologische Jerusalem nach Jerusalem gekommen und erreicht von dort den ganzen Erdkreis.

Für andere Texte des NT waren besonders die apokalyptischen Vorstellungen von Jerusalem maßgebend: Der Verfasser der Offb erwartet das Kommen der Heilszeit, die mit dem Kommen des Messias angebrochen ist, nicht in den Mauern der palästinischen Hauptstadt. Im 21. Kapitel seines Werkes zeichnet er das Bild der neuen Stadt, die vom Himmel herabsteigt, der Stadt, in der Gott und das Lamm unter den Menschen – für immer – wohnen, wo der Tod auf immer beseitigt und alle Tränen für immer abgewischt sein werden. Auch das 12. und 13. Kapitel von Hebr greifen eher apokalyptisch-geprägte Jerusalemtopoi auf: Explizit wird darauf hingewiesen, dass die zukünftige Stadt zu suchen, sich dem himmlischen Jerusalem zuzuwenden ist. Im Hebr wie in der Offb ist Jerusalem Ort der zukünftigen Gottesnähe, einer Gottesnähe, die in und durch Jesus Christus ermöglicht wird und so auch schon gegenwärtig geworden ist. Um auf die eingangs gestellte Frage, ob die Jerusalem-Verheißungen in christlicher Perspektive gültig bleiben, zurückzukommen, darf mit einem beherzten jain geantwortet werden: Die oben genannten Schriften des NT artikulieren ihren Glauben und ihre Hoffnung mit Hilfe der ersttestamentlichen Bedeutungsinhalte Jerusalems. Der alles entscheidende Unterschied zwischen dem ersttestamentlichen und dem neutestamentlichen Bild von Jerusalem ist jedoch Jesus Christus. Für den christlichen Glauben ist das irdische Jerusalem bedeutungslos geworden. Er kann ausschließlich an den theologisch-eschatologischen Komponenten, die Jerusalem prägen, anknüpfen.

Und dennoch hatte und hat gerade das irdische Jerusalem eine große Anziehungskraft für Christinnen und Christen. Man begab und begibt sich in das irdische Jerusalem, mit der Hoffnung, Gott dort näher kommen zu können. Diese Hoffnung, die die ersten christlichen Pilger und Pilgerinnen mit in die Hl. Stadt brachten, wurde sicherlich von Theologen wie Eusebius von Caesarea genährt, der in seiner Vita Constantini die von Kaiser Konstantin erbaute Anastasis das „Neue Jerusalem" nennt (*Vita Constantini* 3,33). Eusebius beschriebt dieses Gotteshaus mit Bildern, die der Offb entnommen sind. Für den Kirchenhistoriker war in der Auferstehungskirche ein Stück Himmel auf die Erde gekommen.

… in der Frühen Kirche

Besonders ausgeprägt war in der Zeit der Frühen Kirche auch die Neigung, ein Stück von Jerusalem, ein Stück Verheißung, mit nach Hause nehmen zu wollen. Egeria beschreibt in ihrem Reisebericht, der während ihrer Pilgerfahrt ins Hl. Land gegen Ende des 4. Jh. entstand, dass Diakone das wieder entdeckte hl. Kreuz während der Anbetung stark bewachen mussten, weil es häufiger vorgekommen war, dass Pilger sich, anstatt das Kreuz verehrend zu küssen, ein Stück Holz herausgebissen hatten (*Itinerarium* 37,2).

Es darf wohl noch immer von Jerusalem im heutigen Israel/ Palästina gesagt werden, dass diese Stadt eine Stadt tiefer Sehnsucht ist, eine Stadt, von der man sich Einsicht und Vertiefung des Glaubens erhofft. Diese Sehnsucht geht auch heute noch so weit, dass das irdische Jerusalem als eine Art Sprungbrett für das himmlische fungieren soll: David McPhail, ein einstmals jüdischer, heute christlicher „Seher", prophezeite derzeit in Israel/Palästina, dass zur Jahrtausendwende das irdische zum himmlischen Jerusalem werde.

Bei allem Verständnis dafür, dass Menschen sich auf Pilgerfahrten, auf der Suche nach Fußstapfen Gottes in dieser Welt befinden, dass Menschen mit allen ihren Sinnen glauben, muss aus christlich-theologischer Perspektive entschieden eingewandt werden, dass Jerusalem in Jerusalem nicht sichtbarer wird als in jeder anderen Stadt. Die Reise nach Jerusalem stellt sich als eine andere dar. Wie einige frühchristliche Theologen sich diese andere Reise nach Jerusalem vorstellten, möchte ich kurz beleuchten: Besonders Origenes entwirft eine Theologie, in der Jerusalem sehr facettenreich in Erscheinung tritt: Bei Origenes ist Jerusalem ein Hörsaal, eine Schule für die Seele (*De principiis* 2,11,3): Der Alexandriner geht davon aus, dass die Seele des Menschen stetig zu Gott aufsteigt und darin Gott ähnlicher wird. Wenn diese Seele nun aber in ihrem irdischen Dasein nicht tugendhaft genug gelebt hat, wird sie auf dem Weg zu Gott nach Jerusalem gelangen und dort von höher stehenden Seelen unterrichtet. Und hier geschieht, was für alle Wissenschaftlerinnen und Wissenschaftler ein Eldorado sein dürfte: Im Hörsaal Jerusalem wird man alles das erfahren, was man immer schon einmal wissen wollte – oder sollte.

In diesem Jerusalem ist all das in dieser Welt nur stückweise und „im Spiegel" Geschaute in größter Klarheit zu erkennen. Bemerkenswert erscheint hier, dass ausgerechnet Jerusalem Hörsaal der Seele sein soll: Origenes stellt – der griechischen Orthodoxie entsprechend

– die Wichtigkeit des Denkens und den Erkenntnisprozess als entscheidende Faktoren für das Gott-Ähnlich-Werden, ja für die Vergöttlichung des Menschen, die Theosis, heraus. Indem er die Gelehrsamkeit nach Jerusalem, dem Offenbarungsort schlechthin, verlegt, bringt er eine einzigartige Synthese zwischen dem erkenntnisgeleiteten „Athen" und dem offenbarungsschwangeren „Jerusalem" zustande. Auch bei Origenes ist Jerusalem ein Metonym für die von Gott gewollte Nähe zu den Menschen: Neben vielen anderen Bildern bezeichnet Origenes die menschliche Seele als Jerusalem, als Schau des Friedens (*Homiliae in Ieremiam* 13,2). Der Beiname „Schau des Friedens" ist nicht originär originistisch, sondern geht auf Philo von Alexandrien zurück: Der jüdische Alexandriner geht davon aus, dass „Jerusalem" etymologisch aus *ra'ah* (sehen) und *šalom* (Friede) zusammengesetzt ist. Die Seele, die Gott, den wahren Frieden, anvisiert, ist Jerusalem, der Ort, in und an dem Gott wohnt (*De domniis* 2,250). Die Seele-Jerusalem-Vorstellung des Philo wird von Origenes übernommen und ausgeweitet: Die eher mikrokosmische Nähe zwischen Gott und Mensch in der Jerusalem-Seele existiert bei Origenes neben einer makrokosmischen Dimension, der Jerusalem-Kirche, denn auch die Kirche wird bei Origenes Jerusalem genannt (*Commentarii in Ioannem* 13,13). Die Kirche kann deswegen Jerusalem genannt werden, weil sie aus Jerusalem-Seelen besteht. Hier muss aber in jedem Fall bedacht werden, dass Origenes nicht einfach die irdisch verfasste, sündige Kirche Jerusalem nennt. Die Kirche ist nicht aus sich Jerusalem, aber dazu befähigt und angehalten, Jerusalem, Ort der Gottesnähe, zu werden, indem sie sich der Gegenwart des inkarnierten Logos bewusst wird und auf ihr himmlisches Dasein, das voll und ganz ein Jerusalem-Dasein sein wird, zubewegt.

Für Augustinus gilt nicht nur, dass er Jerusalem-Bilder in sein theologisches Konzept einbaut, für den Bischof von Hippo kann in seiner Hauptschrift „De civitate Dei" eine regelrechte Jerusalem-Theologie konstatiert werden. Jerusalem erscheint bei dem Kirchenvater schon am Anfang der Schöpfung, denn es ist das „erste Licht", das Licht schlechthin (*De civitate Dei* 11,7). Dieses erste Licht ist gleichzusetzen mit der Gemeinschaft der Heiligen, genauer mit der Gemeinschaft der Engel im Himmel (*De civitate Dei* 11,9). Unter diesen Engeln hat es, so Augustinus, einige gegeben, die von Gott abfielen, sodass die civitas der Heiligen unvollständig wurde. Und in diesem Abfall einiger Engel lag und liegt die Chance für einige Menschen, zu der communio sanctorum zu stoßen (*Enchiridion* 9,29). Die

Menschen, die ihr Leben ganz nach Gott ausrichten, bilden schon auf Erden die civitas Dei, die Stadt Gottes, sie werden in der Endzeit mit den nichtgefallenen Engeln die civitas caelestis, das himmlische Jerusalem bilden (*De civitate Dei* 20,17). Auch Augustinus setzt die Kirche nicht einfach mit der civitas Dei, mit Jerusalem gleich. Die Kirche auf Erden bietet eher einen Ausblick auf Jerusalem als selbst schon Jerusalem zu sein. Gottes Tattoo wird also in der irdischen Kirche nur verschwommen sichtbar.

Neben Origenes und Augustinus wären noch zahlreiche andere Theologen der Frühen Kirche anzuführen, bei denen Jerusalem als theologische Größe eine maßgebliche Rolle spielt. Dem Tattoo Gottes wird in der Frühen Kirche demnach sehr viel Beachtung geschenkt.

… in der Gegenwart

Und wie steht es um Gottes Tattoo heute? Sollte dieses Bild verblasst sein? Die moderne Theologie scheint so zu tun, als habe Gott sich eine biologische Tätowierung zugelegt, die mit der Zeit schwächer wird und somit nicht mehr beachtet zu werden braucht. Nach Deuterojesaja aber scheint es sich bei Jerusalem um eine gottewigliche Tätowierung zu handeln, die wir allerdings ständig übersehen, denn von Jerusalem, der Stadt und Geliebten Gottes, ist in unseren theologischen Entwürfen so gut wie nichts mehr zu erkennen. An dieser Stelle kann ich nicht einzeln ausführen, welch sinnvolles Korrektiv eine Jerusalem-Perspektive für die christliche Gnadenlehre, Ekklesiologie und Eschatologie darstellt. Statt dessen versuche ich zusammenfassend nur einige wenige Gedanken anzuführen, die mir für eine christlich angemessene Rede von Jerusalem wichtig erscheinen.

Zunächst einmal sollte nicht vergessen werden, dass ein Noch-Nicht-Jerusalem existiert. Es gibt in dieser Welt sehr vieles, das in keiner Weise mit Jerusalem in Gottes Handflächen vereinbar ist. Gerade bei Deuterojesaja erscheint Zion-Jerusalem zunächst als Opfer von Krieg und Ungerechtigkeit, als Person, die völlig ins soziale Abseits gedrängt ist. Diesem am Boden zerschmetterten Jerusalem wird Gottes Tätowierung vor Augen gestellt. An dieser verstoßenen Frau Zion wird evident, dass nicht der Mensch, sondern allein Gott Jerusalem erbaut. Wenn Jerusalem der Ort und die Möglichkeit ist, in der Gegenwart Gottes zu wohnen, so sind alle Menschen darauf angewiesen, sich diese Gegenwart schenken zu lassen. Noch deutlicher wird dieser Sachverhalt vielleicht im Rekurs auf Gottes Tattoo: Es ist nichts als Geschenk, in Gottes Händen aufgezeichnet zu sein. Auf dem Tattoo Gottes sind aber nicht nur Christinnen und Christen zu erkennen. Die erste Tätowierung Gottes, das Volk Israel, hat nichts von ihrer Schönheit und Ausdruckskraft verloren. Diese erste Tätowierung Gottes hat die Kirche sich beständig vor Augen zu halten. Christinnen und Christen kommt die Ehrenstellung, zu Jerusalem gehören zu dürfen, durch Jesus Christus zu, der ihnen Jerusalem entgegengebracht hat und sie zugleich auf Jerusalem zubewegen lässt. Die inkarnierte Gottesnähe kommt ihnen entgegen, auf die vollkommene Gottesnähe bewegen sie sich zu, auf den allumfassenden Frieden, auf die endgültige Besiegung des Todes, kurz: auf Jerusalem.

Stoltmann, Dagmar
Dr. theol, geboren 1967, studierte Katholische Theologie in Münster und Jerusalem, 1998 Promotion an der Universität Münster.

Dissertation:
- *Jerusalem-Mutter-Stadt*. Zur Theologiegeschichte der Heiligen Stadt (MThA 57), Altenberge: Oros 1999

Online unter: *http://purl.org/bibfor/archiv/98-1.stoltmann.htm*